Helmut Kohl

Mein Tagebuch

1998 – 2000

Helmut Kohl

Mein Tagebuch 1998 – 2000

Droemer

Besuchen Sie uns im Internet:
www.droemer-weltbild.de

Die Folie des Schutzumschlags sowie die Einschweißfolie sind PE-Folien und biologisch abbaubar.
Dieses Buch wurde auf chlor- und säurefreiem Papier gedruckt.

Umschlaggestaltung: ZERO Werbeagentur, München
Umschlagfotos: © Konrad R. Müller / Focus, Hamburg
Satz: Ventura Publisher im Verlag
Druck und Bindung: Franz Spiegel Buch GmbH, Ulm
Printed in Germany
ISBN 3-426-27241-5

2 4 5 3 1

Vorwort

Liebe Leserinnen,
liebe Leser,

in den letzten Wochen und Monaten haben Sie in Teilen der bundesdeutschen Medien viele Berichte über die Spendenaffäre gelesen, gehört und gesehen. Im Mittelpunkt der Auseinandersetzungen stand meistens ich.

Ja, ich habe 2,1 Millionen DM Spendengelder an den Rechenschaftsberichten vorbei direkt für die Parteiarbeit eingesetzt und damit gegen das Parteiengesetz verstoßen. Diesen Fehler bedaure ich, und es tut mir sehr leid, meiner Partei dadurch auch politisch geschadet zu haben. Kritik dafür habe ich zu akzeptieren. Für mein Verhalten habe ich sehr viel Prügel einstecken müssen. Und weil ich mein Ehrenwort halte und die Namen dieser Spender nicht nenne, war eine Konsequenz für mich, den Ehrenvorsitz der CDU niederzulegen.

Was ich aber seit Herbst 1999 erleben muss, ist eine beispiellose Kampagne, die alle Grenzen einer fairen Berichterstattung sprengt. Neben den politischen Gegnern, wie SPD und Grüne, haben sich Teile der Medien besonders engagiert dafür eingesetzt, mich als korrupten und machtgierigen Politiker darzustellen. Sie schreckten nicht davor zurück, Unwahrheiten, ja dreiste Lügen zu verbreiten, die bisher so gut wie nie auf ihren Wahrheitsgehalt überprüft wurden oder überprüft werden sollten.

Das Ziel der Kampagne ist es, mich zu kriminalisieren und auf diese Weise meine sechzehnjährige Kanzlerschaft zu diskreditieren.

Das lasse ich nicht zu. Mit allen mir zur Verfügung stehenden Mitteln werde ich meine erfolgreiche Arbeit in der Innen- und Außenpolitik und unser sechzehnjähriges Ringen um den besten politischen Weg für Deutschland und Europa verteidigen. Ich will zur korrekten Darstellung beitragen und der beabsichtigten Verfälschung der Geschichte entgegenwirken. Das ist mein wichtigstes Motiv für die Veröffentlichung dieses Tagebuchs. An meiner Absicht, umfassende Memoiren zu schreiben, hat sich dadurch nichts verändert.

Nach der Wahlniederlage Ende September 1998 begann ich Notizen zu machen, Fakten, Bewertungen und meine eigenen Empfindungen aufzuschreiben. Wenn ich jetzt lese, was ich damals geschrieben habe, stelle ich fest, dass die Häufigkeit der Eintragungen mit dem Beginn der Parteispendenaffäre im Herbst 1999 zunimmt. Gleichzeitig wird der Ton nachdenklicher und nach manchen Verletzungen auch verbitterter. Es ist mir wichtig zu zeigen, wie der Mensch Helmut Kohl bestimmte Situationen erlebt hat. Selbstgerechtigkeit liegt mir fern. Dieses Tagebuch zeigt meine ganz persönliche Sicht der politischen Entwicklung seit der Wahlniederlage 1998. Dazu gehören auch schwer in Worte zu fassende Verletzungen, die bis zur Gegenwart nachwirken.

Ich danke meinen Mitarbeiterinnen und Mitarbeitern für ihr Mittun bei der Erstellung dieses Buches. Sie haben mir viel Sympathie und Verständnis in dieser Zeit entgegengebracht.

Herzlich danke ich meinen Freunden; denjenigen, die mir zum Teil in vielen Jahrzehnten ihre Freundschaft bewiesen und auch in diesen Monaten treue Freunde geblieben sind. Ich danke ebenso denen, die ich in dieser für mich und meine Familie so schweren Zeit als neue Freunde gewonnen habe. Vor allem denke ich an Stephan Holthoff-Pförtner, meinen Anwalt, und seine Kollegen.

Danken möchte ich vor allem meiner Familie, die – aufgrund der im zweiten Teil dieses Buches beschriebenen Vorgänge – für

einen Außenstehenden schwer vorstellbarer Häme und anderen Ungerechtigkeiten ausgesetzt ist und die zu mir steht.
Meinen beiden Söhnen Walter und Peter danke ich für ihre vorbehaltlose Unterstützung dieses Buches. In diesen schweren Zeiten haben sie mir in vielen Gesprächen und durch Rat und Tat menschliche Nähe und Zuspruch gegeben und mir damit beim Durchstehen dieser Belastungen sehr geholfen. Mein Sohn Walter, der mir in den vergangenen beiden Jahren ein tatkräftiger und kluger Berater war, hat organisatorisch wie inhaltlich an diesem Buch erheblichen Anteil.
Mein ganz besonderer Dank gilt meiner Frau. Hannelore hat in den letzten Jahren trotz ihrer belastenden Krankheit Großartiges geleistet. Die Erfahrungen der letzten Monate haben sie tief getroffen.
Aus eigenem Erleben wusste sie sich an manchen Vorgang aus der Zeit der Wiedervereinigung Deutschlands genau zu erinnern. Sie ist mir eine unverzichtbare Stütze und verständnisvolle Ratgeberin. Ohne sie wäre dieses Buch nicht entstanden.

Meine Hoffnung ist, dass ich Ihnen, liebe Leserinnen und Leser, die Hintergründe und Motive aufzeigen kann, durch die Sie mein Handeln besser verstehen können. Mit der Schilderung meiner Sicht trage ich, so hoffe ich, zu einer faireren Beurteilung der Ereignisse bei.

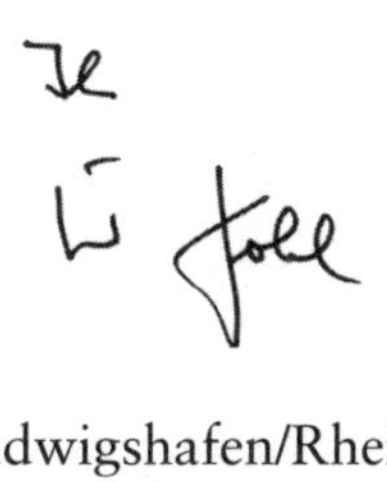

Ludwigshafen/Rhein
im November 2000

1998

Sonntag, 27. September 1998

Bundestagswahl. Für mich die sechste Bundestagswahl, an der ich als Kanzlerkandidat teilnehme. Bei den Wahlen 1983, 1987, 1990 (das war die erste gesamtdeutsche Wahl) und 1994 errang die Union zusammen mit der FDP eine Mehrheit im Deutschen Bundestag, und ich wurde viermal hintereinander zum Kanzler gewählt. Nach sechzehnjähriger Kanzlerschaft muss ich heute meine erste schwere Wahlniederlage hinnehmen. Die größten Verluste treffen meine Partei. Klarer Wahlsieger ist die SPD.

Leider kommt das für mich nicht überraschend. Mit einer Niederlage habe ich gerechnet. Die negative Entwicklung für die Unionsparteien zeichnete sich bereits im Wahlkampf ab. Trotzdem ist es natürlich eine große Enttäuschung. Ich blicke mit Dankbarkeit zurück auf die letzten sechzehn Jahre. Heute denke ich vor allem an die vielen Helfer, Kameraden, Bundesgenossen und Freunde, die mich in all den Jahren nachhaltig unterstützt und die an mich geglaubt haben. Meine Gedanken wandern zu denen, die mit in den Wahlkampf gezogen sind. Ihr Einsatz ist es, der – egal wie das Ergebnis für einen persönlich auch ist – mir in Erinnerung bleibt. Zu ihnen gehört, was kaum ein Außenstehender ermessen kann, auch meine Familie, vor allem meine Frau, für die diese Wegstrecke mit enormen Belastungen verbunden war. Ohne sie wäre der Weg nicht möglich gewesen. Zu ihnen gehören meine engsten Mitarbeiter, die mich mit großem Engagement unterstützt haben. Zu ihnen gehören sehr viele Menschen, die entscheidenden Anteil hatten an der erfolgreichen politischen Bilanz dieser Zeit.

Bei aller Enttäuschung über die schwere Wahlniederlage, die ich natürlich nicht so einfach wegstecken kann, ist jetzt vor allem auch die Stunde, persönlich Bilanz zu ziehen. Es war mir nicht in die Wiege gelegt, dass ich einmal Ministerpräsident von Rheinland-Pfalz und später sechzehn Jahre lang deutscher Bundeskanzler sein würde. Ein Quäntchen Glück gehört dazu, und ich bin mir durchaus der Fortüne bewusst, die ich hatte, und dankbar für die geschichtliche Entwicklung, die mir die Chance gab, politische Entscheidungen vorzubereiten und mit zu gestalten, die für die deutsche, die europäische und die Weltpolitik von außerordentlicher Bedeutung waren.

Dieses Bewusstsein ist es, weshalb ich heute, am Tag der Wahlniederlage, überhaupt kein Gefühl von Bitterkeit empfinde. Die Dankbarkeit überwiegt. Und so erkläre ich noch in der Wahlnacht und ohne irgendwelche Vorbehalte meinen Rücktritt vom Amt des Parteivorsitzenden. Ich will ein Beispiel für demokratisches Verhalten geben. Als Wahlverlierer kann das nur bedeuten, das Votum der Wähler zu akzeptieren.

Sechzehn Jahre Bundeskanzler der Bundesrepublik Deutschland, sechs Jahre Oppositionsführer in Bonn, acht Jahre Ministerpräsident von Rheinland-Pfalz, vierzig Jahre Abgeordneter in deutschen Parlamenten, fünfundzwanzig Jahre Bundesvorsitzender der CDU Deutschlands: Diese Wegstrecke findet jetzt einen Abschluss, den ich mir so zwar nicht gewünscht habe, den ich aber akzeptiere.

Meine Familie hat den Wahlkampf mit großer Spannung verfolgt. Natürlich hätten sich meine Frau und meine beiden Söhne mit ihren Familien genauso wie ich lieber einen anderen Abgang von der politischen Bühne gewünscht. Doch es gibt keinen Blick zurück im Zorn.

Der Wahlausgang hat aber nicht nur für mich persönlich Konsequenzen. Für viele meiner Mitarbeiterinnen und Mitarbeiter bedeutet mein Ausscheiden aus dem Kanzleramt eine dramatische Veränderung ihrer beruflichen und persönlichen Lage. Dies trifft vor allem jüngere Mitarbeiter, die in dieser schwierigen Lebenssituation eine neue Perspektive brauchen.

Was mich ganz besonders berührt, ist der Verlust des Direktmandats in meinem Ludwigshafener Wahlkreis. Immerhin war es mir 1990 und 1994 – ein großer Glücksfall – tatsächlich ge-

lungen, einen schon seit der Kaiserzeit sozialdemokratisch geprägten Wahlkreis in Ludwigshafen direkt zu gewinnen.
Die Reaktion auf den Wahlausgang ist überwältigend. Aus dem In- und Ausland erreichen mich unzählige Telefonate und Briefe. Von den prominentesten Kollegen aus der internationalen Politik melden sich der amerikanische Präsident Bill Clinton ebenso wie sein Vorgänger George Bush. Boris Jelzin und Jacques Chirac rufen an und viele andere bekannte und weniger bekannte Zeitgenossen. Sie wollen mir Dank sagen für die lange gute Zusammenarbeit und sprechen mir Kraft und Mut zu. Manch einer ist erstaunt, weil ich nicht verbittert bin, sondern erkläre, dass das Wahlergebnis als das zu akzeptieren sei, was es ist: meine Wahlniederlage und damit auch die Wahlniederlage der CDU.
Vor meiner Erklärung zum Wahlausgang am Wahlabend habe ich Wolfgang Schäuble in einem kurzen Gespräch informiert, dass ich selbstverständlich den Parteivorsitz niederlegen werde, und noch einmal bekräftigt, dass ich mir ihn als neuen Parteivorsitzenden wünschen würde. Später wiederhole ich diesen Wunsch noch einmal ausdrücklich auf einer Pressekonferenz. Über meinen Vorschlag hatte ich erstmals schon Tage zuvor mit Wolfgang Schäuble gesprochen und insofern war meine Erklärung nach der Wahlniederlage für ihn keine Überraschung. Er kannte ja auch meine ursprüngliche Vorstellung aus dem Jahr 1997, nach der ich in der Mitte der Legislaturperiode hatte ausscheiden wollen. Bei meinen Gesprächen damals hatten Spitzenpolitiker der beiden Koalitionspartner FDP und CSU jedoch erhebliche Zweifel, angesichts unserer knappen Mehrheit von nur vier Stimmen über der Kanzlermehrheit im Bundestag. Für mich und für viele andere kam ein weiteres, entscheidendes Argument hinzu, doch noch bis zum Ende der Legislaturperiode im Amt zu bleiben: Ich wollte unter allen Umständen den Prozess der europäischen Einigung unumkehrbar machen. Für mich war, um dieses Ziel zu erreichen, der Beschluss zur Einführung des Euro entscheidend. Einen Großteil meiner Arbeitskraft und

meines Einsatzes hatte ich darauf konzentriert, die Einführung des Euro durchzusetzen. Das erforderte eine ungeheure Kraftanstrengung, weil es enorme Widerstände zu überwinden gab: in der eigenen Partei, bei respektablen Finanzexperten, bei vielen Bürgern, die auf keinen Fall die bewährte D-Mark aufgeben wollten.
Doch für mich war die Frage längst klar und positiv entschieden: Mit dem Euro ist der Weg nach Europa, der Bau des Hauses Europa, unumkehrbar. Die neue Währung bietet vielleicht die einzige Möglichkeit, Frieden und Freiheit für die Zukunft Europas zu sichern. Deshalb habe ich die Einführung des Euro zu meiner eigenen Schicksalsfrage gemacht. Auch wenn ich die heutige Bundestagswahl verloren habe: Die Einführung des Euro wird nicht nur nicht rückgängig gemacht werden können. Sie ist ein entscheidender, ja – historisch gesehen – der zur Zeit wichtigste Beitrag zur weiteren Entwicklung Europas.

Montag, 28. September 1998

Sitzung des CDU-Präsidiums und des Parteivorstands. Im Wesentlichen geht es um die Frage, wie es zur Wahlniederlage kommen konnte und wie es nun weitergehen soll. Die Meinungen über die Ursachen für dieses Debakel gehen naturgemäß weit auseinander. Einige Vorstandsmitglieder fordern jetzt eine Generalabrechnung mit mir und meinen Beratern und Mitarbeitern. Doch die große Mehrheit des CDU-Bundesvorstands lehnt ein solches Vorgehen eindeutig ab.
Aus meiner Sicht stellen sich die Ursachen der Wahlniederlage wie folgt dar: Schon im Frühjahr 1997, lange vor der Bestimmung des Kanzlerkandidaten der SPD, war zu erkennen, dass die Ausgangslage für die Bundestagswahl extrem schwierig war. Die Bevölkerung war zu diesem Zeitpunkt über unsere Reformpläne alarmiert. Es war uns nicht gelungen, den Bürgern zu ver-

mitteln, dass die geplanten Reformen im Interesse des ganzen Landes und aller Bürger lagen.
Es war zweifelsohne ein Fehler, den ich mit zu verantworten habe, die Vorstellung und Diskussion der Steuer- und Rentenreform bis zur Mitte der Legislaturperiode aufzuschieben. Unser Zeitplan sah ursprünglich anders aus. Auf die drängenden Bitten von Landesverbänden hin, die in der ersten Hälfte der Legislaturperiode Landtagswahlen zu bestehen hatten und negative Auswirkungen der Reformdiskussion befürchteten, schoben wir das Vorhaben so weit hinaus. Bis zu diesem Zeitpunkt war der Rückhalt der Regierungsparteien in der Bevölkerung durchaus groß. Noch im Spätsommer 1996 lag die Regierungskoalition mit Rot-Grün gleichauf, die Ausgangslage für die Bundestagswahl war völlig offen.
Im Herbst 1996 fielen wir plötzlich zurück. Die Bevölkerung reagierte auf unseren Beschluss, die Lohnfortzahlung im Krankheitsfall einzuschränken, außerordentlich negativ, die parallel laufende Diskussion über Reformen im Gesundheitswesen, die Einschränkung des Kündigungsschutzes bei kleineren Betrieben und weitere Maßnahmen verstärkten den Eindruck, dass wir im Zuge unserer Reformen erhebliche Opfer verlangen würden. Dass die Lohnfortzahlung im Krankheitsfall in der Praxis weit weniger einschneidend war, besserte die Stimmungslage der Bevölkerung nicht, im Gegenteil: Es entstand der Eindruck, dass wir ohne Notwendigkeit in die Ansprüche und in die Absicherung der Bürger eingreifen wollten.
Damit hatte unsere Reformpolitik in weiten Teilen der Bevölkerung ihre Basis verloren und wurde als Programm zur Förderung der Wirtschaft interpretiert, das gegen die Interessen der Bevölkerung gerichtet ist. Es gelang uns nicht zu vermitteln, dass die Reformen allen nutzen würden. Das war selbst bei Reformprojekten der Fall, die auch der Masse der Bevölkerung unmittelbar zugute gekommen wären, wie die geplante Steuerreform.
1997 stellten wir unsere Pläne für eine umfassende Steuerreform und für eine Reform des Rentensystems vor. Unsere Pläne

für eine Steuerreform, die wesentlich weiter gingen als die Beschlüsse der heutigen SPD-Regierung, wurden umgehend als unsozial diffamiert. Als Beleg wurden die Entlastungswirkungen in den verschiedenen Einkommensgruppen herangezogen; dass die höheren Einkommensschichten weitaus höhere Steuerlasten hatten, blieb in der öffentlichen Diskussion weitgehend außen vor, während die Entlastungsbeträge der höheren Einkommen in aller Munde waren. Gleichzeitig wurde die geplante Absenkung des Rentenniveaus als Einbahnstraße in die Altersarmut gebrandmarkt.
Oskar Lafontaine machte mit starker Unterstützung des DGB erfolgreich die »Gerechtigkeitslücke« zu einem Leitmotiv der gesellschaftlichen Diskussion über unsere Reformpläne. Das Ergebnis der SPD bei der Bundestagswahl geht ohne Zweifel in hohem Maße auf Oskar Lafontaine zurück, der mit seiner Strategie, die Reformen im Bundesrat zu blockieren und gleichzeitig Reformängste zu schüren, außerordentlich erfolgreich war. Er mobilisierte damit die traditionellen Wählerschichten der SPD, die von besonders tiefem Misstrauen gegen unseren Reformkurs geprägt waren. Die ganze Bevölkerung sah sich zunehmend als Opfer der Reformpolitik, dagegen die Wirtschaft und die höheren Einkommensschichten als Nutznießer. Repräsentativumfragen zeigen, dass diese Veränderung bis zur Bundestagswahl andauerte und ihren Verlauf mitbestimmte. Unmittelbar vor der Bundestagswahl sprachen sich 65 Prozent der gesamten Bevölkerung dafür aus, unsere Reformen wie die Kürzung der Lohnfortzahlung im Krankheitsfall oder die Senkung des Rentenniveaus rückgängig zu machen. Wir waren regelrecht eingeklemmt zwischen der Wirtschaft, die uns Stillstand bei wichtigen Reformvorhaben vorwarf, einer Opposition, die die Reformen blockierte, und einer Bevölkerung, die die Reformen fürchtete. Die Blockade unserer Reformvorhaben durch die SPD wurde daher von weiten Teilen der Bevölkerung begrüßt, von den Repräsentanten der Wirtschaft uns jedoch als mangelnde Handlungsfähigkeit und Schwäche angelastet.

Das Plädoyer der Wirtschaft für Reformen stimmte die Bevölkerung nicht um. Die Wirtschaft forderte beziehungsweise unterstützte die Kürzung der Lohnfortzahlung im Krankheitsfall, die Absenkung des Rentenniveaus, die Lockerung des Kündigungsschutzes bei kleineren Betrieben und die Steuerreform. Die Mehrheit der Bevölkerung war jedoch anders als die Wirtschaft zu diesem Zeitpunkt nicht überzeugt, dass diese Maßnahmen notwendig und geeignet sind, den Standort Deutschland zu stärken. Die Bevölkerung war zunehmend von der Überzeugung geprägt, in einem Verteilungskampf zu stehen, in dem Wirtschaftsinteressen gegen Bevölkerungsinteressen stehen. Gleichzeitig wurde die CDU als Anwalt der Wirtschaftsinteressen gesehen und entsprechend die SPD als Widerpart, als Anwalt der Gewerkschaften und kleinen Leute.

Es war ein Fehler, die Reformdiskussion bis in die Mitte der Legislaturperiode zu schieben. Wir wussten, dass auf Seiten der SPD eine Politikergeneration antrat, die jetzt ihre letzte Chance bekam. Wäre die Bundestagswahl 1998 zu unseren Gunsten ausgegangen, hätten wohl weder Oskar Lafontaine noch Rudolf Scharping oder Gerhard Schröder von ihrer Partei eine weitere Chance erhalten. Entsprechend ging es für diese Generation von SPD-Politikern um alles oder nichts. Ihnen und wichtigen Teilen der Medien war es gelungen, eine Grundstimmung zu erzeugen, dass nach sechzehn Jahren Kanzlerschaft ein Wechsel notwendig sei.

Entsprechend hart wurde gekämpft, auch ohne Rücksicht auf die Interessen des Landes. Obwohl die führenden Politiker der SPD sicher wussten, dass sie weder um eine Steuer- noch um eine Rentenreform herumkommen würden, suggerierten sie der Bevölkerung, dass weder massive Eingriffe bei der Rente noch im Bereich der Gesundheitspolitik notwendig seien. Es ist uns nicht gelungen, uns mit unseren sachlich richtigen Argumenten gegen die Kampagne von SPD, Grünen und den Gewerkschaften durchzusetzen.

Das Misstrauen weiter Bevölkerungskreise gegenüber den Re-

formplänen wog um so schwerer, da ich der Bevölkerung gleichzeitig etwas zumutete, was in Deutschland größeres Unbehagen auslösen musste als in vielen anderen Ländern: den Verzicht auf die D-Mark, den Übergang auf die euopäische Währung, den Euro. Nur am Beginn der Siebzigerjahre, als die deutsche Bevölkerung noch unter dem Eindruck der Kriegs- und Nachkriegszeit stand und die Vision, Mitglied eines vereinten Europa zu sein, noch eine ganz andere Kraft entfaltete als heute, war eine Mehrheit für eine gemeinsame europäische Währung vorhanden. Ich wusste von Anbeginn an, dass dieses Projekt gegen erhebliche Ängste und Widerstände durchzusetzen war. Zu keinem Zeitpunkt während der Diskussion über Maastricht und die Zukunft Europas war die einheitliche europäische Währung ein populäres Projekt. Der wirtschaftliche Erfolg Deutschlands nach dem Krieg wird für die Bevölkerung in hohem Maße auch durch die D-Mark symbolisiert. Entsprechend fällt der Abschied von der Mark vielen schwer. Sie steht in den Augen der Bevölkerung für Wohlstand, wirtschaftlichen Erfolg und Sicherheit. Eine neue Währung erhält keine Vorschusslorbeeren und tut sich zwangsläufig schwer, im Vorhinein das Vertrauen zu erwerben, das die D-Mark in Jahrzehnten erworben hat. Daher konnte es nicht anders sein, als dass die Entscheidung für den Euro von weiten Teilen der Bevölkerung als Zumutung empfunden wurde. Dass eine gemeinsame europäische Währung, der Euro, eine entscheidende Voraussetzung für die Einigung Europas und damit für eine friedliche Zukunft Deutschlands war, wurde von vielen nicht verstanden.
Die zeit- und kräftezehrenden Verhandlungen über das europäische Währungssystem banden meine Kräfte in ganz starkem Umfang. So fehlte mir teilweise die Zeit für die Mitgestaltung und Begleitung der Reformdiskussion und für die Stabilisierung der Partei. Dadurch gelang es vor der Bundestagswahl 1998 nicht, die innerparteiliche Geschlossenheit der CDU in dem Maße zu sichern, wie es erforderlich gewesen wäre. Anders als vor den vier davor liegenden erfolgreich bestandenen Bundes-

tagswahlen gelang es diesmal nicht, die CDU in der Bevölkerung als geschlossene politische Formation zu profilieren. Immer wieder brachen parteiinterne Diskussionen auf, die sich teilweise an Personen entzündeten, teilweise an Sachfragen.
Ein Höhepunkt dieser Kontroversen lag im Frühjahr 1998; so wirkte sich die um Ostern herum geführte Debatte über den Entwurf für das Zukunftsprogramm im äußeren Erscheinungsbild der Partei äußerst negativ aus. Der Eindruck, den die Bevölkerung von der CDU hatte, verkehrte sich von Geschlossenheit zu Zerstrittenheit. Parallel vergrößerte sich der Rückstand der Regierungskoalition gegenüber Rot-Grün, so dass die Ausgangslage für die Bundestagswahl im Frühjahr 1998 immer schwieriger wurde. Im April 1998 erreichten die Parteien der Regierungskoalition zusammengenommen nur noch 37 Prozent, SPD und Grüne zusammen 54 Prozent. Zwar gelang es bis zur Wahl, den Abstand zwischen Rot-Grün und der Regierungskoalition auf etwa 10 Prozent zu vermindern. Bis zuletzt litt das Erscheinungsbild der Partei jedoch unter internen Auseinandersetzungen, auch der mangelnden Disziplin einiger Personen und an mangelndem Vertrauen in die eigenen Chancen. Es war deutlich spürbar, dass auch im Führungsbereich unserer Partei ein Engagement für den Kanzlerkandidaten nicht überall zu erkennen war.

Dienstag, 29. September 1998

Sitzung der CDU/CSU-Bundestagsfraktion. Die Stimmung ist wie am Vortag schlecht. Die Enttäuschung über die verlorene Bundestagswahl ist allenthalben spürbar. Besonders niedergeschlagen sind die vielen Kolleginnen und Kollegen, die ihr Mandat verloren haben und nun den Deutschen Bundestag verlassen müssen. Ich spüre sehr deutlich, dass dies für viele eine Wahl war, die entscheidende Veränderungen der persönlichen und beruflichen Lebensplanung nach sich ziehen wird. Zahlreiche

Familien, die bis zuletzt an einen Wahlsieg der Unionsparteien geglaubt haben, müssen erhebliche Veränderungen ertragen. Aber auch wenn wir diesmal auf der Verliererseite sind – die demokratische Entscheidung der wahlberechtigten Bürger wird selbstverständlich ohne Wenn und Aber akzeptiert.
In der anschließenden Plenarsitzung des Deutschen Bundestags ist die Siegerfreude von SPD und Grünen deutlich zu spüren. Die Gewinner schwelgen in Triumphgefühlen. Wenn man so viele Wahlsiege errungen hat wie ich und die Union, kennt man dieses Gefühl der Überlegenheit, der Genugtuung und des Stolzes nur zu gut. Diesmal ist es anders.

Mittwoch, 30. September 1998

Erste Kabinettssitzung nach der verlorenen Bundestagswahl. Ich bitte die Kabinettsmitglieder, alles daran zu setzen, unsere Regierungsämter in kollegialer Art und Weise und nach gutem demokratischen Brauch an die Nachfolger zu übergeben. Es herrscht eine wehmütige Stimmung.
Trotz aller politischen Auseinandersetzungen, handfesten Kräche, Dissonanzen und unterschiedlichen Auffassungen, die es in einer Regierung immer wieder gibt, sind doch zahlreiche kameradschaftlich-freundschaftliche Beziehungen gewachsen. Das zeigt sich in diesen Tagen sehr deutlich. Vor allem in den letzten Jahren hat diese Bundesregierung in einer besonders menschlich verbundenen Weise zusammengearbeitet. Wie sehr jedes einzelne Kabinettsmitglied seine ganze Kraft und Persönlichkeit oft in aufopfernder Weise in den Dienst der Bundesrepublik gestellt hat, werden erst spätere Generationen analysieren und begreifen können.

Samstag, 3. Oktober 1998

Tag der Deutschen Einheit. Anlässlich der Feier in der niedersächsischen Landeshauptstadt Hannover kommt es zu einer ersten Begegnung mit dem Wahlsieger Gerhard Schröder. Wir bemühen uns beide um normalen menschlichen Umgang, schließlich ist der Wahlkampf vorbei. Die Feierstunde behält ihren würdigen Rahmen.

Natürlich ist es für meinen siegreichen Herausforderer ein großer Triumph, sein politisches Ziel erreicht zu haben. Er wird Bundeskanzler der Bundesrepublik Deutschland. Es ist ein günstiger Zufall, dass er den Wahlsieg als noch amtierender Ministerpräsident in seiner Heimatstadt Hannover zusammen mit dem Tag der Deutschen Einheit feiern kann. Das ist allenthalben spürbar.

Mittwoch, 7. Oktober 1998

Heute ist der 60. Geburtstag von Dr. Dieter Hundt, dem Präsidenten der Bundesvereinigung der Deutschen Arbeitgeberverbände. Für den gelernten Maschinenbauer und führenden Kopf der deutschen Arbeitgeber komme ich gerne der Einladung nach, die Geburtstagsrede zu halten. Schließlich haben wir über viele Jahre einen engen persönlichen Kontakt gepflegt, der weit über die übliche Arbeitsebene hinausgeht.

Auch nach meiner Wahlniederlage bin ich gerne Gastredner auf der außergewöhnlichen Geburtstagsfeier. Ich treffe auf eine große Versammlung von Repräsentanten der deutschen Wirtschaft, die nostalgische Gefühle in mir weckt. Die Stimmung ist ausgesprochen freundlich und herzlich. Ich gestehe, dass mir das in diesen Tagen sehr gut tut.

Donnerstag, 8. Oktober 1998

Nach einem ausgiebigen Gang über die Frankfurter Buchmesse und aufschlussreichen Gesprächen mit Autoren und Verlegern besucht mich Gerhard Schröder im Kanzleramt. Bei diesem Treffen besprechen wir die Modalitäten für die geplante Amtsübergabe am 28. Oktober. Ich erläutere ihm all das, was aus meiner Sicht wichtig ist. Ich biete ihm auch für die Zukunft – wenn er dies wünscht – Unterstützung an – aus meiner Sicht nach sechzehnjähriger Amtszeit eine Selbstverständlichkeit.

Bei dieser Gelegenheit besprechen wir auch, ob er zusammen mit seiner Frau die Wohnung im Kanzlerbungalow beziehen will. Gerhard Schröder verneint dies und teilt mir mit, er plane lediglich, sich im alten Kanzleramt zuweilen als Übernachtungsgast aufzuhalten. Den amtlichen Teil des Kanzlerbungalows dagegen wolle er gerne für seine Amtsgeschäfte nutzen. Er sei sehr damit einverstanden, dass meine Frau und ich bis zum Umzug nach Berlin Mitte des nächsten Jahres im Kanzlerbungalow bleiben, der ja sonst leer stehen würde. Bösartige Unterstellungen wollen es zwar anders wissen, aber natürlich zahlen meine Frau und ich weiterhin unsere Miete.

Mein erster Eindruck von meinem Nachfolger ist positiv. Ihm ist offenbar an einem gedeihlichen Verhältnis zu seinem Vorgänger gelegen. So kommt es auch zu einem Treffen von Hannelore mit Frau Schröder-Köpf. Es ist nicht einfach, die Frau des Bundeskanzlers zu sein, und Hannelore hat mit dieser öffentlichen Rolle, die immer auch enorme Auswirkungen auf das Privatleben hat, langjährige Erfahrungen und großen Erfolg. Kein Zweifel: Beide Seiten, die Männer wie die Frauen, sind an einem vernünftigen Umgang miteinander interessiert.

Sonntag, 11. Oktober 1998

Reise nach Rom. Anlass meines Besuchs im Vatikan ist die Heiligsprechung der deutschen Philosophin und Pädagogin Edith Stein. Die Biographie der großen Lehrerin und Schwester des Karmeliterordens kenne ich sehr genau, nicht zuletzt wegen ihres Aufenthalts in der Pfalz, einer wichtigen Station in ihrem Leben. Bei der Heiligsprechung in Rom wird noch einmal ihr tragisches Leben nachgezeichnet: Edith Stein, die als elftes Kind eines jüdischen Holzhändlers 1891 in Breslau geboren wurde und in Breslau, Göttingen und Freiburg Psychologie, Philosophie, Germanistik und Geschichte studierte, kam mehr durch einen Zufall Anfang der Zwanzigerjahre nach Bergzabern in die Pfalz. Sie konvertierte zum katholischen Glauben und wirkte als Studienrätin am Mädchenlyzeum und an der Lehrerinnenbildungsanstalt in Speyer.

1933 trat sie in das Kölner Karmeliterkloster ein. Die engagierte Gegnerin des Nationalsozialismus musste 1938, als geborene Jüdin, Deutschland verlassen und siedelte nach Holland über, wo sie 1942 von der SS abgeholt und ins Konzentrationslager Auschwitz gebracht wurde. Wenige Tage später wurden sie und ihre Schwester Rosa in den berüchtigten Gaskammern ermordet.

Als Student habe ich nach dem Krieg einen ihrer Freunde und Mentoren kennen gelernt, der als Pfarrer in der Nähe von Ludwigshafen lebte. Von ihm erfuhr ich Edith Steins Lebensgeschichte. Dieser Geistliche berichtete auch, dass Edith Stein auf dem Transport ins Vernichtungslager Auschwitz in Ludwigshafen den Rhein überquert habe und es ihr während der Fahrt gelungen sei, ein Stück Papier mit einer Nachricht an ihn aus dem Zug zu werfen. Das muss das letzte Lebenszeichen dieser tapferen Frau gewesen sein.

Ich bin gern nach Rom gekommen und der Einladung des Papstes gefolgt. Johannes Paul II. kennt meine besondere Verehrung

für Edith Stein. Er weiß, wie sehr ich in der Vergangenheit alle Bestrebungen zur Heiligsprechung der Ordensschwester unterstützt habe. Die Feierlichkeiten auf dem Petersplatz werden mir unvergessen bleiben. Und die freundliche Aufnahme unter den Tausenden von Gläubigen tut mir richtig gut.
Bei den anschließenden Gesprächen mit dem Papst und Staatssekretär Angelo Sodano ziehen wir eine erfreuliche Bilanz unserer langjährigen Verbindungen. Der Heilige Vater und sein Kardinalsstaatssekretär nehmen die Gelegenheit wahr, um sich ausdrücklich für die guten politischen Beziehungen zwischen Deutschland und dem Vatikan zu bedanken.
Mein ganz persönliches Verhältnis zu Papst Johannes Paul II. ist von außergewöhnlicher Herzlichkeit. Dieser Mann gehört zu den wirklich herausragenden Gestalten dieses Jahrhunderts. Mit seinem Charisma und großer Dynamik hat er schon durch seine bloße Existenz die Veränderungen der Welt wesentlich gefördert. Dazu gehört auch der Zusammenbruch des kommunistischen Regimes.
In manchen Fragen der Seelsorge habe ich in der Vergangenheit heftige Diskussionen mit ihm gehabt. Unmissverständlich konnte ich ihm meine Positionen erläutern. So nehme ich in der Auseinandersetzung um die Empfängnisverhütung eine andere Position ein.
Johannes Paul II. ist Pole und ein guter Freund der Deutschen. Ich habe viele unvergessliche Begegnungen mit ihm gehabt. Zu einer davon kam es 1996 bei seinem dritten Deutschlandbesuch. Unser gemeinsamer Gang durch das Brandenburger Tor gehört zu den Sternstunden meines Lebens. Wir haben ganz allein unmittelbar unter dem Brandenburger Tor gestanden, und er nahm mich an der Hand und sagte: »Herr Bundeskanzler, das ist einer der großen Augenblicke meines Lebens. Die Mauer ist weg, und wir beide stehen hier im Brandenburger Tor. Deutschland ist wieder vereint und Europa wird vereint werden. Auch mein Heimatland, Polen, wird dabei sein.«

Montag, 12. Oktober 1998

Wolfgang Schäuble besucht mich. Der Vorsitzende der Unionsfraktion im Bundestag und designierte Bundesvorsitzende der CDU erläutert mir noch einmal seine Vorstellungen zur künftigen Parteiarbeit. Wichtig ist ihm meine Meinung zu seinen personellen Überlegungen. Vor allem geht es um die richtige Entscheidung bei der Wahl des neuen CDU-Generalsekretärs. Hierzu hat er einige konkrete Vorschläge, von denen er ganz deutlich die Berufung von Angela Merkel favorisiert – eine Idee, die ich ganz und gar unterstütze. Die Absicht, eine Frau zur CDU-Generalsekretärin zu wählen, die außerdem aus den neuen Bundesländern kommt, ist aus meiner Sicht eine kluge Entscheidung und für die Partei ein deutliches Signal des Aufbruchs in eine neue Ära. Für mich steht außer Zweifel, dass Angela Merkel der Aufgabe gewachsen ist und sich dieser Herausforderung mit großem Engagement stellen wird.
Wir sprechen auch über meine künftige Rolle. Ich sage Wolfgang Schäuble, dass ich nicht den Ehrgeiz habe, irgendeine politische Funktion zu übernehmen. Mein einziges Interesse bestehe darin, meinen Rat zur Verfügung zu stellen, falls er gewünscht werde. Es gebe für mich allerdings ein herausragendes Thema, dessen ich mich besonders gerne annehmen würde: die Weiterentwicklung der europäischen Einigung. Dass ich dazu mehr als jeder andere Beiträge liefern könnte, ist zwischen uns beiden ganz unstreitig.
Wolfgang Schäuble spricht auch die Frage des Ehrenvorsitzes an. Er weiß, dass ich auf Ehrungen dieser Art nicht besonders erpicht bin, wenngleich dies die CDU-Satzung aus gutem Grund vorgesehen hat. Als Ehrenvorsitzender hat man Sitz und Stimme in allen Parteigremien.
Das Gespräch verläuft in einem angenehmen Klima. Der kollegiale Umgangston erinnert an alte Zeiten.

Samstag, 17. Oktober 1998

Großer Zapfenstreich der Bundeswehr in Speyer. Es ist eine der außergewöhnlichsten Stunden meines Lebens, die mich tief bewegt.
Seit meiner Kindheit ist der Speyerer Dom für mich die Hauskirche. Meine Eltern sind mit uns oft dorthin gewandert. Als Jugendlicher fuhr ich die Strecke von zwanzig Kilometern häufig mit dem Fahrrad. Später, als junger CDU-Fraktionsvorsitzender im Mainzer Landtag, habe ich mich immer für die notwendigen Renovierungsarbeiten engagiert. In seiner architektonischen Schlichtheit ist der Dom zu Speyer für mich ein einmaliges Kunstwerk.
Die vielen Gäste, denen ich bei ihren Staatsbesuchen in Deutschland den Speyerer Dom gezeigt habe, waren immer sehr beeindruckt. Während meiner Amtszeit als Bundeskanzler hatte ich bei den Besuchsprogrammen oft den Abstecher nach Speyer einplanen lassen. Mit großem Erfolg. Im romanischen Kaiserdom zu Speyer zu sitzen und beispielsweise die Orgel-Toccata in d-Moll von Johann Sebastian Bach zu hören, war immer wieder ein besonderes Erlebnis. Ob es nun die amerikanischen Präsidenten waren, die in den sechzehn Jahren meiner Kanzlerschaft zum Staatsbesuch kamen, oder Michael Gorbatschow, Boris Jelzin oder die Spitzenpolitiker der kommunistischen Partei der Volksrepublik China: Sie alle erinnern sich gerne an den Besuch im Dom zu Speyer in der Pfalz.

Es war eine schöne Idee von Volker Rühe, mich vor dem Dom zu Speyer von der Bundeswehr zu verabschieden. Weit über 20 000 Menschen sind dabei, als an diesem Abend der Große Zapfenstreich beginnt. Es sind unwiederbringliche Momente. Der Platz vor dem Dom in der Abenddämmerung, die Menschen, die Musik, das Zeremoniell: Meine Gefühle lassen sich nicht in Worte fassen. Hinzu kommt die persönliche Verbundenheit mit diesem Dom, die von meiner Mutter bis zu meinen

Söhnen reicht, die den Speyerer Dom seit ihren Kindertagen kennen und lieben.
So bin ich sehr dankbar, dass meine Verabschiedung von der Bundeswehr hier in Speyer stattfindet. Zur Bundeswehr habe ich auch ein emotional begründetes Verhältnis. Mein Vater war Offizier im Ersten Weltkrieg. Er erhielt eine Feldauszeichnung, auf die er sehr stolz war. Im Zweiten Weltkrieg war er für kurze Zeit bis zu seiner Entlassung Hauptmann. In unserer Familie herrschte eine soldatenfreundliche Atmosphäre, auch von Seiten meiner Mutter. Am 20. April 1945, an Hitlers Geburtstag, drei Wochen vor Kriegsende, habe ich noch meine »Verpflichtung« in einer Feier im Wehrertüchtigungslager in Berchtesgaden erlebt. Nach Gründung der Bundeswehr zählte ich dann zu den so genannten »weißen Jahrgängen« und wurde daher nicht eingezogen.
Mit großer Sympathie habe ich die Arbeit der Bundeswehr begleitet und ihren militärpolitischen Auftrag nachhaltig gefördert. Ob Wehrpflichtige oder Generäle – mit Soldaten aus allen Diensträngen habe ich viele Gespräche geführt.
Für mich ist der Große Zapfenstreich ein altes, traditionsreiches Zeremoniell, in dem sich ein Teil deutscher Geschichte widerspiegelt. Wer »Ich bete an die Macht der Liebe« nicht auf sich wirken lassen kann, hat keinen Zugang zu dieser Welt der Soldaten. Mögen andere aus ihrer Einstellung heraus das militärische Zeremoniell des Großen Zapfenstreichs ablehnen, für mich hat das nichts mit Nationalismus zu tun, ebenso wenig wie das Abspielen der Nationalhymne. Durch den entsetzlichen Missbrauch, den der Nationalsozialismus mit nationalen Gefühlen getrieben hat, haben wir lange Zeit ein gebrochenes Verhältnis zum Deutschlandlied gehabt. Bei meinen Staatsbesuchen in der ganzen Welt habe ich immer wieder erlebt, wie unbefangen die Bürger eines Landes mit ihrer Nationalhymne umgehen.
Während meiner Rede beim Großen Zapfenstreich versagte mir vorübergehend die Stimme. Als Junge hat man uns beigebracht, dass ein Mann keine Rührung zu zeigen hat. Eine dümmliche

Vorstellung, finde ich. Ich habe nie verstehen können, warum ein Mann, der persönlich berührt ist, seine Rührung nicht zeigen soll. Warum soll ein Mann in einer konkreten Situation nicht das Recht haben zu weinen? Wenn mir etwas nahe geht, sehe ich nicht ein, warum ich das verbergen soll.

Dienstag, 20. Oktober 1998

Heute bin ich auf Einladung von Polens Präsident Aleksander Kwasniewski nach Warschau gekommen. Er verleiht mir den höchsten polnischen Orden, den »Weißen Adler«. Das ist eine hohe Ehrung, die mich ganz besonders freut.

Mein Verhältnis zu Polen ist entscheidend beeinflusst von meiner politischen Haltung, die ich von Konrad Adenauer, dem ersten Kanzler der Bundesrepublik, übernommen habe. Adenauer hat in seiner ersten Regierungserklärung nach seiner Wahl zum Bundeskanzler 1949 gesagt, und ich zitiere sinngemäß: Wir wollen Frieden, Aussöhnung und gute Nachbarschaft, wenn möglich Freundschaft. Allen voran und mit Blick auf die schrecklichen Verbrechen an der jüdischen Bevölkerung, den Holocaust, nannte er den Staat Israel. Dieser Wunsch eines Deutschen war von Demut geprägt angesichts der nicht zu verzeihenden Menschenrechtsverletzungen, die den Juden von Deutschen angetan worden waren. Dann nannte Adenauer die Aussöhnung mit unserem Nachbarland Frankreich. Dass sie tatsächlich gelang, halte ich für eine der größten Leistungen im ausgehenden zwanzigsten Jahrhundert. Die vielzitierte »Erbfeindschaft mit Frankreich« scheint heute Gott sei Dank überwunden zu sein.

Ich komme vom linken Rheinufer. Meine pfälzische Heimat hat zweimal den Separatismus erlebt, Abtrennungsbemühungen nach dem Ersten und nach dem Zweiten Weltkrieg. Heute sind Deutschland und Frankreich nicht nur Partner und Freunde, vielmehr ist die deutsch-französische Freundschaft geradezu

eine Säule in der Europapolitik und eine ganz wesentliche Grundlage all dessen, was notwendig war zum Bau des Hauses Europa. Nicht zuletzt die persönliche Beziehung zwischen François Mitterrand und mir hat das deutsch-französische Beziehungsgeflecht wesentlich gefördert.
Als drittes Land, das unter Nazi-Deutschland gelitten hatte, nannte Konrad Adenauer 1949 in seiner Regierungserklärung: Polen. Es war Adenauers wie meine Überzeugung, dass eine friedliche Entwicklung in Europa ohne gute Beziehungen zu unserem direkten Nachbarn im Osten unmöglich sein werde. Schon als junger Abgeordneter im Mainzer Landtag habe ich mich für die deutsch-polnischen Beziehungen eingesetzt. Während meiner Zeit als Bundeskanzler, auch auf dem Höhepunkt des Kalten Krieges, habe ich das nie vergessen. Als dann deutlich wurde, dass durch den Kampf der neuen Gewerkschaftsbewegung Solidarnoşc dramatische Veränderungen zuerst in Polen eintreten würden, habe ich auch ohne jegliches öffentliches Aufsehen viel getan, um die polnische Gewerkschaft zu unterstützen. Das war zu einem Zeitpunkt, als die meisten führenden Sozialdemokraten die besten Kontakte zur kommunistischen Führungsschicht in Polen pflegten. Noch als die polnische Demokratiebewegung längst Tatsachen geschaffen hatte, nahmen sie sie überhaupt nicht zur Kenntnis und setzten weiter auf die alten kommunistischen Kader.
Heute zeichnen mich die führenden Repräsentanten Polens für meine langjährige Arbeit aus. Ich fühle mich sehr geehrt und sage das auch ganz deutlich: »Dies ist für mich eine sehr bewegende Stunde, fernab meiner amtlichen Pflichten. So spreche ich hier nicht als Bundeskanzler, sondern ganz einfach als Helmut Kohl. Als ein Deutscher, der 1930 geboren ist, der 1939, beim Beginn des Krieges, neun Jahre alt war, der fünfzehn Jahre alt war beim Ende des Krieges, der in seinen Schüler- und Studentenjahren und in vielen Jahren seiner politischen Tätigkeit immer den Fixstern Europa sah …«

Am Rande dieses Besuchs treffe ich gute alte Freunde wie den Autor, Historiker und Diplomaten Wladyslaw Bartoszewski und den Schriftsteller Andrzey Szczypiorski. Diese Begegnungen zählen zu den schönsten Erinnerungen meines Lebens.

In Bonn hat Wolfgang Schäuble heute Angela Merkel für das Amt des CDU-Generalsekretärs vorgeschlagen.
Ebenfalls heute haben SPD und Grüne ihren Koalitionsvertrag unterzeichnet. »Aufbruch und Erneuerung – Deutschlands Weg ins 21. Jahrhundert« ist der anspruchsvolle Titel. Ich lese das Verhandlungsergebnis mit skeptischem Interesse und in der Hoffnung, dass die neue Regierungskoalition die von uns gelegten Grundlagen zur Steuerpolitik weiterentwickelt. Bekanntlich hat die SPD jahrelang mit äußerster Härte und ohne Rücksicht auf das Interesse des Landes unsere Steuerreform in der letzten Legislaturperiode mit ihrer Mehrheit im Bundesrat blockiert. Diese Blockade hatte schlimme Wirkungen. Sie verzögerte den wirtschaftlichen Aufschwung und belastete den Kampf gegen Arbeitslosigkeit. Unsere Bemühungen zur Verbesserung des Standorts Deutschland wurden von SPD und Grünen systematisch unterlaufen.

Freitag, 23. Oktober 1998

Ich bin Ehrengast beim Deutschen Fußballbund in Wiesbaden. Im Reigen der Verabschiedungen aus dem Amt ist dies ein Termin, der mir besonders behagt. Seit meiner Jugend bin ich sportbegeistert und habe eine ganze Reihe von Sportarten aktiv betrieben. Als ausgesprochener Fußballfan pflegte ich vor allem gute Beziehungen zum Deutschen Fußballbund. Mit den DFB-Präsidenten Hermann Neuberger und Egidius Braun habe ich mich viele Jahre gut verstanden. Als Bundeskanzler habe ich mich oft auch mit den Bundestrainern getroffen und die Nationalmannschaft bei wichtigen Spielen begleitet. Berti Vogts und ich sind befreundet. Zum Ehrenmitglied des DFB ernannt zu werden freut mich sehr.

Montag, 26. Oktober 1998

Heute ist der offizielle Abschied aus dem Amt: Roman Herzog überreicht den Kabinettsmitgliedern ihre Entlassungsurkunde. Der Bundespräsident findet zur Verabschiedung die richtigen Worte, die uns alle sehr berühren. Ein wehmütiger Moment ist das schon nach so vielen Jahren. Obwohl mir seit dem Wahlabend bewusst ist, dass es nun heißt, aus dem Amt zu scheiden, wird mir in dieser Stunde doch noch mal klar, was das bedeutet.

Mit Roman Herzog habe ich viele Jahre erfolgreich zusammengearbeitet. Ich lernte ihn 1972 kennen, als er als Professor für Staatslehre und Politik Rektor an der Hochschule für Verwaltungswissenschaften in Speyer war. Ein Jahr später holte ich ihn in die rheinland-pfälzische Landesregierung, und er übernahm die Leitung der Landesvertretung in Bonn. Später übernahm er Ministerverantwortung in der Stuttgarter Landesregierung unter den Ministerpräsidenten Hans Filbinger und Lothar Späth. 1983 habe ich Roman Herzog zum Vizepräsidenten des Bundesverfassungsgerichts vorgeschlagen, an dessen Spitze er 1987 gelangte. Sieben Jahre später, 1994, habe ich persönlich Verhandlungen mit den anderen Parteien geführt und ihn zur Wahl des Bundespräsidenten vorgeschlagen. Er wurde als unser Kandidat zum Bundespräsidenten gewählt. Seine Wahl war ein Glücksfall für die Bundesrepublik. Zusammen mit seiner Frau Christiane hat er in einer würdigen und überzeugenden Weise die Bundesrepublik repräsentiert. Mit Sachkenntnis, Klugheit und Humor und sympathischer Bescheidenheit hat er ein Beispiel gegeben. Über seinen Erfolg habe ich mich ganz besonders gefreut. Wie Roman Herzog habe ich manche Persönlichkeiten entdeckt und für politische Ämter vorgeschlagen. Er gehört zu jenen, die das nie vergessen haben.

Der Auszug aus dem Bundeskanzleramt erfolgt nicht über Nacht. Im Lauf der Jahre haben sich in meinem Büro viele persönliche Dinge angesammelt, die untergebracht werden müssen. Da ist es sehr hilfreich, dass ich den privaten Bereich des Kanzlerbungalows weiter nutzen kann. Vom Kanzleramt ziehe ich in ein sehr kleines, aber sehr gut gelegenes Büro im Bundeshaus. Es sind gewaltige Veränderungen. Dort das große Kanzleramt, hier das kleine Büro. Dass es dennoch keine Komplikationen gibt, habe ich vor allem meiner langjährigen engsten Mitarbeiterin Juliane Weber zu verdanken. Es ist ihr ganz persönliches Verdienst, den Übergang fast reibungslos gemeistert zu haben. Nicht nur in den letzten sechzehn Jahren als Bundeskanzler, schon in meinem Amt als Fraktionsvorsitzender und in der Zeit als Ministerpräsident in Mainz hat sie mich begleitet. Zusammen sind das über drei Jahrzehnte erfolgreicher Zusammenarbeit – eine kaum vorstellbar lange Zeit.
Michael Roik, der seit achtzehn Jahren zunächst im Konrad-Adenauer-Haus und dann im Kanzleramt mein treuer Wegbegleiter war, geht mit mir und übernimmt die Leitung meines Büros. Sein politisches Einfühlungsvermögen und seine besonderen Kenntnisse der Partei sind mir eine große Hilfe.
Mein erprobter Fahrer und Weggefährte – seit über 36 Jahren lenkt Eckhard Seeber »sein« Auto sicher und mit großem persönlichem Einsatz – bleibt weiterhin bei mir, und darüber bin ich sehr froh.

Dienstag, 27. Oktober 1998

Wahl Gerhard Schröders zum Bundeskanzler und anschließende Amtsübergabe. Im Beisein aller Mitarbeiterinnen und Mitarbeiter des Bundeskanzleramts übergebe ich nach einer kurzen

Ansprache die Amtsgeschäfte an Gerhard Schröder. Er gibt ein kurzes Statement ab, ebenso der Personalratsvorsitzende. Diese betont sachliche Art des Übergangs erleichtert den Abschied. Natürlich macht sich auch in diesem Augenblick wieder Wehmut breit. Sechzehn Jahre lang sind wir uns begegnet, Tag für Tag, angefangen vom Wachpersonal bis zu den Pförtnern und den vielen Mitarbeiterinnen und Mitarbeitern in den unterschiedlichsten Abteilungen des Kanzleramts. Zum Glück habe ich mir immer ein Gefühl für das wirkliche Leben bewahrt und nie den Kontakt zu den Menschen verloren. Heute spüre ich, wie viel Respekt und Dankbarkeit mir im Haus entgegengebracht wird. Es tut gut. Als Bundeskanzler habe ich mich auf so viele Menschen verlassen müssen und können. Dafür bedanke ich mich noch einmal sehr herzlich.

Mein Bundestagsmandat werde ich annehmen und bis zum Ende der Legislaturperiode im Jahr 2002 Abgeordneter bleiben. So habe ich es vor der Wahl bereits gesagt. Als einfacher Abgeordneter möchte ich der Fraktion meine Erfahrungen zur Verfügung stellen, allerdings ohne eine herausragende Funktion. Wo ich helfen kann, werde ich helfen. Außerdem möchte ich meine internationalen Kontakte pflegen, die für die eigene Partei von großem Nutzen sein können. Es ist ganz klar für mich, dass dies die letzte Wahlperiode ist. Ich habe nicht die Absicht, über die Bundestagswahl 2002 hinaus Abgeordneter zu sein.

In diesen Tagen ist viel die Rede vom Ende des »Systems Kohl«. Das ist eines der vielen Etiketten, die einem in der modernen Mediengesellschaft angeheftet werden. Vor allem jene reden von diesem so genannten System Kohl, die sich selbst kaum die Mühe gemacht haben, einmal seriös zu ergründen, wer dieser Helmut Kohl tatsächlich ist, über den so oft und so viel geschrieben und gesprochen wird. Ich mag keine Journalistenschelte. Bei ihnen ist es wie bei Politikern und bei Menschen in anderen Berufen: Es gibt eben solche und jene. Die Qualitätsmerkmale sind sehr unterschiedlich. Es gibt auch hervorragende, exzellente Charaktere unter Journalisten wie unter Politikern.

Wenn man in der Parteiendemokratie Macht ausüben will, bedarf es einer breiten Basis, auf der man Politik gestalten kann. Das ist der Sinn politischer Parteien, dass sich Menschen mit unterschiedlichen Prägungen auf einen bestimmten Konsens, eine Programmatik, auf eine gemeinsame Richtung verständigen. In der modernen Medienwirklichkeit und -wirksamkeit ist das für die komplizierte Organisation einer modernen Partei eine ganz große Herausforderung. Demokratie lebt von der Überzeugungskraft. Ein Parteivorsitzender kann nicht anordnen. Viele Unternehmer wollen nicht begreifen, dass das in der Politik eben nicht geht. Er hat wenig Chancen, selbstherrlich Personalpolitik zu treiben, Beförderungen auszusprechen, Politiker in ein Ministeramt zu berufen. Ein Parteivorsitzender muss sehr viel mehr mit Überzeugungskraft arbeiten. Er lebt davon, dass sich andere freiwillig für ihn einsetzen und mit ihm den Weg gehen. Um das zu erreichen, gibt es die unterschiedlichsten Möglichkeiten. Ich entdecke gerne Talente und habe die Fähigkeit, Menschen zusammenzubringen, ein Team zu bilden, Loyalitäten zu gewinnen und zu erhalten. Verrat war nie meine Sache. In meiner Funktion als Parteivorsitzender – fünfundzwanzig Jahre lang – habe ich eine Fülle von Personalentscheidungen getroffen und unterstützt. Bei Auseinandersetzungen in der Partei musste ich nicht selten vermitteln. Natürlich haben sich auch daraus Beziehungen entwickelt. Aber das ist in der Politik gang und gäbe, in der SPD genauso wie in den Unionsparteien oder in der Industrie.

Für dieses Beziehungsgeflecht hat man den Begriff »Seilschaften« erfunden. Die gibt es in allen gesellschaftlichen Gruppen und Schichten, ob im Wissenschaftsbetrieb an den Hochschulen oder in der Medienpolitik. Das System der so genannten Seilschaften ist in unserer Gesellschaft weit verbreitet. Beispielsweise ist das öffentlich-rechtliche Rundfunksystem in Deutschland ein einzigartiges System von Seilschaften und Beziehungen.

In meiner jahrzehntelangen politischen Tätigkeit habe ich natürlich viele Bundesgenossen gewinnen können und mir auch manche Feinde gemacht. Ich habe immer versucht, vor allem jungen Politikern Wege zu ebnen. Sicherlich habe ich auch viele Fehler gemacht. Ich bin Leuten auf die Füße getreten, manchmal gewollt und manchmal ungewollt. Wenn man als Bundeskanzler einen Minister beruft, dann hat man viele Kandidaten. Doch nur einer kann berufen werden. Bei solchen Personalentscheidungen sind oft jene, die nicht berücksichtigt wurden, beleidigt, und manche wurden dabei zu Gegnern. Mit Beispielen dafür könnte ich viele Seiten füllen.

Ich habe nie auf Dankbarkeit gesetzt. Mein Verstand hat mir immer klar gesagt, dass es keine Dankesschuld gibt. Aber das Umgekehrte gibt es. Meine Mutter pflegte zu sagen, die Hand, die segnet, wird zuerst gebissen. Das ist eine wichtige Erfahrung in meinem Leben, und sie gilt auch für die Politik. Das Verhalten mancher Weggenossen unterstreicht leider den weisen Spruch meiner Mutter.

Nur ein Beispiel: Da zeigte ein qualifizierter, dynamischer Mann mit CDU-Parteibuch, der aus dem Management eines erfolgreichen Familienunternehmens kam, Interesse, Bundestagsabgeordneter zu werden.

Das »System Kohl« hat ihn dann bei der Suche nach einem sicheren Wahlkreis nachhaltig unterstützt und ihm geholfen, sich in der Wahlkreisversammlung erfolgreich durchzusetzen. Anschließend hat der Parteivorsitzende dafür geworben, dass dieser begabte Bundestagsabgeordnete in den CDU-Bundesvorstand gewählt wurde und schließlich Vizepräsident des Deutschen Bundestags werden konnte. Sein Name: Richard von Weizsäcker.

Bei allen Stufen seiner Karriereleiter konnte er sich immer auf meine Unterstützung verlassen. So habe ich gemeinsam mit anderen meinen Freund, den Berliner CDU-Vorsitzenden Peter Lorenz, zum Verzicht auf eine erneute Spitzenkandidatur bewe-

gen können, damit der Weg für Richard von Weizsäcker zum Regierenden Bürgermeister frei wurde.
Als es 1984 um die Bundespräsidenten-Kandidatur ging, zeigte Richard von Weizsäcker großes Interesse. Doch es gab erheblichen Widerstand gegen seine Kandidatur. Ernst Albrecht wurde vorgeschlagen, der ablehnte. Franz Josef Strauß, aber auch manche in der CDU hatten Anfragen zu den Ansichten Richard von Weizsäckers in der Deutschlandpolitik. Auch ich zögerte zunächst, habe mich dann aber mit großer Entschiedenheit und Erfolg für seine Kandidatur eingesetzt. Wenn sich also Richard von Weizsäcker heute über das »System Kohl« auslässt, kann ich mich nur wundern. Das »System Kohl« hat ihm nicht geschadet.
Ich könnte eine beachtliche Zahl von Personen nennen, die mit meiner Unterstützung Karriere gemacht haben. Manche haben später vergessen, wie es dazu gekommen war. Einige von ihnen hielten es für opportun, »nachzutreten«, wie es der Volksmund so plastisch ausdrückt. Das zu erleben ist immer wieder schmerzlich, doch gehört es wohl zu den menschlichen Grunderfahrungen, die schon Konrad Adenauer, Ludwig Erhard und Willy Brandt machen mussten.

Der Machtverlust trifft mich weniger als befürchtet. Die äußeren Embleme der Macht waren für mich nie so wichtig. Mein ganzer Lebenszuschnitt und der meiner Frau und meiner Kinder war immer sehr bescheiden. Jeder, der mich in meinem Urlaubsort Sankt Gilgen in Österreich besucht hat – das waren ja viele führende Repräsentanten der internationalen Politik –, war bass erstaunt, welch bescheidenes Ferienhaus wir dort gemietet hatten. Wir haben nie Wert auf große Auftritte gelegt. Auch unsere persönlichen Verhältnisse zu Hause sind ganz normal. Ich verspürte nie das Verlangen nach protokollarischem Abgehobensein als Bundeskanzler. Das hätte mir nicht entsprochen.
Der Umgang mit der Macht prägt einen, ob man will oder nicht. Doch da ich nach wie vor mit großem Respekt empfangen wer-

de, spüre ich in dieser Hinsicht kaum eine besondere Veränderung. Glücklicherweise habe ich in meiner Frau eine Lebenspartnerin gefunden, die übersteigerten Ehrgeiz und den Hunger nach Anerkennung um jeden Preis überhaupt nicht kennt. Auch sie steht fest auf dem Boden der Tatsachen. Genauso ist es mit unseren Kindern.

Ich muss mich nicht mehr ins Buch der Geschichte eintragen. Ich weiß, wer jeden Tag ein Blatt im Geschichtsbuch schreiben will, liefert zuletzt ein leeres Buch ab. Das »Hosianna« und das »Kreuziget ihn« liegen ganz eng beisammen. Wer nach einer gewonnenen Wahl Bundeskanzler ist, wird viel freundlicher gegrüßt, als wenn er die Wahl verloren hat. Das ist die Wahrheit.

Als ich Konrad Adenauer nach seinem Abgang als Bundeskanzler besuchte – am Ende seiner Amtszeit stand ich ihm persönlich sehr nahe –, schien er verbittert zu sein. Die Bundestagsverwaltung hatte ihm ein sehr schönes Büro zur Verfügung gestellt. Nach dem Treffen machte er eine negative Geste und sagte: Sehen Sie, Herr Kohl, wie einen Hund hat man mich davongejagt. Darauf meinte ich: Der Hund hat im Deutschen Bundestag gesessen, und der Präsident des Deutschen Bundestages hat die Abgeordneten gebeten, sich von ihren Plätzen zu erheben, und hat gesagt: »Ich spreche im Namen des deutschen Volkes und des Deutschen Bundestages: Konrad Adenauer hat sich um das Vaterland verdient gemacht.« Was wollen Sie eigentlich noch mehr an Ehrung?, fragte ich den Alten von Röhndorf. Leider zeigte sich Adenauer von meinen Worten nicht beeindruckt. Am Ende unseres Gesprächs äußerte er sich besorgt über die Zukunft der Bundesrepublik. Gott sei Dank haben sich seine Sorgen nicht bewahrheitet.

Samstag, 7. November 1998

In Bonn findet der 11. CDU-Parteitag statt. Dieser Tag ist für mich ein besonderer Tag, ein gravierender Einschnitt in meinem Leben. Nach einem Vierteljahrhundert gebe ich das Amt des Bundesvorsitzenden der Christlich-Demokratischen Union Deutschlands an meine Partei zurück. Im Saal sind viele Emotionen spürbar. In meiner Schlussrede ziehe ich eine nüchterne Bilanz meiner Partei- und Regierungsarbeit. Ich verweise noch einmal auf das Ludwigshafener Grundsatzprogramm von 1978, in dem wir die Wertegrundlagen unserer Politik – nämlich Freiheit, Solidarität, Gerechtigkeit – umfassend herausgestellt haben. Ich erinnere auch noch einmal an das gesamtdeutsche Grundsatzprogramm, das wir als erste demokratische Partei in Deutschland nach der Wiedervereinigung formuliert haben.
In der Stunde des Abschieds bewegen mich viele Empfindungen, vor allem das Gefühl großer Dankbarkeit für all die vielen Freunde, Weggefährten und Mitarbeiter, die mich begleitet und unterstützt haben. Schließlich erinnere ich an die sechsunddreißig Jahre lange Regierungsverantwortung, die die Union im Bund getragen hat, an sechsunddreißig gute Jahre für Deutschland und Europa. Für die Zeit meiner sechzehnjährigen Kanzlerschaft ziehe ich eine positive Bilanz – vom Nato-Doppelbeschluss, den wir gegen erbitterten innenpolitischen Widerstand durchsetzen konnten, bis zur Wiedervereinigung Deutschlands in freier Selbstbestimmung und mit Zustimmung unserer europäischen Nachbarn.

Ich bin sehr froh, dass die Stabübergabe an Wolfgang Schäuble nach der schweren Wahlniederlage in einer so eindrucksvollen Weise möglich ist. Das ist vor allem auch sein persönliches Verdienst. Für mich war immer klar, dass Wolfgang Schäuble Parteivorsitzender werden sollte. Daran habe ich keine Minute gezweifelt. Für mich hat es keine Alternative gegeben. Immer habe ich in ihm den richtigen Mann für meine Nachfolge gesehen, auch als andere versteckt und offen Vorbehalte wegen seiner Querschnittslähmung nach dem Attentat äußerten. Über Wolfgang Schäubles Gesundheitszustand gab es immer wieder Diskussionen. Ich habe die dabei vorgebrachten Argumente nie akzeptiert.

Ich kenne Wolfgang Schäuble seit vielen Jahren. Schon im Vorfeld des Saarbrücker Parteitags 1971, auf dem ich gegen Rainer Barzel kandidierte und verlor, fiel er mir als junger Mitstreiter aus Baden-Württemberg auf. Als ich 1976 Oppositionsführer in Bonn wurde, traf ich wieder auf Schäuble, der seit 1972 den Wahlkreis Offenburg im Bundestag vertrat. Sehr schnell knüpften wir enge Kontakte, die sich zu einer intensiven Zusammenarbeit entwickelten. Dank seiner parlamentarischen Erfahrung, seiner herausragenden Kenntnisse und Begabungen machte er rasch Karriere. 1981 wurde er auf meinen Vorschlag hin Parlamentarischer Geschäftsführer der Unionsfraktion und leistete mit großer Bravour eine äußerst schwierige Fraktionsarbeit, wobei er ein besonderes Augenmerk auf die enge Verzahnung der Schwesterparteien CDU und CSU hatte.

Als ich 1982 dann Bundeskanzler wurde, führte der dynamische Wolfgang Schäuble sein Fraktionsamt weiter erfolgreich aus. Es war jene Zeit, in der der bayerische Ministerpräsident Franz Josef Strauß sehr »widerwillig« – um es freundlich auszudrücken – die Koalitionsbildung aus Unionsparteien und FDP im Spätherbst 1982 hinnahm. Der CSU-Chef wollte Neuwahlen erzwingen, um die FDP bei dieser Gelegenheit aus dem Bundestag hinauszukatapultieren. Ich hielt das für eine völlig falsche Politik, und wir hatten schwere Auseinandersetzungen darüber. Dabei lag es auf der Hand, dass es gar nicht funktionieren konnte, da die CDU in den Bundesländern viele Koalitionen mit der FDP geschlossen hatte. Damals gab es noch das gängige Dreiparteiensystem aus CDU/CSU, SPD und FDP, die Auswahl an Koalitionspartnern war also eng begrenzt. Aber nicht nur darüber stritt ich mit Strauß. Von meiner Wahl zum Bundeskanzler 1982 bis zu seinem Tod 1988 hatten wir immer wieder Meinungsverschiedenheiten. Sein ironisch gemeinter Satz »Es ist mir doch egal, wer unter mir Bundeskanzler in Bonn ist« wurde zu einer hohen Belastung. Meine Auseinandersetzungen mit Franz Josef haben viel Kraft gekostet. Das änderte jedoch nichts an meinem Urteil, dass er eine der großen und prägenden Gestalten der deutschen Nachkriegspolitik war und sich große Verdienste um unser Land erworben hat.

In dieser spannungsreichen Zeit hat Wolfgang Schäuble mir den Rücken gestärkt. Er stand stets auf meiner Seite. Als Vorarbeiter der Fraktion bewies er im Bonner Alltag viel Geschick und psychologisches Einfühlungsvermögen. Schon damals war mir klar, dass er zu den herausragenden Persönlichkeiten der Union zählen würde. 1984 berief ich ihn dann an die Spitze des Kanzleramts. Unter seiner Leitung wurde das Amt neu geordnet. Mit unbändiger Arbeitskraft und hoher Intelligenz leistete er exzellente Arbeit, die nicht hoch genug eingeschätzt werden kann. Besonders engagierte er sich für die deutsch-deutschen Beziehungen. Bei seinen Verhandlungen mit Spitzenpolitikern der DDR erwies er sich als geschickter Diplomat, der die hohe Kunst des Kompromisseschließens perfekt beherrschte.

1989 wurde er auf eigenen Wunsch Bundesinnenminister. In dieser Eigenschaft hat er wichtige Vorarbeiten im deutsch-deutschen Verhältnis geleistet. Schließlich übernahm Schäuble im deutsch-deutschen Vereinigungsprozess 1990 eine Schlüsselrolle. Er hatte die Federführung für den Einheitsvertrag am 31. August 1990. Gemeinsam mit Günther Krause, dem Verhandlungspartner der DDR-Regierung, dessen Einsatz ich ebenfalls sehr hoch schätze, hat sich Wolfgang Schäuble in besonderer Weise verdient gemacht.

Als Wolfgang Schäuble bei dem Attentat vom 12. Oktober 1990 im badischen Oppenau lebensgefährlich verletzt wurde, war ich zunächst wie betäubt. Wir hatten ein besonderes Verhältnis zueinander, das sich aus meiner Sicht am besten wie die Beziehung zwischen einem älteren und einem jüngeren Bruder beschreiben lässt. Mein Bruder war im Krieg gefallen, und ich

hatte den Wunsch, mit Wolfgang Schäuble eng verbunden zu sein. Unsere Freundschaft funktionierte nicht zuletzt auch deswegen so gut, weil wir zwar häufig erhebliche Auseinandersetzungen um Sachfragen und um den besseren Weg hatten, die wir aber ganz offen miteinander austrugen.
Das Attentat war für uns alle ein furchtbarer Schlag. Ich nahm danach keinen Einfluss auf ihn – auch wenn das später ganz anders erzählt worden ist –, dass er wieder in die Politik zurückkehren sollte. Gleichwohl habe ich ihm jegliche Unterstützung zugesagt und auch gegeben. Als er sich dann für die Fraktionsführung entschieden hatte, habe ich wesentlich mit dazu beigetragen, dass ihm diese Arbeit ermöglicht wurde und dass er in diesem Amt den Heilungsprozess weiter voran bringen konnte. Für mich stand auch in dieser Situation damals außer Zweifel, dass er selbstverständlich weiterhin die besten Voraussetzungen und alle notwendigen Qualifikationen für hohe und höchste Ämter besaß. Insofern ist Wolfgang Schäubles heutige Wahl zum neuen CDU-Bundesvorsitzenden eine ganz logische Entscheidung für mich.
Aber nicht nur Wolfgang Schäuble tritt heute ein wichtiges Amt an, der Parteitag wählt auch Angela Merkel mit großer Mehrheit zur CDU-Generalsekretärin. Ich gratuliere ihr aus ganzem Herzen dazu.
Auch wenn ich kein Sammler von Ehrentiteln bin – meine heutige Berufung zum Ehrenvorsitzenden der CDU empfinde ich als bedeutende Auszeichnung.

Freitag, 11. Dezember 1998

Wien. Die Staats- und Regierungschefs der Europäischen Union ernennen mich zum Ehrenbürger von Europa. Dieser Titel wurde in der europäischen Nachkriegsgeschichte erst einmal verliehen, nämlich an Jean Monnet, einen der Baumeister Europas.

Entschließung des Europäischen Rates

An der Schwelle zum 21. Jahrhundert,
kaum zwei Generationen nach Ende eines zerstörerischen Krieges,
können die Völker unseres Kontinentes auf eine beispiellose Erfolgsgeschichte der europäischen Einigung zurückblicken.

Ein historischer Moment, vor dem wir mit der Einführung der gemeinsamen europäischen Währung nunmehr stehen,
führt uns vor Augen,
daß der Lauf der Geschichte durch das engagierte Wirken einzelner Menschen oft entscheidend gestaltet werden kann.

In besonderem Maße gilt dies für Dr. Helmut Kohl und sein Wirken als Bundeskanzler der Bundesrepublik Deutschland in den letzten 16 Jahren.

Tief geprägt durch sein Elternhaus und die Erfahrungen seiner Jugend in Kriegs- und Nachkriegszeit,
hat er an früh gewonnenen Grundüberzeugungen stets unerschütterlich und glaubwürdig festgehalten.
Vor allem sein fester Glaube an die friedensstiftende Kraft einer immer engeren wirtschaftlichen und politischen Union Europas und an die in diesem Rahmen mögliche Wiedervereinigung seines Vaterlandes ist durch die epochalen Ereignisse unter seiner Amtszeit bestätigt worden.
Mit derselben Hingabe hat er sich für die Überwindung der unheilvollen Spaltung unseres Kontinentes eingesetzt.

In seinem unermüdlichen Hinarbeiten auf diese Grundziele seiner Politik hat er sich von Rückschlägen, Bedenken und Widerständen nie beirren lassen.

Mit seinen Eigenschaften der Verläßlichkeit, der Ehrlichkeit, der Beharrlichkeit, der Herzlichkeit und des Einfühlungsvermögens ist Dr. Helmut Kohl uns, seinen Kollegen, auch ein Beispiel eines erfolgreichen und doch menschlich gebliebenen Politikers geworden.
Nicht zuletzt in diesen Wesenszügen liegt das Geheimnis seiner großen Leistungen für Europa und die europäische Integration.

Die Gestaltung der deutschen Einheit und die Festigung der europäischen Einigung bis hin zur Wirtschafts- und Währungsunion sind Dr. Helmut Kohls Lebenswerk.

Für dieses Lebenswerk
sprechen wir, die Staats- und Regierungschefs der Europäischen Union und der Präsident der Europäischen Kommission,
ihm aufrichtigen Dank und tiefempfundene Anerkennung aus.

Aus diesem Grunde hat der Europäische Rat von Wien beschlossen,

Bundeskanzler a.D. Dr. Helmut Kohl
Mitglied des Deutschen Bundestages

den Titel

Ehrenbürger Europas

zu verleihen.

Wien, 11. Dezember 1998.

Der Bundeskanzler der Republik Österreich und Vorsitzender des Europäischen Rates

Der Premierminister des Königreichs Belgien

Der Ministerpräsident des Königreichs Dänemark

Der Bundeskanzler der Bundesrepublik Deutschland

Der Premierminister der Griechischen Republik

Der Ministerpräsident des Königreichs Spanien

Der Präsident der Französischen Republik

Der Premierminister der Französischen Republik

Der Premierminister Irlands

Der Ministerpräsident der Italienischen Republik

Der Premierminister des Großherzogtums Luxemburg

Der Ministerpräsident des Königreichs der Niederlande

Der Premierminister der Portugiesischen Republik

Der Ministerpräsident des Königreichs Schweden

Der Präsident der Republik Finnland

Der Premierminister der Republik Finnland

Der Premierminister des Vereinigten Königreichs Großbritannien und Nordirland

Der Präsident der Europäischen Kommission

Österreich hat gerade die Präsidentschaft der Europäischen Union übernommen. Die Auszeichnung im Prunksaal der Wiener Nationalbibliothek durch Bundeskanzler Viktor Klima im Beisein aller EU-Staats- und -Regierungschefs hat Stil und Würde. Beim anschließenden Mittagessen in der Geheimen Ratsstube der Hofburg, gegeben von Bundespräsident Thomas Klestil, treffe ich viele alte Weggenossen der europäischen Politik.

Weihnachten 1998 / Neujahr 1999

Es ist ein anderes, ein ganz privates Weihnachtsfest in diesem Jahr. Wie immer an diesen Tagen sind meine Kinder mit ihren Familien zu Hause. Entspannung wird groß geschrieben. Zum ersten Mal seit sechzehn Jahren empfinde ich den Jahresausklang als außerordentlich angenehm. Während meiner Kanzlerschaft war ich an diesen Tagen vor Silvester sonst immer intensiv damit beschäftigt, über die Fernsehansprache nachzudenken, die ich stets sehr ernst genommen und aus Gründen der Aktualität erst sehr spät fertiggestellt habe.
In den letzten Tagen des alten Jahres führe ich viele Telefonate und beantworte wichtige Telegramme. Die große Menge Weihnachtspost überrascht mich. Von vielen Bürgern – auch aus den neuen Bundesländern – wird meine Silvesteransprache vermisst, vor allem der Schlusssatz »Gott segne unser deutsches Vaterland«.

1999

Mittwoch, 13. Januar 1999

Auf Einladung des niederländischen Ministerpräsidenten Wim Koek reise ich zusammen mit Hannelore nach Den Haag. Im Rahmen einer feierlichen Zeremonie würdigt Wim Koek meine Verdienste um die Vertiefung der deutsch-niederländischen Beziehungen sowie meinen Beitrag für das europäische Einigungswerk. Er überreicht mir im Auftrag von Königin Beatrix den königlichen Orden »Niederländischer Löwe«, der normalerweise Staatsoberhäuptern vorbehalten ist. Erstmals seit mehr als vier Jahrzehnten wird jetzt einem Nicht-Staatsoberhaupt diese höchste Ordens-Auszeichnung verliehen.

In der Universität von Den Haag spreche ich über die deutsch-niederländischen Beziehungen, die sich nach dem Krieg 1945 als ausgesprochen schwierig und ständig gefährdet erwiesen haben. Ich habe diese Einladung besonders gerne angenommen, um mein Bekenntnis zu einem gemeinsamen Europa vor jungen Niederländern abzulegen. Die Veranstaltung ist ein großer Erfolg.

Bis zum Zweiten Weltkrieg waren die deutsch-niederländischen Beziehungen noch besonders eng und traditionell gut. 1918 fand Wilhelm II. in den Niederlanden Asyl, obwohl die Siegermächte in Versailles der niederländischen Königin Wilhelmina erheblich zusetzten. Während der Weimarer Republik entwickelten sich die deutsch-niederländischen Beziehungen zu bester Nachbarschaft. Um so größer war das Entsetzen über den Antisemitismus und Rassismus in Deutschland während der Naziherrschaft. Viele deutsche Juden fanden in den Niederlanden Unterschlupf vor den Nazischergen. Mit der deutschen Besetzung im Mai 1940 wurde auch ihr Schicksal besiegelt. Das *Tagebuch der Anne Frank* ist ein eindrucksvolles Dokument aus dieser barbarischen Zeit. Die Verfolgung und Ermordung der Juden hat sich tief in die Seelen der Niederländer eingegraben.

Hinzu kommt, dass sich Königin Wilhelmina von Hitler persönlich hintergangen fühlte. Trotz laufender Kapitulationsverhandlungen wurde Rotterdam bombardiert, landeten deutsche Truppen im Zentrum der Niederlande. Zuvor hatten die Deutschen alle Befürchtungen und Gerüchte bestritten, dass sie einen Einmarsch in die Niederlande planten.
Der Zweite Weltkrieg hat in den Niederlanden tiefe Wunden hinterlassen und zu einer verständlichen Feindschaft und einem tiefen Misstrauen gegenüber Deutschland geführt. Umso schwieriger gestalteten sich die deutsch-niederländischen Beziehungen nach dem Krieg. Sie besonders zu pflegen, hatte außenpolitische Priorität. Selbst zu Beginn meiner Kanzlerschaft zeigten sich noch erhebliche Probleme. Das lag nicht zuletzt daran, dass ein Teil der politischen Klasse in den Niederlanden meine Wahl zum Kanzler völlig falsch interpretierte. Es gab ideologische Vorbehalte. Ich schien ihnen politisch zu reaktionär zu sein. Als engagierte Europäer erkannten die Niederländer dann allerdings rasch meine Leidenschaft für die Europapolitik und versöhnten sich mit mir.
Heute lobt Wim Koek, ein sozialistischer Ministerpräsident, mein europäisches Engagement. Ich erinnere mich an viele gemeinsam überstandene Kämpfe, die uns einander im Lauf der Jahre immer näher brachten. Bei den schweren Auseinandersetzungen um die Wahl des ersten Präsidenten der Europäischen Zentralbank konnte sich Wim Koek gegen erheblichen französischen Widerstand durchsetzen. Ich stand auf seiner Seite.
Königin Beatrix und Prinz Claus empfangen uns in Privataudienz. Ich empfinde diese Einladung als Reverenz an einen europäischen Deutschen und deutschen Europäer.

Ebenfalls heute wird über den Vorschlag von Jacques Santer, dem Präsidenten der Europäischen Kommission, diskutiert, der mich als seinen Nachfolger an der Spitze der EU-Kommission in die Diskussion gebracht hat. Aus dem Ausland, vor allem aus Frankreich und Italien, erreicht mich viel Zustimmung. Innerhalb der rot-grünen Bundesregierung scheinen die Gefühle eher gemischt zu sein, nach dem Motto: Seit der Bundestagswahl haben wir ihn glücklich los und jetzt soll er durch eine andere Türe wieder hereinkommen? Für mich gibt es keinen Zweifel: Ich will kein weiteres Amt mehr.

Freitag, 15. Januar 1999

Wahlkampfauftritt mit dem CDU-Spitzenkandidaten Roland Koch in Hessen. Die hessische CDU hat in der Vergangenheit wegen ihrer ungünstigen Wahltermine oftmals für die Gesamtpartei büßen müssen, so beispielsweise bei der Landtagswahl im Februar 1983. Mit Hilfe des Misstrauensvotums war ich am 1. Oktober 1982 zum Bundeskanzler gewählt worden. Unter tatkräftiger Mitwirkung meines Vorgängers Helmut Schmidt stürzten sich die Sozialdemokraten in den hessischen Landtagswahlkampf und bauten ein großes Propagandagebäude auf über den angeblichen Verrat der FDP an der SPD beim Machtwechsel in Bonn. Durch das Bündnis, das die SPD in Hessen dann mit den Grünen einging, wurde die CDU geschlagen und Alfred Dregger um die Chance gebracht, Ministerpräsident zu werden.

Und am 7. Februar findet nun in Hessen die erste Landtagswahl nach der verlorenen Bundestagswahl statt. Der jüngste Landesvorsitzende der CDU hat die Chance, einen Regierungswechsel herbeizuführen. Roland Koch ist vertrauenswürdig und kenntnisreich, hat eine glänzende politische Begabung, gilt als dynamisch und daher fähig, Politik zu gestalten und die Partei zu führen. Ihm kommt jetzt zugute, dass die rot-grüne Bundesregierung einen Fehlstart hingelegt hat. Die Siegesstimmung des Wahlabends vom 28. September 1998 ist längst verflogen. Die Gegensätze zwischen Schröder und Lafontaine können deutlicher nicht sein. In dieser politischen Großwetterlage führt Roland Koch einen sehr intelligenten und zielgerichteten

Wahlkampf. Er hat vor allem die von der Bundesregierung in Aussicht gestellte und von der Mehrheit der Bevölkerung abgelehnte doppelte Staatsbürgerschaft in den Mittelpunkt der Wahlauseinandersetzungen gestellt. Mit der heftig angegriffenen CDU-Unterschriftenaktion wird Koch nicht nur bundesweit bekannt, sondern setzt Sozialdemokraten und Grüne unter erheblichen Druck, die dem nichts entgegenzusetzen haben.
Im Rahmen meiner Möglichkeiten helfe ich ihm. Unsere gemeinsamen Auftritte in Frankfurt finden ein positives Echo. Die Menschen wollen den Wechsel in Hessen.

Dienstag, 26. Januar 1999

Meine Arbeit als einfacher Bundestagsabgeordneter in Bonn macht mir sehr viel Freude. In Gesprächen mit jüngeren Kollegen versuche ich, meine politische Erfahrung weiterzugeben. Mein Terminkalender ist gefüllt mit Verabredungen mit in- und ausländischen Politikern.
Heute besucht mich der ehemalige italienische Ministerpräsident Romano Prodi. Wir sind in meinem Bonner Lieblingsrestaurant zum Abendessen verabredet. Unser wichtigstes Thema an diesem Abend: die Krise der EU-Kommission, die wegen zahlreicher Betrugs- und Korruptionsaffären in Misskredit geraten ist. Mit dem Rücktritt der gesamten EU-Kommission und ihres Präsidenten Jacques Santer ist zu rechnen. Wer soll dann sein Nachfolger werden? Für die beste Lösung halte ich die Wahl von Romano Prodi. Der gelernte Wirtschaftswissenschaftler konnte als italienischer Regierungschef überzeugen. Seine fachliche Kompetenz und Beharrlichkeit sind allgemein anerkannt. Mit zähem Sparwillen machte er Italien »eurotauglich« und erzielte bemerkenswerte Erfolge bei einer Reform der Verwaltung.
An diesem Abend hält sich der kanadische Ministerpräsident Jean Chrétien auf der Durchreise ebenfalls in Bonn auf. Ein ver-

lässlicher Freund. Später am Abend treffen wir ihn auf dem Petersberg und diskutieren eine ganz Nacht lang über die Entwicklung der transatlantischen Beziehungen zwischen Europa und den USA und Kanada. Es ist eine außerordentlich aufschlussreiche Diskussionsrunde, die uns nicht müde werden lässt. Für mich ist Jean Chrétien einer der fähigsten Menschen, die mir in der internationalen Politik je begegnet sind.

Mittwoch, 27. Januar 1999

Holocaust-Gedenktag im Deutschen Bundestag. Am Nachmittag besucht mich der ehemalige israelische Ministerpräsident Shimon Peres. Der sympathische Senior der israelischen Arbeiterpartei steht in seinem Land wieder einmal im Wahlkampf. Uns verbindet eine jahrelange Freundschaft. Peres ist eine der wirklich großen Gestalten der israelischen Politik, der wegen seines zivilen Auftretens immer im Schatten früherer Militärkommandeure stand. Der »Meister der Kommunikation«, wie ihn einst die *Frankfurter Allgemeine Zeitung* nannte, ist wirklich ein Mann des Friedens, der sich auch in schwierigster Zeit nicht von seiner Friedenspolitik abbringen lässt. Bei all meinen Besuchen in Israel war er in ganz unterschiedlichen politischen Funktionen immer wieder Gastgeber. Von ihm erfuhr ich aus erster Hand die Höhen und Tiefen israelischer Politik. Er vermittelte mir ganz realistisch seine Sicht zum jeweiligen Stand der komplizierten deutsch-israelischen Beziehungen.

Donnerstag, 28. Januar 1999

In diesen Tagen erreichen mich eine Reihe von Telefonaten, die mich sehr beschäftigen. Bill Clinton ist an meiner Einschätzung zur internationalen Lage interessiert. Gerade weil ich keine Regierungsverantwortung mehr trage und unabhängig und unbe-

fangen Stellung nehme, ist meine Meinung immer wieder gefragt. Ganz konkret geht es diesmal um das schwierig gewordene Verhältnis zwischen Clinton und Boris Jelzin.
Besonders gefreut habe ich mich über den Besuch des südafrikanischen Staatspräsidenten Nelson Mandela. Diesem Mann gilt meine ganze Bewunderung für sein mit großer Geduld ertragenes Gefangenenschicksal, seinen Mut und seine politische Klugheit. Er gehört zu jenen, die tätige Hilfe und Unterstützung nicht vergessen. In der schwierigen Übergangszeit bei der Überwindung der Apartheid habe ich ihm immer wieder helfen können.

Sonntag, 7. Februar 1999

Landtagswahl in Hessen. Ein spannender Wahlabend. Bis zuletzt dauert die Unsicherheit an, ob die FDP die Fünf-Prozent-Hürde überspringen kann. Schließlich wird die CDU mit 43,3 Prozent nicht nur stärkste Partei, sondern kann zusammen mit der FDP eine Regierung bilden. Die Bundesregierung von SPD und Grünen verliert ihre Mehrheit im Bundesrat. Roland Koch wird das Amt des Ministerpräsidenten übernehmen können. Er ist zwar nicht mein Ziehsohn, wie manche behaupten, aber wir haben in der Vergangenheit viele Gespräche geführt und einen regelmäßigen und engen Kontakt gepflegt, vor allem bei der Wahlkampfkommission der CDU 1998. Meine Ratschläge waren ihm wichtig. Wir haben ein herzliches Verhältnis.

In der Presse wird heute an den letzten Mauertoten Chris Gueffroy erinnert. Vor genau zehn Jahren wurde der Zwanzigjährige beim Versuch, über die Mauer von Ost- nach West-Berlin zu flüchten, von DDR-Grenzsoldaten erschossen. Mir sind die Todesschüsse noch sehr gegenwärtig. Ich muss an Gueffroys Mutter denken und mit welcher Fassung sie die qualvollen Gerichtsstunden im Prozess gegen die mutmaßlichen Mörder ihres Sohnes ertrug.

Mittwoch, 17. Februar 1999

Telefonat mit Bill Clinton. Diesmal geht es im Wesentlichen um die politische Entwicklung im früheren Jugoslawien. Während meiner Amtszeit war ich für die Belgrader Führung immer der Feind Nummer eins. Hauptgrund dafür war die diplomatische Anerkennung Kroatiens und Sloweniens, die ich zusammen mit dem französischen Staatspräsidenten François Mitterrand vorangetrieben hatte, was mir bei vielen Kritikern den Vorwurf eintrug, voreilig gehandelt zu haben. Deshalb war ich für Milosevic ein rotes Tuch.

Schon damals habe ich vor allem die Amerikaner beschworen, keine politischen Schritte ohne die Einbeziehung Russlands zu unternehmen. Es kam anders, und mit der Ausgrenzung Russlands passierten unverzeihliche Fehler in der internationalen Balkan-Politik.

Donnerstag, 4. März 1999

Ein Dreistundengespräch mit ARD-Moderator Ulrich Wickert, aufgezeichnet im Palais Schaumburg für den Nachrichtensender Phoenix. Unter dem Sendetitel »Gedanken und Erinnerungen« geht es um mein Leben, um eine politische Bilanz. Zum ersten Mal blicke ich in dieser Ausführlichkeit zurück, ohne Ratschläge zu geben, ohne Lehrsätze für erfolgreiche Politik zu verkünden.

Herr Wickert ist ein versierter Journalist, gut vorbereitet und fair. Die Sendung verlangt volle Konzentration. Ich nehme die Gelegenheit wahr, um wenige Monate nach meinem Ausscheiden aus dem Kanzleramt die inzwischen aufkeimenden Legenden zu zerstören. Nachdem ich aus der politischen Arena verschwunden bin, beobachtete ich nämlich erste Versuche, Geschichte umzuschreiben, Bemühungen, die letzten sechzehn Jahre deutscher Politik umzufunktionieren. Mit der Phoenix-

Sendung setze ich erstmals überprüfbare Fakten dagegen, ergänzt um meine eigene Sicht dazu.

Mittwoch, 10. März 1999

Der belgische Premierminister Jean-Luc Dehaene verleiht mir heute im Rahmen einer feierlichen Zeremonie im Palais d'Egmont den höchsten belgischen Orden, das Große Band des Leopoldordens.
Dehaene, der sechs Jahre lang mit mir in den EU-Räten zusammengearbeitet hat, würdigt mich als einen Staatsmann, der eine entscheidende Rolle bei der Schaffung der Währungsunion gespielt habe. Ich selbst ermahne die Politiker der EU, die Vision Europa und die historische Dimension des Einigungsprozesses nicht aus den Augen zu verlieren.
Im Anschluss an die Ordensverleihung empfängt mich König Albert II. im königlichen Palast zu einer einstündigen Audienz. Später ist der belgische Premierminister in seinem Amtssitz Gastgeber eines Essens.

Donnerstag, 11. März 1999

Der SPD-Bundesvorsitzende und Bundesfinanzminister Oskar Lafontaine tritt von allen Ämtern zurück. Als mich Eduard Ackermann telefonisch darüber informiert, bin ich sprachlos und kann es nicht fassen. Erst als die Meldung offiziell bestätigt wird, muss ich es glauben. Was wirklich hinter dem Rücktritt steckt, vermag ich an diesem Tag nicht zu ergründen. Bei gelegentlichen Telefonaten und Begegnungen mit Lafontaine als Bundesfinanzminister schien mir zwar eine Entfremdung zu Bundeskanzler Schröder spürbar zu sein. Als jemand, der in Parteiangelegenheiten nicht gerade unkundig ist, hatte ich auch erkennen können, dass Gerhard Schröder und seine Leute die

politischen Gewichte systematisch zu Lasten Oskar Lafontaines verschoben. Dennoch kommt dieser Schritt überraschend.
Da das öffentliche Erscheinungsbild der rot-grünen Bundesregierung derzeit miserabel ist, bietet sich Oskar Lafontaine mit seinen ideologisch gefärbten politischen Vorstellungen nahezu als idealer Sündenbock an. Für Gerhard Schröder eine gute Gelegenheit, sich optisch als Mann der Mitte darzustellen, was er nie war, und Oskar Lafontaine den linken Part zuzuweisen.
Der zurückgetretene Finanzminister hat seine eigene Position in der SPD überschätzt und Macht und Ausstrahlung, die das Amt des Bundeskanzlers mit sich bringt, unterschätzt. Schröder ist der Kanzler der Bundesrepublik Deutschland und Lafontaine ist »nur« der Finanzminister, »nur« der Parteivorsitzende. Der Finanzminister wird von der Tagesarbeit weitgehend aufgefressen. Schröder dagegen hat viel häufiger den Rücken frei und nutzt dies auch sehr intensiv. Ein weiterer Fehler Lafontaines ist sein Glaube, dass die Grünen für ihn verlässliche Partner seien. Er erkennt nicht, dass für die Führung der Grünen nur eines wichtig war und ist: um jeden Preis an der Macht zu bleiben. Politische Inhalte haben für sie längst ihre Bedeutung verloren.
Ungeachtet der enormen politischen Gegensätze – von der Frage der deutschen Einheit bis zur Steuerpolitik in der zweiten Hälfte der Neunzigerjahre – hatte ich mit Oskar Lafontaine immer ein menschlich ordentliches, fast gutes Verhältnis. Als er im April 1990 bei einem Wahlkampfauftritt in Köln Opfer eines Attentats wurde, bei dem ihm eine geistesgestörte Frau eine gefährliche Stichwunde am Hals beibrachte, lag mein damaliger Herausforderer im Bundestagswahlkampf auf Leben und Tod. Ich habe ihn sehr bewundert, wie er den Anschlag wegsteckte und zur Normalität des Politikeralltags zurückfand.
Lafontaine und ich sind ganz unterschiedliche Persönlichkeiten. Aber es gibt einige Dinge, die uns verbinden. Er ist ein Mann, der Freude an der politischen Gestaltung hat und seinen politi-

schen Willen umsetzen will. Im Übrigen ist er ein gebildeter Mensch, weit gebildeter als das, was sonst bei der politischen Klasse zu beobachten ist. Wir haben uns auf einigen Wegstrecken gut verstanden. Seine Vorstellungen von Sozialismus teile ich verständlicherweise nicht. Ich glaube auch nicht, dass das, was er denkt und sagt, in einer modernen Industriegesellschaft eine Chance hat, schon gar nicht auf internationaler Ebene. Was mir immer gut an ihm gefallen hat: Er ist ein leidenschaftlicher Europäer, ein Mann mit einer wirklich europäischen Überzeugung. Ganz im Gegensatz zu Gerhard Schröder.

In vielen Gesprächen mit meinen politischen Freunden über Lafontaines Entscheidung vertrete ich die Meinung, dass es ein großer Irrtum sei zu glauben, diese Bundesregierung sei durch seinen Rücktritt geschwächt. Das Gegenteil ist der Fall. Die Bundesregierung unter Schröder hat wesentlich an Kraft gewonnen. Wer auch immer Lafontaines Nachfolger wird: Die Rolle des Kanzlers ist stärker geworden.

Dienstag, 16. März 1999

Verleihung der Ehrendoktorwürde der Universität Lüttich. Diese Auszeichnung ist schon vor langer Zeit terminiert worden, ebenso wie Einladungen anderer Universitäten auch. Ich bin mir dieser Ehre zwar sehr wohl bewusst, habe mich aber im Laufe der Jahrzehnte darum bemüht, die Zahl weiterer Auszeichnungen mit Doktorhüten zu reduzieren. Ich wollte keine »Belobigung« in Serie.

Da die Universität Lüttich in einem besonderen Zusammenhang zur Europäischen Union steht, nehme ich als »Ehrenbürger Europas« diese Würdigung jedoch gerne an. In meinem Amt als Bundeskanzler stand ich für eine bestimmte Politik, nicht zuletzt für die europäische Einigungspolitik. Hierfür habe ich eine große Zahl von Ehrendoktorwürden bekommen. Für mich war das immer auch eine Wertschätzung für unser Land, für Deutschland.

Als die amerikanische Brandeis-Universität, in der Nachbarschaft der weltberühmten Harvard-Universität gelegen, mich zu ihrem 50. Geburtstag als Festredner einlud, war das mehr als eine persönliche Ehrung. Die 1948 in Boston von amerikanischen Juden gegründete Universität gilt als die größte jüdische akademische Bildungseinrichtung dieser Art außerhalb Israels. Benannt nach dem ersten jüdischen Richter am Obersten Gerichtshof der USA, Louis Brandeis, verfolgt die Hochschule das Ziel, jegliche Diskriminierung auf der Grundlage von Rasse, Religion, Hautfarbe, nationaler Herkunft, Weltanschauung oder Geschlecht zu verhindern.
Die Ehrendoktorwürde dieser Universität, die vor fünfzig Jahren gegen Nazibarbarei und in Erinnerung an den Holocaust gegründet wurde, ist für mich außerordentlich bedeutsam.

Mittwoch, 24. März 1999

Nato-Luftoffensive mit deutscher Beteiligung im Jugoslawienkrieg.
Dass nach dem Tod Titos das gewaltsam zusammengehaltene Vielvölkerreich auseinanderbrechen würde, war leider zu erwarten. Es war auch klar, dass das kommunistisch-sozialistische Experiment eines eigenen jugoslawischen Wegs ökonomisch in einem Fiasko enden würde. Ein halbes Jahrtausend währende Auseinandersetzungen der Kulturen hatten das Land geprägt – Auseinandersetzungen zwischen der orthodoxen und der katholischen Kirche, zwischen Serben und Kroaten, zwischen Erfahrungen mit dem Osmanischen Reich und solchen mit der Habsburger Monarchie. Das war nicht zu Lebzeiten eines einzigen Staatschefs zu überwinden. Dass schnelle Lösungen nicht zu erreichen waren, zeigte ja bereits die Vorgeschichte des

Ersten Weltkrieges und die geradezu schon sprichwörtliche Balkankrise.
Auch ich unterstütze die Verteidigung der Menschenrechte mit aller Macht, bin für den Einsatz aller nur denkbaren Mittel, um Mord, Totschlag und Massenvergewaltigungen unmöglich zu machen. Doch mit einem Luftkrieg eine dauerhafte Problemlösung herbeiführen zu wollen, erscheint mir höchst zweifelhaft. Ein ganz entscheidender Fehler liegt darin, nicht alle Möglichkeiten ausgeschöpft zu haben, um Europäer, Russen und Amerikaner für eine gemeinsame Strategie zu gewinnen. Die heutige Aktion ist nicht dazu angetan, meine Zweifel auszuräumen. Niemand in Europa ist bereit, Bodentruppen in die Schlacht zu schicken. Wie soll der Krieg enden?
Aus meiner ganz persönlichen Sicht verträgt es sich auch sehr schlecht, dass im Bundestag jetzt Redner auftreten, die die Nato-Luftoffensive mit großen Worten unterstützen, während sie noch 1990 zur Zeit des Golfkriegs beim Bundestagswahlkampf die von uns vertretene Politik etwa der Hilfe und Solidarität für Israel geißelten und ganze Wahlkampfkolonnen mit dieser Losung auf den Weg schickten.

Freitag, 26. März, bis Mittwoch, 14. April 1999

Urlaub in Bad Gastein. Es ist schon eine liebgewonnene Gewohnheit, jedes Jahr für ein paar Tage zur Kur zu fahren. Nach vielen Monaten mit bis zu siebzehnstündigen Arbeitstagen ist das Bedürfnis groß, total zu entspannen und abzuschalten. Bei meiner Neigung zu kalorienhaltiger Nahrung ist ein Fasten besonders wohltuend. Zwar war ich anfangs skeptisch. Doch heute schätze ich das konsequente Fasten, das heißt, acht bis zehn Tage wird überhaupt nichts gegessen: Vorgeschrieben ist viel Flüssigkeit – leichter Kräutertee und Wasser –, später etwas Milch mit Brötchen, kein Schluck Alkohol. Das fördert die Klarheit des Geistes, und die Denkfähigkeit nimmt zu. Die so genannte Mayr-Kur verschafft mir wirklich Wohlbefinden wie kaum etwas anderes. Viel schlafen, viel lesen, gute Gespräche führen, auf Touren gehen und Heilanwendungen wahrnehmen: Ich bin ein begeisterter Anhänger dieser Kur.

Dienstag, 13. April 1999

Gerhard Schröder wird Bundesvorsitzender der SPD. Dass der Kanzler das Amt von Lafontaine übernimmt, ist für mich eine logische Entwicklung der innerparteilichen Situation in der SPD. Damit hat er einen wichtigen Teilabschnitt erreicht, nämlich ohne jede Konkurrenz Bundeskanzler und Parteivorsitzender gleichzeitig zu sein. Schröder hat im Kabinett keine Konkurrenz, in der Partei keine und in der Koalition erst recht keine. Es ist eine Erfahrung aus der Geschichte der Bundesrepublik Deutschland: Bei den beiden großen Volksparteien CDU/CSU und SPD kann eine Ämtertrennung nicht funktionieren. Das ist meine feste Überzeugung. Die zentrifugalen Kräfte sind viel zu groß: Deutschland ist ein föderal regiertes Land. Die Bundesländer verfügen über mächtige Landesfürsten, die an Selbstwertgefühl gewonnen haben und ihren politischen Einfluss – wegen Kompetenzverlusten auf der Ebene des Bundesstaats und der Europäischen Gemeinschaft – immer stärker geltend machen wollen.

Eine Trennung von Kanzleramt und Parteivorsitz gab es in der Geschichte der Bundesrepublik nur zweimal: Ich erinnere mich, dass Willy Brandt SPD-Bundesvorsitzender blieb, als Helmut Schmidt Kanzler wurde. Herbert Wehner, der die Fraktion kraftvoll führte und zugleich niemals Bundeskanzler werden konnte, fungierte als eine Art Scharnier zwischen den beiden. Wir tranken gelegentlich eine Flasche Wein miteinander. Als ich Oppositionsführer war, saßen wir Zimmer an Zimmer. Bei einem unserer Treffen deutete Wehner mit wilder Geste in Richtung SPD-Parteizentrale, der »Baracke«, wie das Erich-

Ollenhauer-Haus genannt wurde, und auf das Kanzleramt hin und meinte: »Ich bin der Kärrner, und ich muss den Karren ziehen.« Das war eine Sonderkonstellation, auf die sich Willy Brandt und Helmut Schmidt verlassen konnten. Selbst wenn es hin und wieder Ärger mit dieser »Ménage à trois« gab, setzte sich der Hausmeier Herbert Wehner nie in direkte Konkurrenz zu den beiden.
Eine ähnliche Situation gab es in der CDU zu Ende der Ära Adenauer. Der damalige Geschäftsführende Vorsitzende der CDU Josef Dufhues, der nie Kanzler werden wollte, hatte eine Scharnierfunktion, als es um den Wechsel von Konrad Adenauer zu Ludwig Erhard ging. Es war eine ganz kritische Situation für die Union.

Diejenigen, die mich stürzen wollten, propagierten immer die Ämtertrennung. Zuletzt musste ich dies auf dem Bremer Parteitag 1989 erleben. Der eine Revolutionsführer – Lothar Späth – sollte Kanzler, der andere – Heiner Geißler – Parteivorsitzender werden. Es gab viele Varianten derartiger Vorstöße.

Gerhard Schröder hat das einzig Richtige in der jetzigen Situation getan und befindet sich nun in einer außerordentlich komfortablen Lage. Es gibt ein einziges, allerdings großes Fragezeichen: Solange es in der Politik gut geht, hat er alles in seiner Hand. Sobald jedoch Schwierigkeiten auftreten, wird sich der Zuspruch verflüchtigen. Auch er wird dann bittere Erfahrungen machen, die andere schon hinter sich haben.

Freitag, 16. April 1999

Ein Treffen mit dem brasilianischen Präsidenten Fernando Henrique Cardoso. Dieser Politiker ist eine große Hoffnung des Subkontinents. Für die Bundesrepublik ist Brasilien eines der wichtigsten Zukunftsländer, ungeachtet der ungeheuren Schwierigkeiten bei der sozialen und politischen Entwicklung und der gewaltigen ökologischen Probleme, besonders im Hinblick auf den Regenwald. Wir diskutieren auch über Veränderungen im UN-Sicherheitsrat. Für Brasilien ist es selbstverständlich, dass Deutschland und Japan nach einer Reform Mitglieder des Weltsicherheitsrats werden. Außerdem geht der brasilianische Präsident davon aus, dass sein Land – neben Indonesien oder Nigeria – ebenfalls neues Mitglied des Weltsicherheitsrats wird. Cardoso lädt mich zu einer Vortragsreise nach Brasilien ein.

Montag, 19. April, bis Freitag, 23. April 1999

Amerika-Reise. Wenige Tage nach dem Ende meiner Kanzlerschaft lud mich Bill Clinton zu einem Abschiedsbesuch in die USA ein. Hintergrund der Einladung ist unsere enge politische Kooperation und vor allem eine sehr persönliche Beziehung. Bei jeder sich bietenden Gelegenheit hat sich Clinton öffentlich zu mir und meiner Politik bekannt. Ich denke heute vor allem an seine Berliner Rede vom Mai 1998, in der er die Zusammenarbeit zwischen Amerika und Europa lobte und ein Konzept für die gemeinsame Zukunft entwickelte.

Meinen Besuch in Washington hat er weitestgehend persönlich arrangiert. Drei Tage lang halte ich mich als Gast im Weißen Haus auf. Wir frühstücken gemeinsam und sitzen bis lang in die Nacht zusammen. Wichtigster Diskussionspunkt ist diesmal die Entwicklung im früheren Jugoslawien. Seine Frau Hillary erzählt, dass sie mitten in der Entscheidungsphase ist, ob sie in New York für den Senat kandidieren soll oder nicht.

Nach eindrucksvollen Gesprächen mit führenden Vertretern der beiden Parteien des Senats gibt Clinton einen großen Empfang und überreicht mir die »Medal of Freedom«, die höchste zivile Auszeichnung der Vereinigten Staaten. Nach seinen Worten sollen damit die Leistungen in meiner Amtszeit als deutscher Regierungschef gewürdigt werden. Ich bin der erste Deutsche

überhaupt, der mit dieser Medaille ausgezeichnet wird, die unter Präsident Kennedy ihre jetzige Zweckbestimmung erhielt. Bill Clinton hat die »Presidental Medal of Freedom« während seiner Amtszeit noch an keinen ausländischen Staatsangehörigen verliehen.
Am Tag darauf werde ich auf dem Paradeplatz des Pentagon vom amerikanischen Verteidigungsminister William S. Cohen wie ein Staatsmann mit höchsten militärischen Ehren verabschiedet.

Am Donnerstag, den 22. April, dem Vorabend des Washingtoner Nato-Gipfels, verleiht mir das EastWest Institute in New York den Preis »Staatsmann des Jahrzehnts«. Diese Auszeichnung wird erstmals verliehen. Im Rahmen eines Galadinners würdigt das renommierte New Yorker Institut meine Verdienste bei der Integration Europas, der Vereinigung Deutschlands und meinen Beitrag zur Festigung der transatlantischen Partnerschaft. Anwesend sind hochrangige Persönlichkeiten aus den USA, unter ihnen der frühere US-Präsident George Bush und Henry Kissinger sowie eine Reihe von Regierungs- und Staatschefs aus Mittel- und Osteuropa.

Während meines Aufenthalts in New York treffe ich auch UN-Generalsekretär Kofi Annan. Wieder steht der Balkan-Konflikt im Mittelpunkt des Gesprächs.

An dieser Stelle sind mir einige Gedanken zum Verhältnis zwischen Bill Clinton und mir wichtig. Im Präsidentschaftswahlkampf 1992 habe ich klar Position für George Bush bezogen. Dabei ging es mir einzig und allein um unsere Freundschaft und ganz konkret um meine Dankbarkeit. Denn wir Deutsche, vor allem ich ganz persönlich, verdanken ihm und Gorbatschow in der entscheidenden Phase des Vereinigungsprozesses sehr viel. Ich kann es nicht oft genug unterstreichen: Ohne diese beiden wäre die deutsche Einheit nicht möglich gewesen. In diesem

Sinn habe ich mich auch immer wieder in den amerikanischen Medien geäußert. George Bush hat dann die Präsidentschaftswahlen am 3. November 1992 verloren. Klarer Sieger wurde sein Herausforderer Bill Clinton mit mehr als 43 Prozent der Stimmen.

Bei unserer ersten Begegnung nach seinem Amtsantritt begannen unsere Gespräche zunächst in einer äußerst kalten Atmosphäre. Aus seiner Sicht war ich ein Besucher mit internationaler Erfahrung, er ganz jung im Amt, ohne besondere Kenntnis auf internationalem Parkett. Als die Fotografen ihre Bilder gemacht hatten, die Fernsehkameras ausgeschaltet waren, bat ich ihn um ein Vier-Augen-Gespräch. Er stimmte zu, und wir zogen uns zurück. Dann erläuterte ich ihm die Gründe, deretwegen ich mich im Präsidentschaftswahlkampf 1992 auf die Seite von George Bush geschlagen hatte. Gleichzeitig versicherte ich ihm, dass sich meine Position auch nach der Wahl nicht geändert habe. Entweder akzeptiere er meine Einstellung oder eben nicht. Bill Clinton hatte mit angestrengter Konzentration zugehört. Nach kurzem Schweigen lächelte er und meinte schließlich, dass er mich sehr gut verstehen könne. Die anfängliche Verkrampfung wich einer spürbaren Entspannung. Wir fanden zu einem ausgeglichenen Gesprächsstil, der alle Vorbehalte vergessen ließ.

Nach dem obligatorischen Abendessen unserer Delegationen im Weißen Haus bat er mich zusammen mit der Dolmetscherin zu einem weiteren Meinungsaustausch. Wir kamen auf unsere Familien zu sprechen, auf unsere Lebenswege. Ich beschrieb ihm mein Elternhaus, meine Erfahrungen als junger Mensch in der Nazizeit. Dann hat er ganz offen über sein Leben berichtet, über die Armut in seiner Familie. Zwischendurch verließ er den Raum und kam nach kurzer Zeit in Begleitung einer älteren Dame zurück. Es war seine Mutter. Sie sei gerade zu Besuch bei ihm, und er habe ihr von mir berichtet. Daraufhin habe sie den Wunsch geäußert, mich einmal kennen zu lernen.

Wir haben dann eine beeindruckende Diskussion über Frauen

im Krieg, über ihre Entbehrungen, ihre psychischen und physischen Belastungen, ihre Einsamkeit und Traurigkeit geführt. Danach war der Bann zwischen Bill Clinton und mir endgültig gebrochen, der Durchbruch gelungen.

Am Abend der Preisverleihung sechs Jahre später diskutieren wir sehr angeregt über den Zweiten Weltkrieg, über die Rolle der deutschen Wehrmacht auf dem Balkan. Wie so häufig nimmt der amerikanische Präsident auch diese Gelegenheit wahr, sich nach der Sichtweise und der sich daraus ergebenden politischen Analyse eines Europäers zu erkundigen. Er sieht in mir einen verlässlichen europäischen Freund. Enger kann auf so hoher politischer Ebene wohl kaum ein Vertrauensverhältnis sein.

Dienstag, 27. April 1999

CDU-Strategieparteitag in Erfurt. Ganz bewusst nehme ich erst am zweiten Tag des Treffens teil. Ich bin bemüht, jeglichen Medienrummel um meine Person zu vermeiden. Doch das gelingt nur teilweise. Als ich den Saal betrete, erhebt sich – wie schon bei meiner Ankunft auf dem Delegiertentreffen am Abend zuvor – großer Beifall.

Ich lausche als interessierter Zuhörer den Parteitagsrednern. Der neue Parteichef zeigt klaren Führungswillen und großen Sachverstand. Beim gemütlichen Teil des Abends sitze ich dann mit ihm und anderen eine Weile zusammen.

Hier auf dem Parteitag spüre ich ein Grundproblem zwischen Wolfgang und mir, dessen ich mir lange gar nicht bewusst war, das aber womöglich schon seit längerer Zeit existiert: Meine bloße Anwesenheit scheint ihn mehr und mehr zu irritieren. Auf die Frage eines CSU-Kollegen, was er empfinde, wenn Helmut Kohl in den CDU-Gremiensitzungen anwesend sei, meinte er ohne langes Zögern, das sei so, als ob Franz Josef Strauß beim

CSU-Präsidium zugegen wäre. Ich spüre, dass unsere Beziehung einen Knacks bekommen hat. Den Anlass dafür vermag ich zwar noch nicht zu erkennen, doch die Entfremdung zwischen uns ist unverkennbar.

Kann es sein, dass meine bloße Existenz für Wolfgang Schäuble zur Belastung wird? Wenn dem so ist, hat er diese Gefühle mir gegenüber bislang verbergen können.

Mittwoch, 28. April 1999

Europatag an der Schweizer Universität Fribourg. Rektor Paul-Henri Steinauer hat mich zu einem Festvortrag eingeladen. In der Aula Magna spreche ich vor achthundert Gästen, darunter viele Studenten.
Ich habe diese Einladung gern angenommen, weil ich der Überzeugung bin, dass die Schweiz ein integraler Bestandteil Europas ist. Der Identität der Schweizer, ihrer Geschichte und Tradition, die ich ganz gut kenne, gilt mein großer Respekt. Irgendwann wird die Schweiz den Weg in die Europäische Union finden. Das ist auch der Kern meiner Rede, die begeistert aufgenommen wird.

Donnerstag, 29. April 1999

Ein »Heimspiel« in Trier: Der deutsche Weinbauverband wird 125 Jahre alt. Im Rahmen eines Festakts wird mir die Ehrenmitgliedschaft verliehen. In einer kurzen Ansprache erinnere ich an die schweren Auseinandersetzungen über die europäische Weinbauordnung, an der ich wesentlich beteiligt war. Nach Eröffnung der Wein- und Essensstände der dreizehn deutschen Weinbaugebiete lasse ich mich gern auf eine Weinprobe ein.

Freitag, 7. Mai 1999

In der Presse wird an die letzte Kommunalwahl in der DDR vor genau zehn Jahren erinnert. Damals wurde die Wahl – wie seit 1950 üblich – mit einer Einheitsliste und den bekannt hohen Wahlergebnissen durchgeführt. Doch am 7. Mai 1989 wurde die 99-Prozent-Marke nicht erreicht. Von Wahlfälschung war die Rede, aber erst nach dem Mauerfall konnte sie in ihrem erschreckenden Ausmaß dann tatsächlich belegt werden. Daran beteiligt waren führende SED/PDS-Größen. Später deswegen angeklagt, wiesen sie jegliche Schuld weit von sich. »Befehle von oben«, hieß die Verteidigungsparole.

Montag, 10. Mai 1999

Heute besucht mich Heribert Prantl, Leiter des innenpolitischen Ressorts der *Süddeutschen Zeitung*. Der Journalist aus München, gebürtiger Oberpfälzer, ist ein gelernter Jurist. Prantl verfügt über einen breiten Bildungshintergrund. Seine innenpolitischen Analysen sind allerdings äußerst fragwürdig. Auf mich wirkt er wie ein fanatischer Linker, ohne Toleranz für Andersdenkende. Mir scheint er nicht frei von hinterhältigen Bösartigkeiten zu sein.

Mittwoch, 12. Mai 1999

Europa-Kongress der Konrad-Adenauer-Stiftung in Berlin. Zum Thema »Weichen stellen für Europa« halte ich ein Referat vor rund dreihundert Gästen, das auf lebhafte Zustimmung stößt.

Freitag, 14. Mai 1999

Es ist der Wunsch der CDU-Parteiführung, den Ehrenbürger Europas in vorderster Reihe des Europawahlkampfs einzusetzen. Zum ersten Mal nach der Wahlniederlage soll ich an einer Wahlkampfveranstaltung im Saarland teilnehmen. Ich spreche in einer heillos überfüllten Halle in Sankt Ingbert und erlebe einen großen Erfolg.

Wahlkämpfe haben ihre eigenen Gesetze: Während meiner Kanzlerschaft und zuvor als Oppositionsführer und Kanzlerkandidat gab es nur wenige Politiker, die in der Lage waren, so viele Menschen anzulocken. Das waren Franz Josef Strauß, Willy Brandt und auch Helmut Schmidt. In den Jahren nach meiner Wahl zum Bundeskanzler hatte ich ähnlich großen Zulauf. Im Wahljahr 1990 verzeichnete die CDU insgesamt 2,1 Millionen Zuhörer bei meinen Wahlveranstaltungen. Die größten Versammlungen, die wir je in der Geschichte hatten, waren die fünf Großkundgebungen zwischen Februar und März 1990 in den neuen Bundesländern anlässlich der ersten freien Wahl in der DDR, der Volkskammerwahl. Allein in Leipzig kamen knapp 300 000 Menschen. Für mich als langjährigen Wahlkämpfer ein Riesenerfolg und zugleich ein unvergessenes Erlebnis.
Hannelore war in Leipzig dabei. Sie ist dort aufgewachsen. Ich beobachte immer wieder, wie sehr die Menschen auf sie zugehen und wie sie ihr zugeneigt sind.

Pfingstsonntag, 23. Mai 1999

Bundespräsidentenwahl in Berlin. Die SPD hat Johannes Rau zum Kandidaten für das höchste Amt im Staat nominiert. Selbst innerhalb der Sozialdemokratie gab es mit Blick auf seine Kandidatur kritische Töne. Wir, die Unionsparteien, haben die parteilose ostdeutsche Wissenschaftlerin Dagmar Schipanski, eine besonders kluge Frau, ins aussichtslose Rennen geschickt. Aber auch wenn sie gegen Rau keine Chancen hat, war Wolfgang Schäubles und Bernhard Vogels Vorschlag klug, fünfzig Jahre nach Gründung der Bundesrepublik eine Frau für das Bundespräsidentenamt zu nominieren.

Johannes Rau kenne ich noch aus meiner Zeit als Ministerpräsident von Rheinland-Pfalz. Im Kabinett des NRW-Ministerpräsidenten Heinz Kühn übernahm er Anfang der Siebzigerjahre das damals neu geschaffene Ministerium für Wissenschaft und Forschung. Mit seinem Kabinettschef Heinz Kühn verband mich eine ausgesprochen gute persönliche Beziehung – ungeachtet aller parteipolitischen Gegensätze. Auch meine Kontakte zum damaligen NRW-Justizminister Dieter Posser waren ungleich besser als zu Johannes Rau. Posser kannte ich noch aus der Zeit, als er zusammen mit dem ehemaligen CDU-Mitglied Gustav Heinemann die Gesamtdeutsche Volkspartei gegründet hatte.

Etwa seit Mitte der Fünfzigerjahre verbindet mich mit Dieter Posser, der später bei der Bewerbung um Heinz Kühns Nachfolge im Amt des Ministerpräsidenten Johannes Rau unterlag, eine ungewöhnliche Geschichte: Als Gustav Heinemann die CDU verlassen und die neue Partei gegründet hatte, führte unsere Partei eine für meinen Geschmack völlig überzogene und unfaire Kampagne gegen den Abtrünnigen. Die Bundespartei verschickte eine Broschüre, die ich nicht akzeptieren wollte. Ich fand das Machwerk völlig überzogen und als Wahlpropaganda der CDU misslungen. In einer schriftlichen Begründung an die Koblenzer Landesgeschäftsstelle meiner Partei lehnte ich den Vertrieb dieses Pamphlets ab und sprach mich dagegen aus, die Broschüre gegen Heinemann in der Pfalz verteilen zu lassen. Die beiden Juristen Heinemann und Posser verklagten schließlich die Union. In diesem Zusammenhang kam es zu Durchsuchungen der CDU-Landesgeschäftsstellen, unter anderem auch in der von Rheinland-Pfalz. Dabei fanden die Ermittlungsbehörden meinen geharnischten Brief mit der Weigerung, die Anti-Heinemann-Broschüre unters Wahlvolk zu bringen. Dieser Brief spielte im Gerichtsverfahren eine große Rolle.

Zu Johannes Rau habe ich zu keiner Zeit eine gute Beziehung entwickelt. Das hat mehrere Gründe.
Im nordrhein-westfälischen Landtagswahlkampf 1985 ließ Johannes Rau eine Wahlkampagne zu, an die ich mich heute noch erinnere. Die antiamerikanischen Demonstrationen während des Besuchs des amerikanischen Vize-Präsidenten George Bush bleiben mir unvergessen. Auch George Bush hat diese Erfahrung nie vergessen. Die SPD-Anzeigenkampagne gegen die Nachrüstung, die mit Bildern von gefallenen Vätern im Krieg und mit Klagen von Witwen und Waisen Stimmung machte, gehört für mich zu den größten Wahlkampfentgleisungen in der Geschichte der Bundesrepublik.
Bei der Bundestagswahl 1987 schließlich war Johannes Rau Kanzlerkandidat der SPD und somit im Wahlkampf mein Gegner. Es gelang ihm, die Partei hinter sich zu bringen, und mit dem Slogan »Versöhnen statt Spalten« fand er Zuspruch auch in der Mitte des politischen Spektrums.
Sein politischer Flirt mit Erich Honecker scheint heute vergessen zu sein. In den Grundfragen der deutschen Einheit waren wir beide bis zum Ende der DDR völlig unterschiedlicher Meinung.
Er war 1987 Kanzlerkandidat und stellvertretender Vorsitzender der SPD, also einer der maßgeblichen Repräsentanten der Partei. Unter seiner Mitautorenschaft beschloss die SPD im August 1987 als Krönung ihrer Zusammenarbeit mit der SED ein Grundsatzpapier, in dem es hieß: »Beide Seiten müssen sich auf einen langen Zeitraum einrichten, währenddessen sie nebeneinander bestehen und miteinander auskommen müssen.« Mit diesem Papier gab die SPD endgültig das Wiedervereinigungsgebot des Grundgesetzes auf, während wir, CDU und CSU, immer an den Verfassungszielen festgehalten haben. So habe ich beim Besuch Honeckers in Bonn in einer Rede, die in ganz Deutschland

übertragen wurde, Honecker zugerufen: Unser Grundgesetz fordert das gesamte deutsche Volk auf, in freier Selbstbestimmung die Einheit und Freiheit Deutschlands zu vollenden. Und ich habe damals hinzugefügt: »Wir haben keinen Zweifel, dass dies dem Wunsch und Willen, ja der Sehnsucht der Menschen in Deutschland entspricht.«

Ich habe Johannes Rau zu keiner Zeit als entschiedenen Kämpfer für die deutsche Einheit wahrgenommen.

Heute nun wählt die 1338 Mitglieder zählende Bundesversammlung in Berlin Johannes Rau im zweiten Wahlgang zum neuen Bundespräsidenten.

Mittwoch, 26. Mai 1999

Auf Einladung der Konrad-Adenauer-Stiftung reise ich zu einer großen Wahlkundgebung nach Rom. Zunächst bin ich mit dem EU-Präsidenten Romano Prodi zum Mittagessen verabredet, um mich aus erster Hand über die gegenwärtige Entwicklung in Europa, die europäische Politik und die EU informieren zu lassen. Anschließend habe ich die ehrenvolle Aufgabe, auf dem Kapitol vor einer großen Versammlung zu sprechen, die von Roms Bürgermeister Francesco Rutelli eröffnet wird. Ich entdecke viele alte Weggefährten und Freunde und wichtige Repräsentanten der gegenwärtigen politischen Klasse Italiens unter den Zuhörern. Zu Beginn meiner Rede über die Zukunft Europas begrüße ich bei dieser Veranstaltung des »Movimento per l'Europa Popolare« (MEP) sehr herzlich meinen in vielen Wahlschlachten erprobten Kollegen und Freund Giulio Andreotti, der angeblich in Korruptionsaffären verwickelt ist und dem sogar ein Ermittlungsverfahren wegen des Verdachts »mafioser Tätigkeit« anhängt. Ich danke ihm ausdrücklich für seinen großen Einsatz für die europäische Einigungsidee und versichere ihn meiner herzlichen Verbundenheit angesichts der staatsanwaltschaftlichen Ermittlungen gegen ihn.

In den italienischen Medien findet die Veranstaltung ein breites Echo. Hier wurde mein Name in besonderer Weise mit dem Aufbau Europas verbunden.
Ich nutze die Rom-Reise zu einem intensiven Gespräch mit dem italienischen Staatspräsidenten Carlo Ciampi im Quirinale. Dieser Mann ist ein echter Glücksfall für die italienische und europäische Politik. Trotz seines hohen Alters ist er von einer ungebrochenen Tatkraft und enormen Vitalität. Ciampi gehört zu den großen Ökonomen Italiens und sicherlich auch Europas. Als Präsident der italienischen Nationalbank hatte er entscheidenden Anteil bei der Beschlussfassung über die Einführung des Euro. Während meiner Regierungszeit hat er besonders eng und herzlich mit Bundesfinanzminister Theo Waigel zusammengearbeitet. Ich halte ihn, was in Rom nicht für alle gilt, für einen wirklichen Freund der Deutschen.

Samstag, 29. Mai 1999

Gerne folge ich an diesem Tag der Einladung zum Parteitag der Südtiroler Volkspartei (SVP) in Meran. Europa-Wahlkampf. Abseits von allen parteipolitischen Auseinandersetzungen ist in Südtirol der Erfolg europäischer Politik geradezu mit Händen zu greifen. Der Zwist zwischen Südtirol und Rom konnte in schwierigen Verhandlungen zu einem glücklichen Ende geführt werden. Südtirol ist heute tatsächlich eine blühende europäische Landschaft. Die Landesregierung hat alle politischen Chancen genutzt, die Europa zu bieten hat. Südtirol ist Teil der italienischen Republik, aber auch Teil Europas.
Für mich ist immer wieder eindrucksvoll das Andreas-Hofer-Lied, das tausende von Menschen zum Abschluss der Wahlkampagne singen. Das bewegend Neue ist, dass im Anschluss die Europa-Hymne erklingt.

Sonntag, 30. Mai 1999

Anlässlich der Wahlkampferöffnung zur Europa-Wahl findet ein gewaltiger Aufmarsch in der Köln-Arena statt. Versammelt ist die gesamte CDU-Spitze, ebenso alle fünfzehn Spitzenkandidaten aus den Bundesländern. Ich bin dem Wunsch der Bundespartei nachgekommen und spreche über meine Vision von Europa. Es herrscht eine prima Stimmung, die unmissverständlich zeigt: wir sind die Europa-Partei. Wolfgang Schäuble legt ein leidenschaftliches Bekenntnis zu Europa ab.

Dienstag, 1. Juni 1999

Gleich zwei Wahlkampfeinsätze in Berlin. Das Interesse an Europa ist keineswegs gebrochen, auch die Berliner Wahlkampfveranstaltungen sind gut besucht. Ich spüre Anerkennung. Die Zustimmung tut mir gut.

Sonntag, 6. Juni 1999

Bürgerschaftswahl in Bremen. Für die CDU ein voller Erfolg und eine Weichenstellung für die Fortsetzung der Großen Koalition in der Hansestadt. Ein dickes Lob für Bernd Neumann. Der CDU-Landesvorsitzende hat mit einem attraktiven Personalangebot bürgernahe Politikfelder besetzt. Der Wahlerfolg gibt ihm Recht.

Sonntag, 13. Juni 1999

Die heutige Europawahl beschert den Unionsparteien einen großen Wahlsieg. Mit über 48 Prozent der abgegebenen Stimmen wird die Union in der Fraktion der Europäischen Volkspartei

mit weitem Abstand die stärkste Gruppe im Straßburger Europaparlament. Die SPD ist mit 30 Prozent der Stimmen im Vergleich zur Bundestagswahl 1998 weit abgeschlagen.
Das heutige Europa-Wahlergebnis ist auch ein Erfolg für Wolfgang Schäuble.

Mittwoch, 16. Juni 1999

Abschiedsessen mit dem scheidenden israelischen Botschafter in der Bundesrepublik, Avi Primor. Er ist der sechste Botschafter Israels in Bonn seit Kriegsende und der erste »Sabre«, also ein in Israel geborenes Kind jüdischer Einwanderer. Seine Mutter stammt aus Deutschland und überlebte als einziges Familienmitglied den Holocaust. 1932 – so berichtet Avi Primor – habe sie Frankfurt am Main verlassen und in Palästina ihren künftigen Mann kennen gelernt, einen Sohn jüdischer Einwanderer aus Holland.
Avi Primor zählt sicher zu den bedeutendsten Vertretern seines Landes in der Bundesrepublik. Wir haben uns seit seiner Akkreditierung 1993 oft gesehen und gesprochen. Er weiß, dass die deutsch-israelischen Beziehungen stets ein Eckpunkt meiner Politik waren. Dass er jetzt unser Land verlässt, bedaure ich sehr. Dem Feingeist Avi Primor, dem »nicht angepassten Diplomaten« und kritischen Freund der Deutschen wünsche ich von Herzen alles erdenklich Gute.

Freitag, 25. Juni 1999

Der Bundestag beschließt mit großer Mehrheit die Errichtung eines Mahnmals für die Opfer des nationalsozialistischen Völkermords an den europäischen Juden.
Am heutigen Tag wird mir noch einmal so richtig klar, wie viel Zeit ich in diese außerordentlich wichtige Gedenkstätte inves-

tiert habe. Ich denke an meine Treffen mit Repräsentanten internationaler jüdischer Organisationen, nicht nur in Amerika. Während meiner Kanzlerschaft habe ich besonderen Wert auf gute Beziehungen zu den führenden Vertretern des Zentralrats der Juden in Deutschland gelegt: zuerst mit dem 1988 verstorbenen Präsidenten des Zentralrats, Werner Nachmann. Französischer Hilfe hatte es seine Familie zu verdanken, dass sie Krieg, Besatzung und Verfolgung überstand. Der Berliner Heinz Galinski, Nachmanns Nachfolger, der mit viel Glück die Konzentrationslager Auschwitz, Buchenwald und Bergen-Belsen überlebt hatte, war zwar nicht immer ein leichter Gesprächspartner. Doch uns beide verband das redliche Bemühen, vor allem die junge Generation über die Verbrechen der Nationalsozialisten aufzuklären und das gesellschaftliche Leben der jüdischen Mitbürger in Deutschland Normalität werden zu lassen. Ignatz Bubis hat mit enormem persönlichen Einsatz um Verständnis für die Juden in Deutschland geworben und mit großer Leidenschaft dagegen gekämpft, dass die schrecklichen Verbrechen der Nationalsozialisten verharmlost oder vergessen werden. Ich kenne wenig andere, die mit ähnlichem Engagement Diskussionen in so vielen deutschen Schulen geführt haben. Ignatz Bubis verdanke ich guten Rat und Unterstützung. In den Diskussionen um das geplante Holocaust-Denkmal in Berlin wollte er auf keinen Fall »Obergutachter« sein, sprach sich aber gegen ein Monument aus, auf dem lediglich Namen ohne nähere Angaben verzeichnet wären. In dem Für und Wider um ein Holocaust-Denkmal nahm er eine differenzierte Position ein. Denkmäler waren für ihn die Gedenkstätten an den Orten des Holocausts.

Ich selbst habe an der jahrelangen Diskussion über die Errichtung des Mahnmals mit großem Engagement teilgenommen. Manche wollen offenbar vergessen machen, dass ich mich selbst für die Bundesregierung sehr engagiert habe. Nicht nur Insider wissen, dass ich den ersten Finanzrahmen gegen viele bürokratische Widerstände durchgesetzt habe. Und dass ich massiv intervenierte, als die ersten Entwürfe für das Holocaust-Mahnmal vorlagen, weil sie aus meiner Sicht völlig indiskutabel waren. Nach mehreren Gesprächen mit dem amerikanischen Architekten Peter Eisenman und langem Nachdenken habe ich mich von seinen Ideen überzeugen lassen und die überarbeiteten Pläne akzeptiert.

Wenn ich heute Michael Naumann, den Staatsminister im Bundeskanzleramt, agieren sehe, könnte man den Eindruck bekommen, als habe es vor seinem Amtsantritt keinerlei Pläne und Entscheidungen gegeben. Der frühere Staatsminister im Bundeskanzleramt Toni Pfeifer hat sich in seiner ruhigen und der Sache dienenden Art in vielen Diskussionen große Verdienste um das Mahnmal erworben. Und ich erinnere mich gerne auch an die intensiven und leidenschaftlichen Diskussionen mit Lea Rosh, die wesentlich dazu beigetragen hat, das Mahnmal zu realisieren.

Donnerstag, 1. Juli 1999

Abschied von Bonn, Abschied von dem alten Plenarsaal. Heute findet die letzte Sitzung des Deutschen Bundestages im Bonner Wasserwerk statt. Es herrscht eine außergewöhnlich versöhnlich-nostalgische Stimmung und auch mich überkommt Wehmut.

Ich bin sehr froh, dass mich die Unionsfraktion auf Wolfgang Schäubles Vorschlag hin als letzten Redner vor dem Umzug des Deutschen Bundestages nach Berlin nominiert hat.

In meiner Rede nutze ich die Gelegenheit, Bonn, den Bonnern und der Region Bonn Worte des Dankes zu sagen. Gerade als überzeugter und kämpferischer Verfechter des Umzugs nach Berlin – und wer dabei war, weiß, dass ich einen gewichtigen Anteil an dieser Entscheidung habe – fällt es mir leicht festzustellen, dass Bonn die Wiege der zweiten deutschen Demokratie, des freiheitlichsten, humansten und sozialsten Staatswesens ist, das es je auf deutschem Boden gegeben hat. Bescheidenheit,

Hilfsbereitschaft, demokratische Gemeinsamkeit und freiheitlicher Patriotismus zählen für mich zu dem kostbaren Erbe, das Bonn an Berlin weitergibt.
Obwohl ich als Student 1950 ein überzeugter Anhänger der Nominierung Frankfurts als provisorische Hauptstadt war, bewerte ich heute Adenauers Entscheidung für Bonn als richtig. Für die Bundesrepublik Deutschland, die nach der Nazibarbarei in die demokratische und zivilisierte Welt zurückkehrte, war Bonn ein Glücksfall. Ein Glücksfall deshalb, weil in Bonn Großkotzigkeit, Arroganz und das Martialische, das den Deutschen nachgesagt wird, nicht anzutreffen waren. Bei Staatsbesuchen habe ich immer wieder beobachten können, dass Gäste aus den fernsten Ländern – immerhin war die Bundesrepublik eine der entscheidenden Industrienationen der Welt geworden und das mit Abstand wirtschaftlich stärkste Land der Europäischen Union – auf die Bonner Bescheidenheit ausgesprochen positiv reagierten. Allerdings gab es auch allerhand Verwunderung über manche eher primitive Zwischenlösung.
Meine Bonner Abschiedsrede, in der ich eine Bilanz der Bonner Politik ziehe, hat mir auch selbst noch einmal vor Augen geführt, wie viele Sternstunden des deutschen Parlamentarismus in der zweiten deutschen Republik mit Bonn verbunden sind.
Noch einmal wird heute das Bonn-Berlin-Gesetz bestätigt. Ich habe erhebliche Zweifel, ob die jetzige rot-grüne Mehrheit im Bundestag bereit ist, dieses Versprechen einzuhalten.

Dienstag, 6. Juli 1999

Besuch des luxemburgischen Ministerpräsidenten Jean-Claude Juncker zum Abschied von Bonn. Bereits mit seinen Vorgängern Pierre Werner und Jacques Santer hatte ich als Abgeordneter im Mainzer Landtag und als Ministerpräsident von Rheinland-Pfalz enge und herzliche Beziehungen entwickeln können.
Unser Nachbar Luxemburg hat unter der Naziherrschaft sehr

gelitten. Um so dankbarer bin ich bis heute für die freundschaftliche Aufnahme, die ich während der ganzen Jahre dort gefunden habe. Für die deutsche und europäische Politik ist Luxemburg auch ein interessanter Testfall in Bezug darauf, wie die größeren Nachbarn mit einem kleinen Nachbarland umgehen. Mein Grundsatz ist und bleibt, dass in der Europapolitik die Qualität den Vorrang vor der Quantität haben muss, und die größeren Länder der Gemeinschaft sehr darauf achten müssen – auch wenn das gelegentlich schwer fällt –, die speziellen Interessen der kleinen Länder im Verhältnis zu den größeren zu sehen.

Mit dem luxemburgischen Ministerpräsidenten Jean-Claude Juncker verbindet mich eine ganz persönliche Beziehung. Der Sohn eines Stahlarbeiters und gelernte Jurist hat sich in seinem Land als weitsichtiger Sozial- und Finanzpolitiker erwiesen. Als jüngster Regierungschef der neueren Geschichte Luxemburgs ist sein Name auf europäischer Ebene eng verknüpft mit der Währungsunion und den Beschlüssen zur Einführung des Euro. Jean-Claude Juncker ist wesentlich jünger als ich und gehört einer anderen Generation an. Mit ihm habe ich mich oft ausgetauscht und immer wieder seine Klugheit und sein ausgewogenes Urteil bewundern können. Für mich ist er eine der ganz großen Hoffnungen der europäischen Politik. Wir wollen auch künftig in Kontakt bleiben.

Donnerstag, 15. Juli 1999

Hoher Besuch aus Italien. Treffen mit dem italienischen Staatspräsidenten Ciampi. Zuletzt sind wir uns in Rom begegnet. Nun ein letztes Gespräch in besonders herzlicher Atmosphäre am Rhein.

Montag, 19. Juli 1999

Tag des Umzugs aus dem Bonner Bundeshaus nach Berlin Unter den Linden. Die Organisatoren der CDU/CSU-Bundestagsfraktion haben mir eine große Freude bereitet. Sie wiesen mir ansehnliche Büroräume in der vierten Etage eines generalrenovierten und völlig umgestalteten Gebäudes zu, in dem vor 1989 Margot Honecker über ein Vierteljahrhundert lang als Volksbildungsministerin residierte und von wo aus sie die Ideologisierung der DDR-Schulen maßgeblich vorantrieb. Meine neue Adresse in Berlin: »Unter den Linden 71« ist – mit einem Wort – wunderbar. Wenn ich aus dem Fenster schaue, sehe ich das Brandenburger Tor und im Hintergrund die Kuppel des Deutschen Reichstags. Jenseits der Straße steht das wieder aufgebaute Hotel »Adlon«, die derzeit renommierteste »Absteige« Berlins. Unter dieser Adresse in Berlin zu arbeiten, ist für mich die Erfüllung eines Traums.

Hier in Berlin ist die große Zahl von Besuchern besser zu bewältigen als in den beengten räumlichen Verhältnissen im Bonner Bundeshaus. Beim Ausscheiden aus dem Amt des Bundeskanzlers habe ich mir nicht vorstellen können, wie sehr der Besucherstrom anschwellen würde. Es freut mich, wenn Kolleginnen und Kollegen einfach vorbeikommen, guten Tag sagen, sich nach meinem Wohlergehen erkundigen. Viele Menschen suchen auch politischen Rat oder wollen von mir nur einen Tipp haben. Ich stehe mitten im Leben.

Besondere Freude bereitet mir der Besuch von früheren Weggefährten, Landes- und Bundespolitikern, Politikern aus dem Ausland, mit denen ich zum Teil über viele Jahre zu tun hatte. Mein Terminkalender ist zwar nicht so voll wie zu Kanzlerzeiten. Doch derart gefragt zu sein bereitet mir – wenn ich ganz ehrlich bin – große Genugtuung.

Ich bin sehr glücklich, dass Juliane Weber und Michael Roik mit nach Berlin gekommen sind und die Strapazen und Belastungen auf sich genommen haben, die es bedeutet, in Berlin zu arbeiten, aber weiterhin in Bonn zu wohnen. Auf diese Weise ist eine Atmosphäre des Vertrauten und der Kontinuität gewährleistet, die mir große Sicherheit gibt. Die habe ich vor allem Juliane Weber zu verdanken, die mich seit über fünfunddreißig Jahren begleitet. Sie war schon der gute Geist in meinem Mainzer Ministerpräsidentenbüro. 1976 ging sie mit mir von Mainz nach Bonn, nahm auch persönliche Opfer auf sich und stand mir in den schweren Jahren als Bonner Oppositionsführer zur Seite. Während der Kanzlerschaft gehörte sie zu meinen wichtigsten und engsten Mitarbeitern und leitete mit hoher Sensibilität mein Vorzimmer. Was sie in diesen Jahren geleistet hat, können außer mir nur ganz wenige beurteilen. Ungezählt sind die vielen Besucher, denen sie mit großer Menschlichkeit und Zuwendung begegnete, die Rat bei ihr suchten oder um Unterstützung baten und sie auch bekamen.

Michael Roik, lange Jahre Leiter meines Büros in der CDU-Parteizentrale im Bonner Konrad-Adenauer-Haus und seit 1996 in wichtigen Funktionen im Bundeskanzleramt, hat unverzichtbare Zuarbeit geleistet. Was ihn besonders auszeichnet, sind seine absolute Diskretion, seine umfassende Kenntnis von Personen und politischen Zusammenhängen. Ich bewundere sein angeborenes politisches Gespür, das mir auch in den Monaten nach Ende meiner Kanzlerschaft eine entscheidende Stütze ist.

Hocherfreut bin ich über die Neuzugänge in unserer kleinen Truppe. Lutz Stroppe, der von der Konrad-Adenauer-Stiftung kommt, hat sich gut eingelebt und nimmt mit sehr viel Elan und Einfühlungsvermögen seine Aufgaben wahr. Er ist eine beachtliche Verstärkung, auf die ich auch künftig bauen werde. Ein Gewinn für mich und mein Büro sind auch die beiden neuen Mitarbeiterinnen Antje Beckmann und Carsta Wagner, die mit ihrer »DDR-Sozialisation« einen wichtigen Teil der früheren, der anderen deutschen Welt repräsentieren. Gelegentlich bekomme ich von ihnen Nachhilfeunterricht in Geografie, weil sie genau wissen, zu welchem Kreis dieser oder jener Ort der früheren DDR gehört. Ihr Detailwissen erstaunt mich immer wieder.

Meine kleine schlagkräftige Mannschaft ist kaum in der Lage, die riesige Menge anfallender Arbeit zu erledigen. Mit welchem Einsatz und welcher Opferbereitschaft sie ihr Pensum dennoch zu schaffen versucht, nötigt mir größten Respekt ab.

23. Juli bis 18. August 1999

Sommerurlaub im österreichischen Sankt Gilgen. Seit nunmehr neunundzwanzig Jahren verbringen wir unseren Jahresurlaub Sommer für Sommer an diesem wunderschönen Ort, in einer Traumlandschaft, die Hannelore vor dreißig Jahren entdeckt hat. Damals hatten wir das Glück, ein Ferienhaus zu finden, das unseren Vorstellungen entsprach und das wir in diesen Jahrzehnten immer wieder im Sommer mieten konnten. Es ist ein bescheidenes Haus, das vor allem durch seine direkte Anbindung an den See überzeugt. Schwimmen und Bergwandern bieten uns einen ausreichend abwechslungsreichen Urlaub.
Der Ort am Wolfgangsee ist nicht weit von der Kulturmetropole Salzburg entfernt. Festspielbesuche gehören zum festen Bestandteil des Urlaubsprogramms. Während meiner Kanzlerschaft war auch der nahe gelegene Salzburger Flugplatz günstig für die zahlreichen Besuche in- und ausländischer Gäste. Die meisten meiner früheren Kollegen aus der Europäischen Union waren hier zu Gast und haben es sehr genossen, in entspannter Atmosphäre und in der wunderschönen landschaftlichen Umgebung gute Gespräche führen zu können.
Dies ist der erste Urlaub, der nicht mehr mit Amtsverpflichtungen verbunden ist. Erstmals erlebe ich mit Hannelore eine richtige Urlaubssituation. Ich genieße die neu gewonnene Freiheit. Wir pflegen die in langen Jahren gewachsene Freundschaft mit Einheimischen und genießen die freundlichen Gesten vieler deutscher Touristen und Bürger von Sankt Gilgen.

Freitag, 20. August 1999

Landtagswahlkampf in Saarbrücken zusammen mit dem Spitzenkandidaten der Saar-CDU, Peter Müller. Die CDU ist im Aufwind. Der Zuspruch ist unübersehbar. Gespräche mit Bürgern, Empfang im Saarbrücker Rathaus. Wo immer ich mich in der Stadt bewege, kommen Menschen auf mich zu, suchen meine Nähe und das Gespräch.

Sonntag, 22. August 1999

Erinnerung an Peter Altmeier in seiner Heimatstadt Koblenz. Gerne bin ich der Einladung gefolgt, aus Anlass seines 100. Geburtstages die Verdienste meines Vorgängers im Amt des Ministerpräsidenten von Rheinland-Pfalz zu würdigen. Es ist sehr schön, die vielen alten Weggenossen wiederzusehen, die diese Ära miterlebt und zum Teil politisch mitgestaltet haben. Die in Jahrzehnten gewachsene Verbundenheit untereinander zeigt sich heute sehr deutlich.

In meiner Rede nenne ich Peter Altmeier den eigentlichen Baumeister von Rheinland-Pfalz. Ich erinnere an den Mitbegründer der CDU 1945, an die schwierige Zeit nach dem Krieg, als Peter Altmeier 1947 unter französischer Besatzungsmacht die Amtsgeschäfte aufnahm. Dem gelernten Kaufmann, einem engagierten Gegner des Nationalsozialismus und treuen Anhänger der katholischen Zentrumspartei, war keineswegs in die Wiege gelegt, hohe politische Verantwortung zu übernehmen. Doch sein Lebenswerk war am Ende bedeutend, seine Leistungen unbestritten.

Ich selbst habe mit Peter Altmeier, der dreiundzwanzig Jahre lang Regierungschef in Mainz war, heftige Auseinandersetzungen gehabt. Wir gehörten nicht nur unterschiedlichen Generationen an, wir hatten auch erhebliche Gegensätze in Weltanschauungsfragen – trotz unserer gemeinsamen christlichkatholischen Überzeugung. Unvergessen sind mir unsere Kontroversen wegen seines Festhaltens an der Konfessionsschule. Erst als der Schlachtenrauch verzogen war, entwickelte sich eine sehr persönliche Beziehung zwischen uns.

Mittwoch, 1. September 1999

Heute bin ich von einer zehntägigen Reise nach Peking, Shanghai und Hongkong zurückgekehrt. Eingeladen hatte mich im Auftrag der chinesischen Regierung der langjährige Botschafter der Volksrepublik China in der Bundesrepublik, Mei Zhaorong, Präsident des Instituts des Chinesischen Volkes für Auswärtige Angelegenheiten.

Als »Staatsgast auf Privatreise« – wie eine Tageszeitung es formulierte – begann mein Besuch betont privat. Am ersten Tag schlenderte ich durch alte Gassen um Chinas verbotene Kaiserstadt, aß im Gartenrestaurant des Ritan-Parks und ging erstmals durch die gigantischen Kaufhäuser in der Haupteinkaufsstraße Wangfujin. Dazu hatte ich bei meinen bisherigen fünf Staats- und Arbeitsbesuchen seit 1974 niemals Zeit gehabt.

Empfangen werde ich von den führenden Repräsentanten der chinesischen Politik, die ich aus meiner Amtszeit noch alle persönlich kenne, darunter Staatspräsident Jiang Zemin, Premier Zhu Rongji und Parlamentspräsident Li Peng.

Im Institut des Chinesischen Volkes für Auswärtige Angelegenheiten halte ich einen Vortrag über »Europa im 21. Jahrhundert – Vision und Wirklichkeit«. Bei allen Diskussionen ging es den chinesischen Gesprächspartnern um zentrale Fragen der Außenpolitik: beispielsweise wie sich die Europäische Union entwickeln werde, ebenso die neue Währung, der Euro. Gefragt wird auch, ob die Politik der EU genügend Eigenständigkeit gegenüber den USA aufweisen werde, welche Rolle die Deutschen nach dem Regierungswechsel in diesem Zusammenhang spielen und wie sich die Bundesrepublik nach meinem Ausscheiden aus

der Regierungsverantwortung im Verhältnis zu Moskau verhalten werde. Die Einladung an mich hatte offenbar das klare Ziel, aus allererster Hand eine ungeschminkte Situationsanalyse der beschriebenen Politikfelder zu bekommen. Gleichzeitig war für jedermann der enorme Vertrauensvorschuss erkennbar, den ich mir in meinen Amtsjahren in Peking erworben hatte.
Gewürdigt werden auch meine guten Beziehungen zu Deng Xiaoping, den seine geistigen Nachkommen in den heutigen Führungsämtern immer wieder zitieren. Ich erinnere mich noch sehr genau, dass für diesen großen politischen Führer der chinesischen Kommunisten das Festhalten an der deutschen Einheit eine völlige Selbstverständlichkeit war. Unvergessen ist mir ein Disput mit Deng über die deutsche Frage. Er konnte nicht begreifen, dass man überhaupt den Willen der Deutschen zur Einheit der Nation in Zweifel zog. Deng Xiaoping stellte mir dabei die ironische Frage, ob Friedrich Schiller wohl ein BRD-Deutscher und Johann Wolfgang Goethe ein DDR-Deutscher gewesen sei.

Diese Tage in Peking haben mich einmal mehr in der Überzeugung bestärkt, dass es für die Zukunft der Europäischen Union, aber noch mehr für die Zukunft der Bundesrepublik von entscheidender Bedeutung ist, enge Partner und gute Freunde der Chinesen zu sein – ungeachtet der unterschiedlichen politischen Systeme und der bekannten Differenzen insbesondere in der Menschenrechtsfrage. China ist ein Land mit einer großen Geschichte, Kultur und Tradition. Wer die Entwicklung in der Volksrepublik nur aus heutiger Sicht betrachtet und beurteilen will, wird das Land nie begreifen. Ich habe erhebliche Zweifel, ob wir Europäer in der Lage sind, den richtigen Umgang mit China zu pflegen. Die Chinesen sind ein sympathisches Volk und ein Land voller Chancen gerade auch für uns Deutsche. Das meine ich ohne jeden Zweckoptimismus. Die Menschen dort rechnen in ganz anderen Zeiträumen. Wir Europäer sind gut beraten, uns darauf einzustellen.

Zurückgekehrt zur deutschen Innenpolitik. Wahlkampfschlusskundgebung in Cottbus. Auf Wunsch des brandenburgischen CDU-Landesverbands nehme ich an einer großen Veranstaltung mit dem Spitzenkandidaten Jörg Schönbohm teil. Er hat erst im Januar das schwierige Amt des CDU-Landeschefs übernommen und kämpft als Spitzenkandidat gegen den populären Ministerpräsidenten und äußerst beliebten Landesvater Manfred Stolpe. Ein eigenes Profil für die CDU zu entwickeln hat sich Schönbohm vorgenommen, und das könnte erstmals seit Gründung des Landes gelingen. Ich bin sehr froh, dass der ehemalige Berliner Innensenator die Last auf sich genommen hat, die Auseinandersetzung mit Ministerpräsident Manfred Stolpe wirklich zu führen.

Jörg Schönbohm ist für mich kein Unbekannter. Der frühere Generalleutnant der Bundeswehr übernahm nach der Wiedervereinigung die schwierigste Aufgabe, die in der Geschichte der deutschen Streitkräfte nach 1945 je zu vergeben war – eine Aufgabe, die er bravourös gelöst hat: Als Befehlshaber des Bundeswehrkommandos Ost in Strausberg war er mit der Auflösung der 90 000 Mann starken Nationalen Volksarmee (NVA), der Eingliederung von rund 3000 ehemaligen NVA-Offizieren in die Bundeswehr sowie der Verschrottung des NVA-Kriegsgeräts betraut. Zugleich musste die Bundeswehr auf eine Gesamtstärke von 370 000 Soldaten reduziert werden. Schließlich oblag ihm auch noch die Zuständigkeit für den Abzug der 340 000 Sowjetsoldaten aus dem Gebiet der ehemaligen DDR. Nach meiner Überzeugung ist Jörg Schönbohm genau die richtige Persönlichkeit für dieses junge Bundesland. In der Mark Brandenburg geboren, besitzt er Bodenhaftung, spricht die Sprache der Einheimischen, ist vertrauenswürdig und verfügt über natürliche Autorität. In diesem Sinne werbe ich für ihn auf der Wahlkundgebung in Cottbus und hoffe auf ein gutes Wahlergebnis am Sonntag.

Am Vormittag ein Treffen mit dem ehemaligen südafrikanischen Staatspräsidenten Nelson Mandela in Berlin. Wir tauschen Erinnerungen aus und sprechen über die künftige Entwicklung des afrikanischen Kontinents und der Nachbarländer nach seinem Ausscheiden aus dem Amt. Er ist unterwegs, um für die Nelson-Mandela-Stiftung zu werben, um neue Perspektiven für sie zu öffnen. Ich verspreche ihm, dabei behilflich zu sein.

Sonntag, 5. September 1999

Landtagswahlen in Brandenburg und im Saarland. Dieser Wahlsonntag endet für die CDU mit großen Siegen. In Brandenburg verliert die SPD mit Ministerpräsident Stolpe die absolute Mehrheit und Jörg Schönbohm legt erheblich zu. Dass die rechtsextreme DVU die Fünfprozenthürde überspringt und in den brandenburgischen Landtag einzieht, schmerzt mich sehr.
Überglücklich bin ich über den Wahlausgang an der Saar. Peter Müller gelingt es tatsächlich, im kleinsten deutschen Flächenstaat mit über 45 Prozent der Stimmen die absolute Mehrheit für die CDU zu erreichen. Herzliche Glückwünsche an die Wahlsieger!

Dienstag, 7. September 1999

Wahlkampf in Thüringen. Mein alter Freund Bernhard Vogel bittet mich um Unterstützung im Wahlkampf. Zusammen mit dem Kanzler der Einheit will er um Vertrauen für die CDU werben, um die erfolgreiche Landespolitik in Thüringen auch nach dem Wahltag fortsetzen zu können. Natürlich sage ich sofort zu.
Unsere Freundschaft begann 1956 am Alfred-Weber-Institut der Universität Heidelberg im Seminar Dolf Sternbergers. 1965

unterstützte ich Bernhard Vogel bei seiner Direktkandidatur für den Deutschen Bundestag im Wahlkreis Neustadt-Speyer. Zwei Jahre später habe ich ihn Peter Altmeier als Kultusminister in Mainz vorgeschlagen. Dieses Amt bekleidete er mit großem Erfolg bis zu meinem Weggang als Oppositionsführer nach Bonn. 1974 löste er mich als Landesvorsitzender der CDU Rheinland-Pfalz ab. Sein Gegenkandidat war der von mir damals favorisierte Sozialminister Heiner Geißler. 1976 konnte sich Bernd erneut gegen meinen Vorschlag durchsetzen, als er in der Abstimmung über meine Nachfolge im Amt des rheinland-pfälzischen Ministerpräsidenten gegen Johann Wilhelm Gaddum gewann. Bernhard Vogels Rücktritt 1988 habe ich immer bedauert. Um so glücklicher war ich, als er 1992 dem Ruf der thüringischen CDU folgte und mit meiner vollen Unterstützung zum Ministerpräsidenten von Thüringen gewählt wurde.
Bernhard Vogel ist ein Glücksfall für Thüringen, ein Glücksfall für die CDU, ein Glücksfall für die Bundesrepublik. Bei allen Differenzen in Sachfragen hat sich zwischen uns beiden eine dauerhafte Freundschaft entwickelt.

Die Thüringer Wahlkampfmanager haben meinen Auftritt in Saalfeld mit Bedacht geplant. Diesen Ort habe ich noch in bester Erinnerung, weil ich bei der einzigen Reise, die ich als Bundeskanzler in die DDR unternommen habe, 1986 bei der Ausreise in Saalfeld Halt machte, um in einem Café am Marktplatz zu pausieren. An dem Sonntagmittag damals war mein nicht geplanter Aufenthalt in kürzester Zeit bekannt geworden, und viele Menschen wagten sich in die Nähe meines Wagens. Unübersehbar war die große Zahl von Stasi-Mitarbeitern, die peinlichst darauf achteten, dass mir ja kein DDR-Bürger zu nahe kam. Das damalige ungemütliche Café am Marktplatz trägt übrigens heute den Namen »Kanzlercafé«.
Heute sind Tausende von Menschen gekommen, und es herrscht eine ungewöhnlich herzliche Atmosphäre. Mehrmals wird meine Rede durch Ovationen unterbrochen und immer, wenn ich

den Ministerpräsidenten Bernhard Vogel erwähne, bricht Beifall aus.
Abends dann eine Großkundgebung der Jungen Union in Erfurt. Gemeinsamer Auftritt mit Bernhard Vogel. Im überfüllten Kaisersaal herrscht beste Wahlkampfstimmung. Ich spüre, wie sehr uns die Menschen mögen. Sie können nicht alle eingeschriebene CDU-Mitglieder sein.
So geht ein Tag zu Ende, der für mich und für unsere Partei von großem Gewinn ist und mir in freundlicher Erinnerung bleiben wird.

Mittwoch, 8. September 1999

Hannelore und ich sind bei der Gala-Veranstaltung zur Verleihung des ostdeutschen Medienpreises »Goldene Henne« im Berliner Friedrichstadtpalast. Dieser Preis wird von den beiden Zeitschriften *Super Illu* und *Super TV* gestiftet, die im Burda-Verlag erscheinen und mit einer Auflage von über drei Millionen Exemplaren pro Woche die wichtigsten Illustrierten in den neuen Bundesländern sind. In den alten Ländern sind beide Magazine praktisch unbekannt. Chefredakteur Jochen Wolff, ein Mann aus der alten Bundesrepublik, verfügt über ein erprobtes Gespür für Themen und Probleme, die vor allem die Menschen in den neuen Bundesländern bewegen.
Ich erhalte die Auszeichnung für meine Verdienste um die deutsche Einheit. Großer Applaus, die Reaktion der auffallend vielen Teilnehmer aus dem Ostteil Berlins ist außerordentlich herzlich.

Freitag, 10. September 1999

Wahlkampfauftritt zur Kommunalwahl in Nordrhein-Westfalen. Jürgen Rüttgers, den ich 1994 als Bundesminister für Bildung, Wissenschaft, Forschung und Technologie in mein Kabinett berufen hatte und der heute CDU-Landesvorsitzender des bevölkerungsreichsten Bundeslandes ist, hat mich zwei Tage vor der Wahlentscheidung nach Dortmund eingeladen, ins Herz des Ruhrgebiets. Zusammen mit ihm und dem hoch motivierten OB-Kandidaten Volker Geers trete ich vor einem großen Publikum auf. Aufbruchstimmung herrscht allenthalben. Jürgen Rüttgers hat unverkennbar neuen Schwung in die Parteiarbeit gebracht. Ich weiß, dass ihm der Entschluss nicht leicht fiel, sich ganz in der Landespolitik zu engagieren. Wie ich ihn kenne, wird er erfolgreich sein, auch wenn das vorrangige Ziel, nämlich die Machtübernahme in Düsseldorf, vielleicht nicht auf Anhieb zu erreichen ist. Für mich ist Jürgen Rüttgers der Hoffnungsträger in diesem bevölkerungsreichsten Bundesland.
Die SPD-Hochburg Dortmund scheint ins Wanken zu geraten. Ich hoffe, einen guten Beitrag geleistet zu haben.

Sonntag, 12. September 1999

Landtagswahl in Thüringen. Schon lange nicht mehr habe ich einen so schönen Wahlabend erlebt. Dank der politischen Großwetterlage, dem miesen Erscheinungsbild der rot-grünen Koalition in Berlin, der mangelnden Regierungskunst von Gerhard Schröder, aber vor allem dank Bernhard Vogel, der in diesen Jahren eine kluge und effektive Landespolitik gestaltete, gewinnt seine CDU die absolute Mehrheit von mehr als 51 Prozent. Die SPD verliert erdrutschartig und liegt mit gut 18 Prozent der Wählerstimmen noch hinter der PDS, die über 20 Prozent hat. Ich gratuliere Bernd zu dem überwältigenden Wahlsieg und wünsche ihm viel Glück für die nächsten Jahre.

Dienstag, 14. September 1999

Nach den Wahlerfolgen der letzten Monate befindet sich die CDU in Hochstimmung. Ich helfe gerne im Wahlkampf, wenn ich gerufen werde. Und es macht mir Freude, dass ich viel Zustimmung finde, wo immer ich hinkomme.

Heute Abend Großveranstaltung der Berliner CDU im Palais am Funkturm. Nach Wahlreden von Klaus-Rüdiger Landowsky und Eberhard Diepgen spreche ich über die politische Leistungsbilanz des dienstältesten Regierenden Bürgermeisters der Nachkriegszeit. Sein Amt gehört zu den schwierigsten Spitzenpositionen in Deutschland. Während des Kalten Krieges und der deutschen Teilung musste mit Mut, Geschick und äußerster Sensibilität mit der Herausforderung umgegangen werden. Mauer, Stacheldraht und Todesschüsse verlangten politische Klugheit. Im wiedervereinigten Berlin dann hat es Eberhard Diepgen keineswegs leichter gehabt als zu Zeiten der Teilung. Die neuen Aufgaben – die Vollendung der inneren Wiedervereinigung und die Angleichung der Lebens- und Arbeitsbedingungen – schienen anfangs kaum erfüllbar zu sein. Eberhard Diepgen und die große Koalition mit der SPD haben beinahe Übermenschliches geleistet. Eberhard Diepgens Bilanz kann sich sehen lassen. Er hat unter schwierigen Verhältnissen Beachtliches geleistet. An seiner Wiederwahl besteht kein Zweifel. Die CDU setzt auf Sieg.

Mittwoch, 15. September 1999

Zusammen mit Hannelore fahre ich zur Verleihung der Ehrenbürgerwürde der Stadt Frankfurt/Main in der Paulskirche. Oberbürgermeisterin Petra Roth, seit vier Jahren Stadtoberhaupt, hat mit Glaubwürdigkeit und Bodenhaftung Stadtpolitik gemacht, die der CDU gut ansteht.

Die Laudatio hält mein Freund Felipe Gonzalez, der ehemalige

spanische Ministerpräsident. Felipe überzeugt wie immer mit intellektueller Brillanz und südländischem Temperament.
In der Dankesrede erinnere ich an mein erstes Studiensemester an der Johann-Wolfgang-Goethe-Universität. Unmittelbar nach Kriegsende war die Stadt damals eine Trümmerwüste. Ich verhehle nicht – und schon gar nicht an diesem Tag – meine besondere Freude, dass Frankfurt Sitz der Europäischen Zentralbank wurde. Und Petra Roth dankt mir in ihrer liebenswerten und charmanten Weise, dass ich zu dieser Entscheidung mit beigetragen habe.

Sonntag, 19. September 1999

Ich treffe den sino-amerikanischen Architekten Ieoh Ming Pei. Er ist der Künstler, der mir im Laufe meiner Kanzlerschaft den größten Ärger mit der Architektenkammer eingebracht hat. Gegen den bitterbösen Protest mancher Mitglieder hatte ich in meiner »Selbstherrlichkeit« einen Ausländer – also kein Mitglied der Architektenkammer – damit beauftragt, den Erweiterungsbau des Deutschen Historischen Museums (DHM) in Berlin zu übernehmen. Dabei war es außerordentlich schwierig, mit Pei einen der sicherlich bedeutendsten Architekten und Stadtplaner unserer Zeit für dieses Projekt zu gewinnen. Pei, den über achtzigjährigen Sohn des ehemaligen Direktors der chinesischen Nationalbank, der in Amerika studierte und amerikanischer Staatsbürger wurde, hatte ich einst bei François Mitterrand kennen gelernt. Der französische Präsident hatte ihn mit der Umgestaltung des Louvre betraut. Aus 86 Tonnen Glas schuf Pei die transparenten Pyramiden des Grand Louvre, die 1989 eingeweiht werden konnten. Er selbst bezeichnete dieses Werk einmal als den wichtigsten Bau seines Lebens.
Für mich war dieser weltweit anerkannte Stararchitekt 1997 genau der richtige Mann für Berlin. Doch damals lehnte Pei meinen Wunsch ab und begründete seinen Verzicht auf den ehren-

vollen Auftrag mit seinem hohen Alter und damit, dass er bereits den Bau der Nationalbank in Peking übernommen habe. Beim Abschied bemerkte er ganz nebenbei, er wolle sich dennoch einmal in Berlin umsehen. Allerdings solle ich mir keinerlei Hoffnungen machen. Wenige Tage später meldete er sich telefonisch und vereinbarte einen Gesprächstermin mit meinem Büro. Als wir uns dann trafen, erklärte er erneut, dass er meinen Auftrag aus vielerlei Gründen eigentlich nicht übernehmen könne. Dennoch habe er sich entschlossen, meiner Bitte nachzukommen. Für ihn sei es die höchste Ehre, an der Erweiterung von Werken eines der größten Architekten der Welt, nämlich denen von Karl Friedrich Schinkel, mitwirken zu dürfen.
Bei unserem heutigen Treffen gibt er mir einen hoffnungsvollen Zwischenbericht. Herr Pei ist ein ganz ungewöhnlicher Mann, der sehr zart wirkt, ein Künstler, der zu den Besten seiner Zunft zählt. Und ich bin ein wenig stolz, ihn gegen alle Widerstände für Berlin gewonnen zu haben.

Abends das Ende eines Wahlsonntags mit einem Traumergebnis für die CDU: Die sächsische CDU gewinnt bei der Landtagswahl trotz leichter Verluste mit fast 57 Prozent der Stimmen wieder die absolute Mehrheit. Ein hervorragendes Ergebnis und ein persönlicher Erfolg für Kurt Biedenkopf.

Montag, 20. September 1999

Seit einer Woche telefoniere ich fast täglich mit Michail Gorbatschow, der sich am Bett seiner todkranken Frau Raissa in der Universitätsklinik in Münster aufhält.
Für den ehemaligen sowjetischen Staatspräsidenten und Friedensnobelpreisträger von 1990 ist es äußerst bitter, in einer fremden Stadt, einem fremden Land, dessen Sprache er nicht spricht, Abschied von der Liebe seines Lebens zu nehmen. Bei aller Traurigkeit und Ohnmacht ist er voll des Lobes über die

medizinische Betreuung seiner Frau, über das große Engagement der Ärzte, die alles Menschenmögliche unternehmen, um das Leben von Raissa doch noch zu retten. In jedem Telefonat spüre ich Michails Verzweiflung, weil er stündlich mit dem Schlimmsten rechnen muss. Ihm ist ganz klar, dass ärztliche Kunst nichts mehr bewegen kann. Ich spüre, wie wichtig es ihm ist, am frühen Morgen die vertraute Stimme eines Freundes zu hören, auch wenn die Nachrichten, die er mir übermittelt, bestürzender nicht sein könnten.
Am Abend melden die Nachrichtenagenturen, dass Raissa Gorbatschowa im Alter von 67 Jahren an den Folgen einer schweren Leukämie und einem Kreislaufversagen gestorben ist. Mein Mitgefühl gilt meinem Freund Michail und seiner Tochter Irina.

Donnerstag, 23. September 1999

Um 4.30 Uhr fliege ich zusammen mit Doris Schröder-Köpf in einer Bundeswehrmaschine von Berlin nach Moskau, um an der Trauerfeier und Beisetzung von Raissa Gorbatschowa teilzunehmen.
Zu sehen, wie sehr Michail vom Tod seiner Frau getroffen ist, rührt mich sehr an. Gleichzeitig beobachte ich seine Tochter Irina, die sich rührend um ihren Vater und die Verwandtschaft kümmert. Trotz meiner eigenen Anteilnahme erlebe ich intensiv den orthodoxen Trauergottesdienst in der Smolensk-Kathedrale des Jungfrauen-Klosters. Der letzte KPdSU-Generalsekretär verabschiedet sich von seiner Frau unter dem Glockengeläut der Klosterkirche und mit dem Segen des orthodoxen Bischofs.
Ich würdige die Verstorbene in einer kurzen Ansprache am offenen Sarg als einen Menschen, der sehr leidenschaftlich seine Meinung vertreten hat, und unterstreiche, dass sie die Politik ihres Mannes, die uns über die Perestroika zur Öffnung, zur Abrüstung bis hin zur deutschen Wiedervereinigung brachte, immer unterstützt hat.

In diesem bewegenden Augenblick danke ich Michail Gorbatschow noch einmal für das, was er für Deutschland getan hat und füge mit einem Zitat von Romano Guardini tröstend hinzu: »Erinnerung ist die Dankbarkeit des Herzens.«

Als Hans-Dietrich Genscher und ich schweigend über den Friedhof gehen, kommen wir an der imposanten Grabstätte von Nikita Chruschtschow vorbei. Mit ihm hat Konrad Adenauer die Rückkehr der letzten deutschen Kriegsgefangenen des Zweiten Weltkriegs vereinbart. Hier vor seinem Grab erinnere ich mich sehr genau an seinen temperamentvollen Auftritt vor der UN-Vollversammlung 1960 in New York.
Ganz in der Nähe seines Grabs beobachtet uns eine ältere Dame, die, wie sich herausstellt, Chruschtschows Tochter ist. Ich gehe auf sie zu und versuche, mit ihr ins Gespräch zu kommen. Sie reagiert sehr ängstlich und zieht sich zurück.
Als wir später zu unserem Auto kommen, steht die Chruschtschow-Tochter wartend vor der Wagenkolonne. Dann kommt sie direkt auf mich zu und bedankt sich bei mir, dass ein deutscher Staatsmann sie am Grab ihres Vaters angesprochen hat.

Vor unserem Abflug besuche ich Boris Jelzin in seiner Privatwohnung zu einem kurzen Gespräch. Ich bin beeindruckt von der Anteilnahme, mit der seine Frau und er von Raissa Gorbatschowa sprechen.

Dienstag, 28. September 1999

Auch der Österreichischen Volkspartei (ÖVP) ist der Ex-Kanzler aus der Bundesrepublik als Wahlkämpfer willkommen. Wolfgang Schüssel, Vizekanzler Österreichs und Vorsitzender der ÖVP, hat mich zu einem Wahlkampfauftritt für die Nationalratswahlen im Oktober eingeladen. Vor dem Stephansdom in Wien spreche ich über die Vision Europa. Wolfgang Schüssel legt ein leidenschaftliches Bekenntnis für Europa ab, und ich danke ihm für seinen hartnäckigen Kampf, an dessen Ende Österreichs Mitgliedschaft in der Europäischen Union stand. Ich habe das Gefühl, dass die ÖVP eine große Chance hat, in der neuen Wahlperiode eine wichtige Rolle zu spielen.

Mittwoch, 29. September 1999

Auf Einladung der Konrad-Adenauer-Stiftung besucht Bischof Belo aus Osttimor die Bundesrepublik. In einem ausführlichen Gespräch informiert er mich über die Entwicklung in Indonesien und vor allem über die Probleme der in Osttimor lebenden Christen. Der unerschrockene Kämpfer für die Menschenrechte übergibt mir eine Reihe von Lösungsvorschlägen und bittet mich, in seinem Sinn bei der indonesischen Regierung vorstellig zu werden. Unmittelbar nach Beendigung unseres Treffens nehme ich telefonischen Kontakt mit dem indonesischen Staatspräsidenten Jusuf Habibie auf. Ich habe allerdings große Zweifel, ob ich etwas bewirken kann.

Nachmittags Kongress der Konrad-Adenauer-Stiftung »10 Jahre Mauerfall« in Berlin mit dreihundert Gästen. Im Mittelpunkt steht eine Diskussion zwischen dem Münchner Historiker Horst Möller, Direktor des angesehenen Instituts für Zeitgeschichte, und mir. Seine fundierten Äußerungen zum Thema »Historische Erfahrungen und Vision – Die Freiheit der Deutschen und die Einheit Europas« sind eine gute Grundlage für das Gespräch. Bei der Podiumsdiskussion geht es um brisante Fragenkomplexe: Von welchem Zeitpunkt an ging ich von einer konkreten Chance zur Wiedervereinigung aus? Wie erfolgte die internationale Einbettung der Wiedervereinigung? Wie konnte die Akzeptanz in West und Ost erreicht werden? Welche Rolle spielte die wirtschaftliche Kraft der Bundesrepublik im Prozess der Wiedervereinigung? Welche Rolle spielte die Bürgerrechts-

bewegung in der DDR tatsächlich? Gab es aus meiner Sicht Alternativen zur damaligen Politik?
Immer wieder beeindrucken mich die Diskussionsbeiträge ehemaliger Bürgerrechtler. Ihr Einsatz und Mut wird viel zu wenig gewürdigt.

Donnerstag, 30. September 1999

Europa-Kongress in der Frankfurter Paulskirche. Auf Einladung der hessischen Landesregierung komme ich zu einer Diskussionsveranstaltung zum Thema »Die deutsche Rolle in Europa«. Unter professioneller Leitung des früheren WDR-Journalisten Gerd Ruge diskutiere ich mit meinem Freund Wladyslaw Bartoszewski, dem polnischen Historiker, Autor, Essayisten und früheren Außenminister. In unnachahmlicher Weise wirbt er für die Erweiterung der Europäischen Gemeinschaft. Mit analytischer Schärfe beschreibt er die Ist-Situation auf unserem Kontinent und setzt sich mit großer Leidenschaft für die Aufnahme Polens in alle europäischen Institutionen ein. Dieser Europäer, der Auschwitz um ein Haar nicht überlebt hätte und während der kommunistischen Ära zeitweise im Gefängnis saß, ist ein echter Freund der Deutschen und hat meinen Einsatz für eine spürbare Verbesserung der deutsch-polnischen Beziehungen nie vergessen.

Auf der Heimfahrt von Frankfurt nach Ludwigshafen erinnert eine Radioreportage an die dramatischen Ereignisse in den deutschen Botschaften von Warschau und Prag heute vor genau zehn Jahren. Damals erhielten fast 7000 Flüchtlinge die Genehmigung, über die DDR in die Bundesrepublik auszureisen. Unvergessen die Fernsehbilder, als Außenminister Genscher und Kanzleramtsminister Seiters den Flüchtlingen im völlig überfüllten Garten der Prager Botschaft mitteilten, dass sie mit dem Zug in den Westen ausreisen dürften. – Wochen, Tage und Stunden, die sich in die Seelen der Menschen eingebrannt haben. Auch in meine.

Sonntag, 3. Oktober 1999

Tag der Deutschen Einheit. Diesmal richtet das Land Hessen den Festakt aus. Ich folge gern der Einladung von Ministerpräsident Roland Koch nach Wiesbaden. Für mich ist er eine der ganz großen Hoffnungen in der Union. Er zeichnet in seiner Rede ein aufschlussreiches Bild der jüngeren Generation in Deutschland und Europa. Als ausländischer Gast ist Romano Prodi gebeten worden, den Festvortrag zu halten. Der EU-Kommissionspräsident überzeugt mit hinreißender Natürlichkeit und politischer Klarheit das Publikum.

Dienstag, 5. Oktober 1999

75. Geburtstag des erfolgreichen Unternehmers, Wirtschaftsmanagers und verlässlichen Weggenossen Hans Joachim Langmann. Als ehemaliger persönlich haftender Gesellschafter und später als Vorsitzender der Geschäftsleitung des Darmstädter Pharmaunternehmens Merck hat er Maßstäbe für einen Unternehmer in der sozialen Marktwirtschaft gesetzt. Langmann war es auch, der für ein weltweites Expandieren des Familienunternehmens eintrat und durch gezielte Akquisitionen in Europa und den USA für Merck eine Spitzenposition am Weltmarkt eroberte.

Der promovierte Physiker ist alles andere als ein kapitalistischer Ausbeuter. Auch als Präsident und Vizepräsident des Bundesverbands der Deutschen Industrie (BDI) hat Hans Joachim Langmann zu keiner Zeit die soziale Verpflichtung eines Unternehmers aus den Augen verloren. Nie huldigte er jenem unternehmerischen Zeitgeist, der den eigenen materiellen Erfolg zum einzigen Maßstab aller Dinge erhebt. Noch nie habe ich aus dem Mund eines altgedienten Betriebsratsvorsitzenden so viel Lob auf den eigenen Chef gehört wie bei Langmanns Geburtstagsfeier. Die Gründe dafür kann ich gut nachvollziehen.

Donnerstag, 7. Oktober 1999

Ich wurde gebeten, bei der Feier zum 80. Geburtstag der früheren SPD-Parlamentarierin Annemarie Renger zu sprechen. Gerne komme ich dieser Bitte nach. Für mich ist die ehemalige Präsidentin und Vizepräsidentin des Deutschen Bundestages eine bewundernswerte Frau, die – wie viele Frauen ihrer Generation – ein schweres Schicksal hatte: Ihr Mann fiel im Frankreichfeldzug, so dass sie den gemeinsamen Sohn allein erziehen musste. Nach dem Krieg fand sie den Weg zu Kurt Schumacher, der nach jahrelanger KZ-Haft den Neuaufbau der SPD prägte. Dem Vorsitzenden der SPD wurde sie zur persönlichen Vertrauten, die sein Büro leitete und bis zu Schumachers Tod 1952 für ihn sorgte.
In meiner Laudatio im Palais Unter den Linden erinnere ich an das bekannte Foto, das Annemarie Renger zeigt, wie sie den kriegsversehrten Kurt Schumacher stützt. Ich erinnere daran, dass sie als erste Frau und erste Sozialdemokratin Präsidentin des Deutschen Bundestages war. Annemarie Renger führte mit großem politischem Geschick und Würde ihr Amt.
Nicht alle in ihrer Partei haben sie verehrt. Herbert Wehner war einer von denen, die Annemarie Rengers Umgangsstil und ihr politisches Profil ablehnten. Für mich zählt die unbeirrbare Vertreterin einer traditionellen Sozialdemokratie zu den herausgehobenen Frauengestalten der deutschen Nachkriegszeit.

In lockerer Runde beim anschließenden Büffet erinnert ein alter Sozialdemokrat zu Recht an die offiziellen Feiern zum 40. Jahrestag der DDR-Gründung, die heute vor zehn Jahren ganz in der Nähe stattfanden. Er zitiert dabei den damaligen KPdSU-Generalsekretär Michail Gorbatschow mit dem berühmt gewordenen Satz »Wer zu spät kommt, den bestraft das Leben«.

Samstag, 9. Oktober 1999

An diesem Nachmittag spreche ich auf Einladung des Rektors der Universität Mannheim im völlig überfüllten Auditorium Maximum zum Thema »Europa im 21. Jahrhundert – Eine Vision wird Wirklichkeit«. Zwar können derartige Veranstaltungen zu einer Last werden, wenn man nicht mehr die Unterstützung eines großen Amtsapparats zur Verfügung hat, aber ich spreche gern vor jungen Leuten und vor allem vor Studenten. Ihnen berichte ich unter anderem, wie es 1945 war, als man von der französischen Besatzungszone in Ludwigshafen nicht über den Rhein in die amerikanische Besatzungszone nach Mannheim gelangen konnte.

Ich beschreibe sehr drastisch die damalige Lage und mache deutlich, was Getrenntsein in einem Land, in einer Region bedeutete und wie das Zusammengehörigkeitsgefühl der Menschen infolge der barbarischen Naziverbrechen verletzt wurde. Lange Zeit schien diese Wirklichkeit unveränderbar zu sein und niemand wusste, ob es für die Deutschen eine Zukunftschance geben würde. Heute kann ich mit großer Genugtuung über das Thema »Europa im 21. Jahrhundert – Eine Vision wird Wirklichkeit« sprechen, auch wenn es eigentlich heißen müsste: »Eine Vision *wurde* Wirklichkeit.«

Ich erinnere an die Ereignisse von 1989, als es in Leipzig zur größten Demonstration in der DDR seit dem Volksaufstand vom 17. Juni 1953 kam. Vor zehn Jahren bemühte ich mich um einen direkten Telefonkontakt zum Staatsratsvorsitzenden Erich Honecker. Niemand konnte ahnen, wie die krisenhafte Entwicklung weitergehen würde, wie die Sicherheitsorgane sich verhalten würden. Nicht nur in Studentenkreisen – so mein Eindruck – sind die damaligen hochexplosiven Wochen und Tage in der DDR fast in Vergessenheit geraten. Zumindest im Westteil unseres Landes erlebe ich es so.

Sonntag, 10. Oktober 1999

Wahl zum Berliner Abgeordnetenhaus. Die CDU baut ihren Stimmenanteil aus und erreicht 40,8 Prozent. Wie vom alten und vermutlich auch neuen Regierenden Bürgermeister Diepgen im Wahlkampf angekündigt, wird die CDU die große Koalition mit der auf 22,4 Prozent der Wählerstimmen abgerutschten SPD fortsetzen. Ich telefoniere mit Eberhard Diepgen und gratuliere ihm sehr herzlich zu seinem heutigen Erfolg, den er auch für sich ganz persönlich verbuchen kann.

Freitag, 15. Oktober 1999

Wie in all den Jahren zuvor besuche ich auch in diesem Jahr die Frankfurter Buchmesse. Meine Gespräche mit Autoren und Verlegern bieten mir einen guten Einblick in das Messegeschehen, das ein interessantes Kaleidoskop der intellektuellen Auseinandersetzung in unserem Land ist. Bis ich meine Erinnerungen auf der Buchmesse vorstellen werde, braucht es allerdings noch etwas Zeit.

Samstag, 16. Oktober 1999

»Ball der Sterne« in Mannheim. Zu diesem gesellschaftlichen Ereignis begleite ich Hannelore, und wir erleben gemeinsam einen wirklich heiteren und entspannten Abend.
Hannelore hat auch diesmal wieder die Schirmherrschaft übernommen. Als Hauptakteurin des Abends trifft sie auf eine über-

wältigende Zustimmung. Ein Teil des Reinerlöses dieses Wohltätigkeitsballs fließt auf das Konto der Hannelore-Kohl-Stiftung.
Hannelore hat bereits in den Siebzigerjahren, während meiner Amtszeit in Mainz, mit ihrem sozialen Engagement begonnen. Später gründete sie das Kuratorium ZNS für Unfallverletzte mit Schäden des zentralen Nervensystems. In all den Jahren seither hat sie einen enormen Einsatz gebracht, um vielen Menschen in oft verzweifelter Situation zu helfen. Sie tut dies alles ehrenamtlich. Auch während meiner Kanzlerschaft hat sie das neben ihren nationalen und internationalen Verpflichtungen als Frau des Bundeskanzlers geleistet. Manchmal frage ich mich, wie sie das alles schafft. Um so dankbarer bin ich, dass sie bei all dem auch noch die Zeit findet, ihre Aufgabe in unserer Familie zu erfüllen.

Mittwoch, 20. Oktober 1999

Auf Einladung des CDU-Kreisvorsitzenden und Ministers Christoph Palmer sowie der Stadtratsfraktion komme ich nach Stuttgart, um vor der Stadtratswahl den Kandidaten der CDU, Oberbürgermeister Wolfgang Schuster, zu unterstützen. Die Stuttgarter Partei und die Stadtratsfraktion machen mir einen höchst erfreulichen Eindruck. Die gesamte Parteiführung liegt in den Händen der jungen Generation. Ich lerne Persönlichkeiten mit hohem Sachverstand und großer Dynamik kennen, die sehr engagiert in den Wahlkampf gehen, was längst nicht überall selbstverständlich ist.

Freitag, 22. Oktober 1999

Im Schloss zu Schwetzingen überreicht mir der baden-württembergische Ministerpräsident Erwin Teufel die Verdienstmedaille

seines Bundeslandes. Es ist eine ungewöhnlich sympathische Geste des Stuttgarter Regierungschefs und ein Zeichen der Freundschaft, für die ich dankbar bin, mir den Orden in einem so wunderschönen Ambiente zu verleihen. Der Abend im Schwetzinger Schlosspark ist für Hannelore und mich auch ein optisches Erlebnis, das wir so schnell nicht vergessen.
Erwin Teufel gehört für mich zu den erfolgreichsten Ministerpräsidenten. Im Gegensatz zu anderen produziert er weniger Schlagzeilen, aber leistet viel für sein Land.

Mittwoch, 27. Oktober 1999

Mein alter Freund aus den frühen Tagen der Jungen Union und der CDU, Werner Remmers, lädt mich zu einer Veranstaltung der Ludwig-Windthorst-Stiftung nach Lingen ein. Der ehemalige niedersächsische Kultusminister und spätere Umweltminister engagiert sich seit Jahren für diese Stiftung und unterstützt das Ludwig-Windthorst-Haus, eine katholische Begegnungsstätte in der Diözese Osnabrück. Zur Jahresversammlung sind die Förderer der Stiftung zusammengekommen, und ich spreche zum Thema »Politik zwischen Vision und Realität – Deutschlands Weg in Europa«.
Ich erinnere auch an den führenden Politiker des Zentrums und wichtigsten parlamentarischen Widersacher Otto von Bismarcks im Kulturkampf, der der Stiftung seinen Namen gibt. In diesem Haus kann man förmlich die soziale Verpflichtung des Christenmenschen spüren. Das ist nicht zuletzt das Werk von Werner Remmers.

Sonntag, 31. Oktober 1999

Der Paderborner Erzbischof Johannes Joachim Degenhardt hat mich heute in seine Diözese eingeladen, um mir die St.-Liborius-

Medaille für Einheit und Frieden zu verleihen. Aus diesem Anlass hält der Mainzer Bischof Karl Lehmann, Vorsitzender der Deutschen Bischofskonferenz, eine sehr nachdenkliche und zukunftsweisende Festrede zum Thema »Deutschland und Europa im kommenden Jahrhundert«. Der Theologe Lehmann beschreibt Bilder aus der Erfahrung unserer Generation in dem jetzt zu Ende gehenden Jahrhundert und findet die passenden Bilder der Hoffnung für die kommende Zeit. Ein ungewöhnlicher Tag, ein Sonntag, der mir in lebhafter Erinnerung bleiben wird.

Sonntag, 31. Oktober, bis Mittwoch, 3. November 1999

Wieder einmal bin ich in Israel. Ob als Mainzer Ministerpräsident, als Bonner Oppositionsführer oder als Bundeskanzler – ich bin allen wichtigen israelischen Politikern begegnet, sei es dass sie in Regierungsverantwortung standen oder in der Opposition waren. Es ist auch heute noch für mich und meine Generation eine wichtige Aufgabe, das besondere Verhältnis zwischen Israel und der Bundesrepublik vor Irritationen zu schützen und Beiträge zu leisten, die dem israelischen Volk, den Überlebenden des Holocaust ein Gefühl von Verlässlichkeit vermitteln.
Es ist die erste Reise nach Israel seit meinem Ausscheiden aus dem Amt. Ich werde von Premierminister Ehud Barak und meinem alten Freund Minister Shimon Peres außerordentlich herzlich empfangen. Leider war der israelische Staatspräsident Ezer Weizman erkrankt, so dass ich ihn zu meinem Bedauern nicht treffen konnte. Bei einem Festakt im Weizmann-Institute of Science in Rehovot wird mir die Ehrendoktorwürde verliehen und anderntags zeichnet mich die »Jerusalem Foundation« mit dem »Teddy-Kollek-Preis« aus.
Die Kranzniederlegung in Yad Vashem geht mir auch diesmal wieder sehr nahe. Das Ausmaß der Judenvernichtung im Drit-

ten Reich wird an diesem Ort des Gedenkens noch einmal ganz deutlich. Ich empfinde Trauer, Zorn und Ohnmacht. Das Einzige, was bleibt, ist, die Überlebenden und die Angehörigen der Ermordeten um Verzeihung zu bitten.
Höhepunkt meines Besuchs ist die Grundsteinlegung für das »Konrad-Adenauer-Kongresszentrum« in Jerusalem. Mein Mainzer Weggefährte Johannes Gerster, der das Büro der Konrad-Adenauer-Stiftung souverän leitet, hat sich die Aussöhnung zwischen Israel und den arabischen Ländern sowie den Palästinensern zur vorrangigen Aufgabe gemacht. Gerster ist der richtige Mann am richtigen Ort. Er hat diese Reise minutiös vorbereitet und zum vollen Erfolg auch für mich werden lassen. In den Mittelpunkt meiner verschiedenen Reden stelle ich das Thema »Israel, Deutschland, Europa – Partnerschaft für die Zukunft«.
Bevor ich das so oft bedrohte Israel verlasse, erlaube ich mir einen Gang durch die Jerusalemer Altstadt und besuche die heiligen Stätten der Christenheit. Ein freundlicher Empfang und das Galadinner im King-David-Hotel von Jerusalem runden den Aufenthalt ab.

Mein Besuch am Grab von Itzhak Rabin auf dem Friedhof Har Herzl in Jerusalem hat mich einmal mehr an den feigen Mord an einem bedeutenden Politiker erinnert, der für sein Land endlich Frieden schaffen wollte.
Auf dem Weg zum Ben-Gurion-Flughafen in Tel Aviv will ich Halt machen, um auf dem Friedhof Kiriyat Shaul im Norden der Stadt zum Grab von Ignatz Bubis zu gehen, mit dem ich so oft über das Verhältnis zwischen Deutschen und Juden nach dem Holocaust diskutiert habe. Ich denke daran, wie er kurz vor seinem Tod als Deutscher jüdischen Glaubens resignierte und wie seine Arbeit als Zentralratsvorsitzender in Frage gestellt war. Leider vereitelt ein Verkehrschaos den Besuch auf dem Friedhof.
Auch diese Israel-Reise wird mich noch lange beschäftigen. Wenn ich gesund bleibe, werde ich mit Sicherheit zu einem neuen Besuch hierher zurückkehren.

Donnerstag, 4. November 1999

Eine Eilmeldung der Nachrichtenagenturen, die mich zutiefst bestürzt: Das Amtsgericht Augsburg erlässt Haftbefehl gegen den ehemaligen CDU-Schatzmeister Walther Leisler Kiep. Er wird verdächtigt, 1991 von Kaufmann Karlheinz Schreiber eine Million DM als Schmiergeld erhalten und nicht versteuert zu haben.

Ich spreche noch am Abend mit Wolfgang Schäuble. Es verschlägt uns fast die Sprache. Wir beide haben bis zu dieser Stunde nichts von diesem Vorgang gewusst. Diese Parteispende von Karlheinz Schreiber an Walther Leisler Kiep und damit an die CDU ist mir nicht bekannt. Noch am Abend erkläre ich in Berlin ausdrücklich, dass ich keinerlei Kenntnis von der Spende Schreibers an Walther Leisler Kiep gehabt habe.

Der Name Karlheinz Schreiber erinnert mich nur an eine Spende über DM 100 000, die Wolfgang Schäuble 1994 von ihm erhielt. Davon hatte ich zunächst nichts erfahren. Erst drei Jahre später, 1997, informierte mich entweder Wolfgang Schäuble oder die Nachfolgerin Kieps, die damalige CDU-Schatzmeisterin Brigitte Baumeister, von dieser Spende. Allerdings habe ich mich um die Angelegenheit nicht weiter gekümmert.

Freitag, 5. November 1999

Gerade kommt die Meldung, dass sich Walther Leisler Kiep selbstverständlich den Behörden stellt. Er sagt, dass die in seinem Koffer in der Schweiz von Karlheinz Schreiber übergebene 1 Million DM als Parteispende an die CDU gegangen sei. Er habe den Betrag dem damaligen CDU-Finanzberater Horst Weyrauch bar übergeben. Der Haftbefehl gegen Kiep wird gegen Zahlung einer Kaution von DM 500 000 außer Vollzug gesetzt.

Ich erkläre erneut, dass ich keine Kenntnis von dieser Spende habe.

Montag, 8. November 1999

Am Vortag des zehnten Jahrestages des Falls der Berliner Mauer treffen Hannelore und ich mittags mit Barbara und George Bush und Irina und Michail Gorbatschow im Berliner Rathaus zusammen. Anlass ist die feierliche Verleihung der Ehrenbürgerwürde Berlins an den früheren amerikanischen Präsidenten George Bush. Michail Gorbatschow wurde schon 1992 Ehrenbürger der Hauptstadt. In meiner Laudatio beschreibe ich die außerordentliche politische Leistung beider Staatsmänner im deutschen Vereinigungsprozess vor zehn Jahren. Ich nenne beide die entscheidenden Baumeister der deutschen Einheit und danke ihnen im Namen aller Deutschen.
Am Abend ein »Gipfelgespräch zehn Jahre Mauerfall: Wie es wirklich war« im Axel-Springer-Verlag. Unter Leitung des britischen Historikers Timothy Garton Ash und vor geladenen Gästen erinnern wir drei an die Zeit vor zehn Jahren und diskutieren äußerst lebhaft darüber, was uns damals wirklich bewegte und umtrieb. Die historische Begegnung klingt mit einem wunderbaren Solo des russischen Cellisten und Dirigenten Mstislav Rostropovich aus, den die Teilnehmer so schnell nicht vergessen werden.

Dienstag, 9. November 1999

9. November – was für ein Datum für unser Land. Ausrufung der Weimarer Republik 1918. Reichskristallnacht 1938. Meine Gedanken gehen zurück: Heute vor zehn Jahren öffnete die DDR ihre Grenzübergänge zur Bundesrepublik und nach Westberlin. Mein 9. November 1989 begann mit einem Flug nach

Warschau zu einem schwierigen Staatsbesuch. Bei meinen Gesprächen mit der polnischen Führung ging es um heikle Themen. Ich versicherte meinen Gesprächspartnern, dass Bonn die polnische Westgrenze selbstverständlich nicht in Frage stellen werde. Eine Entschädigung für die ehemaligen polnischen Zwangsarbeiter konnte ich in der von polnischer Seite geforderten Höhe nicht zusagen.
Am Abend des 9. November, noch vor dem festlichen Bankett, erreichte mich Kanzleramtsminister Rudolf Seiters und übermittelte mir eine sensationelle Nachricht: In Ostberlin habe der SED-Bezirksvorsitzende Günter Schabowski überraschend eine Übergangsregelung bis zum Inkrafttreten eines neuen Reisegesetzes verkündet. Die Mauer sei damit für jedermann durchlässig geworden, meinte Seiters.
Während des Banketts in Warschau saß ich wie auf heißen Kohlen. Später telefonierte ich mit Eduard Ackermann, der mir einen umfassenden Überblick über die historischen Ereignisse in Berlin verschaffte. Was dann geschah, ist allgemein bekannt. Ich unterbrach den Staatsbesuch in Polen sehr zum Ärger meiner Gastgeber und machte mich auf den Weg nach Berlin.
Heute, am zehnten Jahrestag des Mauerfalls, sind mir die damaligen Abläufe so präsent, als seien sie erst gestern geschehen.
Nach einem Festakt des Senats im so genannten roten Rathaus beginnt mittags die Sondersitzung des Deutschen Bundestages im Reichstag. Auf der Rednerliste: Bundestagspräsident Wolfgang Thierse, Joachim Gauck, die früheren Präsidenten George Bush und Michail Gorbatschow und ich. Schließlich die Rede Gerhard Schröders.
In den Mittelpunkt meiner Ausführungen stelle ich das Thema Dankbarkeit, das mich jetzt am meisten bewegt. Meine Reverenz an die beiden Weggefährten jener Umbruchtage ist nicht ohne Wirkung: George und Michail haben mich verstanden, als ich zu ihnen über die schönsten und aufregendsten Momente meiner sechzehnjährigen Kanzlerschaft sprach, an denen beide so viel Anteil haben.

Nach dem festlichen Dinner im Hotel Adlon zu Ehren des Ehepaars Bush gehen George, Michail und ich zum Brandenburger Tor, wo die ARD live zum Jahrestag des Mauerfalls sendet. Die nächtliche, hell erleuchtete Kulisse am Brandenburger Tor mit den vielen tausend auch jungen Menschen ist überwältigend. Die Moderatoren Jürgen Engert und Fritz Pleitgen, kompetente Journalisten in deutsch-deutschen Angelegenheiten, führen souveräne Interviews und entlocken ihren Gesprächspartnern nicht nur Anekdotisches.
Diese beiden Tage sind voller Erinnerungen an einmalige historische Ereignisse. Spürbar ist aber auch das Glück, viel für unser Volk erreicht zu haben. Ständig überqueren wir jene Linie, auf der vor zehn Jahren noch die Mauer stand, die Berlin, Deutschland und Europa in bitterster Weise in Ost und West trennte. Gemeinsam gehen wir vorbei an den Erinnerungskreuzen für die Opfer der Mauer, jener Frauen und Männer, die den Versuch, den »antifaschistischen Schutzwall« zu überwinden, mit ihrem Leben bezahlen mussten. Auch heute denke ich an die vielen Male, an denen ich an der Mauer stand, um den unzähligen ausländischen Staatsbesuchern das hässliche Bauwerk zu zeigen und den Todesstreifen zu erläutern. Jetzt erleben wir mehr denn je das Glück der Einheit und genießen es, in Frieden und Freiheit zu leben. Nachdenklich stimmt mich allerdings auch, dass dieses große Glück schon zehn Jahre nach dem Mauerfall im Alltagsgeschehen rasch verblasst zu sein scheint.

Donnerstag, 11. November 1999

In seiner ersten Regierungserklärung zum »Stand der deutschen Einheit« spricht sich Bundeskanzler Schröder für eine Verlängerung des im Jahr 2005 auslaufenden Solidarpakts aus. Darin besteht mit dem CDU-Parteivorsitzenden und Unionsfraktionschef Wolfgang Schäuble Einigkeit.
In seiner Erklärung merkt Schröder weiter an, die Demokratie

in Ostdeutschland sei kein Westimport, sondern das Verdienst der erfolgreichen gewaltlosen Revolution. Weiter würdigt er die wirtschaftliche Entwicklung in den neuen Bundesländern, doch sei der Übergang von der sozialistischen Staatswirtschaft zur Marktwirtschaft nicht reibungslos verlaufen. Seine Feststellungen zielen an den wahren Problemen des Vereinigungsprozesses vorbei.
Wolfgang Schäuble erinnert daran, dass das hohe Niveau der Förderung für die neuen Bundesländer eine Leistung der früheren Bundesregierung unter Helmut Kohl gewesen sei.
Der sympathische, streitbare, aus der Bürgerrechtsbewegung stammende sächsische CDU-Bundestagsabgeordnete Arnold Vaatz warf zuvor Gerhard Schröder und Oskar Lafontaine vor, die deutsche Einheit nicht gewollt zu haben.

Freitag, 12. November 1999

Weil er seine Ehre verletzt sieht, gibt der frühere CDU-Generalbevollmächtigte Uwe Lüthje eine Erklärung ab. Zum ersten Mal erfährt die Öffentlichkeit, was mit der Schreiber-Million geschah: Er, Lüthje, sei eine von drei Personen gewesen, auf die das Schreiber-Geld im Oktober 1992 verteilt worden sei. Er habe von Kiep 370 000 DM als Anerkennung für seine Leistung erhalten und habe dieses Geld korrekt versteuert.
Mich bestürzt diese Nachricht, da ich von all dem nichts wusste. Angesichts des Vertrauensverhältnisses, das mich mit Uwe Lüthje über viele Jahre verband, finde ich es unerträglich, dass hinter meinem Rücken derartige Geldtransaktionen stattfanden – Geld, das ganz offensichtlich für die Parteikasse bestimmt war.

Samstag, 13. November 1999

Verleihung des Franz-Josef-Strauß-Preises der Hanns-Seidel-Stiftung an den ehemaligen amerikanischen Präsidenten George Bush. In meiner Laudatio weise ich einmal mehr darauf hin, dass George Bush während der historischen Ereignisse des Vereinigungsprozesses ein Glücksfall für die Deutschen und die Welt war. Ich begründe, warum die Außenpolitik zur wichtigsten Regierungsdisziplin zählt. Anders als die Innenpolitik lässt sie sich nicht durch Gesetze regeln. Unser aller Schicksal – so meine feste Überzeugung – wird durch die Außenpolitik bestimmt.

Dienstag, 16., und Mittwoch, 17. November 1999

Gedenkveranstaltung zur »sanften Revolution« in der Tschechoslowakei vor zehn Jahren. Auf Einladung des tschechischen Staatspräsidenten Vaclav Havel treffen sich auf der Prager Burg George Bush, Michail Gorbatschow, Lech Walesa, Margaret Thatcher und Danielle Mitterrand, die Witwe des französischen Staatspräsidenten. Beim abendlichen Disput der prominenten Zeitzeugen treffen naturgemäß sehr unterschiedliche Positionen aufeinander. Der Pessimismus über die Entwicklung in Osteuropa ist dennoch unüberhörbar. Auch mein Freund Michail zeichnet ein düsteres Bild und beklagt den Überlegenheitskomplex der Nato. Damit fordert er meinen Widerspruch heraus, weil er in altem Denken verharrt. Die Welt im 21. Jahrhundert – davon bin ich überzeugt – wird nicht zwischen Kapitalismus und Sozialismus entscheiden müssen, sondern hat noch nie so viele Chancen zu Frieden und Freiheit gehabt wie jetzt.

Wie immer stellt die frühere britische Premierministerin Thatcher ihre Position als die allein richtige dar.

Besonders beeindruckt hat mich das Gespräch mit dem Prager Erzbischof Miloslav Vlk. Der oberste Hirte der tschechischen Katholiken hat sich immer sehr um die Aussöhnung zwischen Tschechen und Deutschen bemüht. Ihm dafür Dank zu sagen ist mir ein tiefes Bedürfnis. Dieser Priester verfügt über einen politischen Realismus, wie ich ihn mir bei manchem aktiven Politiker nur wünschen kann.

Neben dem attraktiven Rahmenprogramm der zweitägigen Veranstaltung und der Auszeichnung mit dem »Weißen Löwen«, dem höchsten tschechischen Orden, bleibt mir ein langer Abend mit Michail Gorbatschow und seiner Tochter Irina in bester Erinnerung. Bis tief in die Nacht diskutieren wir in einem Prager Lokal über vergangene Zeiten und über die Chancen einer gemeinsamen Zukunft für Deutsche und Russen in Europa. Es ist unser erstes intensives und sehr persönliches Gespräch nach dem Tod seiner Frau. Michail hat den Schmerz und den großen Verlust noch längst nicht überwunden, bemüht sich aber mit viel Kraft, die neue Situation zu akzeptieren und sich an das neue Leben zu gewöhnen. Dabei hilft ihm seine Tochter in rührender Weise.
Bei unserem Prager Treffen zeigt sich eine zunehmende innere Beziehung zwischen uns, die in den Jahren der politischen Herausforderungen kontinuierlich gewachsen ist.

Mittwoch, 17. November 1999

Beim Zehn-Stunden-Verhör durch die Staatsanwaltschaft Augsburg äußert sich der ehemalige CDU-Schatzmeister Walther Leisler Kiep unter anderem über das System der inoffiziellen Anderkonten der CDU. Auch ich werde in diesen Tagen immer wieder auf dieses Kontensystem angesprochen. Und ich versichere nach bestem Wissen und Gewissen, dass ich mich bei meiner enormen Arbeitsbelastung als Bundeskanzler und Parteivorsitzender nie um Kontenverbuchungen gekümmert habe. Wie CDU-Finanzberater Horst Weyrauch mit einzelnen Haushaltstiteln umging und gar einen versteckten Nebenhaushalt einrichtete, ist mir bis heute unbekannt.

Zu Horst Weyrauch habe ich nie eine nähere Beziehung gehabt. Während meiner fünfundzwanzig Jahre als Parteivorsitzender der CDU bin ich ihm vielleicht vier- oder fünfmal begegnet, ohne jemals einen persönlichen Kontakt zu pflegen oder entsprechende Gespräche geführt zu haben.

Heute startet die *Süddeutsche Zeitung* einen Generalangriff auf mich. Die Zeitung behauptet, aus schwarzen Kassen sei der Parteivorsitzende Helmut Kohl unterstützt worden, wenn es in seinem Reich mal grummelte. So seien im Herbst 1989 vor dem Bremer Bundesparteitag potenzielle Meuterer und deren Landes-, Bezirks- und Kreisverbände mit viel Geld ruhig gestellt worden. CDU-Finanzberater Weyrauch habe mit einem Haushaltstitel »Sonstige Einnahmen« einen versteckten Nebenhaushalt für den Vorsitzenden geführt.

Dies alles ist völlig absurd. Wer die Verhältnisse in der CDU tatsächlich kennt, weiß, wie abwegig solche Behauptungen sind. Ich bin in den fünfundzwanzig Jahren meiner Amtszeit als Parteivorsitzender auf zwölf Parteitagen in geheimer Wahl mit überwältigender Mehrheit gewählt worden. Es ist eine völlig abwegige Vorstellung, man hätte mit Geld aus angeblich schwarzen Kassen des Parteivorsitzenden mehr als 800 Parteitagsdelegierte bestechen können.

Für mich ist jetzt offenkundig, dass ich kriminalisiert werden soll, um meine Reputation zu zerstören, zumal unter Journalisten verbreitet wird, die frühere Bundesregierung unter Helmut Kohl sei als Gegenleistung für Schmiergeldzahlungen bereit gewesen, zur Jahreswende 1989/90 Bundeswehr-Spürpanzer nach Saudi-Arabien zu liefern. Auch dieser Vorwurf ist falsch und durch nichts bewiesen. Bei einer seriösen Untersuchung wird sich das sehr rasch herausstellen. Das Ziel ist, mich um jeden Preis zu verleumden und herabzusetzen.

Sonntag, 21. November 1999

Erstmals seit Bekanntwerden der Kiep-Affäre melde ich mich ausführlich zu Wort. In einem Interview der *Welt am Sonntag* weise ich alle Verdächtigungen kategorisch zurück, bei der Lieferung von Spürpanzern nach Saudi-Arabien 1991 seien Schmiergelder geflossen. Der Vorwurf, die Bundesregierung und ich selbst seien bestochen worden, ist völlig abwegig. Tatsache ist, dass die Entscheidung damals ausschließlich nach außen-, sicherheits- und bündnispolitischen Erwägungen und in enger Abstimmung mit den Nato-Partnern getroffen wurde.
Mein Dementi läuft über alle Nachrichtenagenturen, doch die bösartige Verleumdungskampagne zeigt Wirkung. Es erreichen mich besorgte Anrufe nicht nur von Parteifreunden.

Montag, 22. November 1999

Heute setzt der Bundestag mit den Stimmen der Regierungsfraktionen und der Opposition – auch der CDU – einen Parlamentarischen Untersuchungsausschuss ein.
Ich trete mit Nachdruck für diesen Untersuchungsausschuss ein, wobei ich keine große Hoffnung habe, dass dieses Gremium ein einigermaßen objektives Forum sein wird, um einer vermeintlichen Käuflichkeit von Regierungsentscheidungen auf den Grund zu gehen. Nach Benennung der Ausschussmitglieder von SPD und Grünen wird mir sehr schnell die Stoßrichtung klar: Es geht um die Kriminalisierung meiner Person. Dafür stehen eindeutig die Namen einiger Ausschussmitglieder aus den Reihen der rot-grünen Koalition.
Wie es wörtlich heißt, soll der Untersuchungsausschuss klären, inwieweit Spenden, Provisionen, andere finanzielle Zuwendungen oder Vorteile direkt oder indirekt an Mitglieder und Amtsträger der früheren Regierungskoalition und deren nachgeordnete Behörden, die sie tragenden Parteien und Fraktionen oder

sonstige Personen und Institutionen geflossen sind und ob die Zuwendungen geeignet waren, politische Entscheidungsprozesse zu beeinflussen. Die vier Vorgänge, die untersucht werden sollen, sind:

- Das Panzergeschäft mit Saudi-Arabien.
- Die Privatisierung der Leuna-Raffinerie.
- Die Airbus-Lieferungen nach Kanada und Thailand.
- Die Lieferung von Hubschraubern an die kanadische Küstenwache.

Diese Auflistung ist mehr als eigenartig. Viele Kolleginnen und Kollegen, viele Journalisten fragen mich, was ich mit Airbus-Lieferungen nach Kanada und Thailand oder der Lieferung von Hubschraubern an die kanadische Küstenwache zu tun hatte. Das sind allesamt Geschäfte, mit denen sich kein deutscher Bundeskanzler beschäftigt. Die Zusammenfassung solcher Themen macht nur dann Sinn, wenn man weiß, welche Tendenzen die Führung von Rot-Grün verfolgt.
Die Ermittlungen des Untersuchungsausschusses werden am Ende ergeben, dass nichts von den bösartigen Unterstellungen, Verdächtigungen und Vorwürfen übrig bleibt. Bei der Privatisierung der Leuna-Raffinerie handelt es sich sozusagen um einen Dauerbrenner noch aus der vergangenen Legislaturperiode. Ich bin seit 1990 mit großer Entschiedenheit für die Rettung des Chemiedreiecks in Halle, Leuna und Merseburg eingetreten. Entsprechend habe ich meinen ganzen Einfluss geltend gemacht, dass – allen Widerständen zum Trotz – nicht alle Arbeitsplätze des früheren großen DDR-Chemie-Kombinats mit mehr als 27 000 Mitarbeitern »platt gemacht« wurden. Ein Besuch in dieser Region zeigt jedermann, dass diese Politik zur Erhaltung von Arbeitsplätzen trotz aller Schwierigkeiten erfolgreich war: Über 9000 Stellen wurden auf diese Weise gesichert.
Meine Entscheidung zum Verkauf von Spürpanzern an Saudi-

Arabien fiel während des Golfkonflikts und angesichts der enormen Bedrohung, die von Iraks unberechenbarem Präsidenten Saddam Hussein für alle Mitgliedstaaten der Allianz ausging. Sie ist ausschließlich unter sicherheits- und bündnispolitischen Gesichtspunkten getroffen worden. Auf der Ebene der Bundesminister sind nach meiner sicheren Überzeugung Bestechungen welcher Art auch immer nie geschehen.

Auf den heute stattfindenden Sitzungen von CDU-Präsidium und CDU/CSU-Bundestagsfraktion spielt das Thema Parteispenden eine wichtige Rolle. »Aufklären« ist die Parole und wenn nötig Distanz zur alten Parteiführung. Die große Unruhe in Partei und Fraktion ist unübersehbar. Die Anderkonten haben Misstrauen geweckt. Die Besorgnis, der Partei werde durch die Spendenaffäre großer Schaden zugefügt, ist verständlich. Doch vermutlich leidet unter der neuen Affäre niemand mehr als ich, zumal sich Presse und elektronische Medien mit aller Macht auf mich stürzen.

Dienstag, 23. November 1999

Horst Weyrauch erläutert vor der Staatsanwaltschaft Augsburg das System der Kontenführung. In Absprache mit Walther Leisler Kiep und Uwe Lüthje habe er jahrelang Spenden auf Vorkonten geparkt.
Die jetzt offenbar gewordene Praxis von Horst Weyrauch ist für uns alle, auch für mich, so überraschend wie bestürzend. Keiner der drei beteiligten Finanzexperten der Partei hat ein solches Verfahren dem Parteivorsitzenden je mitgeteilt. Ich habe von all dem nichts gewusst.
Ich habe ja bereits vermerkt, wie distanziert mein Verhältnis zu Horst Weyrauch war. In all den Jahren seiner unbestritten hohen Arbeitsleistung gab es nie eine negative Äußerung über ihn. Auch seine enge Zusammenarbeit mit den Landesverbänden der

Union wurde nie kritisiert oder gar in Frage gestellt. Als Parteichef hatte ich nicht den geringsten Grund, an seiner Solidität und Seriosität zu zweifeln. Gerade deshalb bin ich heute über sein Verhalten zutiefst enttäuscht und fühle mich hintergangen und verletzt.

Mittwoch, 24. November 1999

Mit einem spontanen Auftritt im Plenum des Deutschen Bundestags habe ich heute versucht, mich gegen Vermutungen des SPD-Fraktionsvorsitzenden Peter Struck zu wehren, ich hätte von der Millionenspende des Karlheinz Schreiber gewusst. Ich verlange von der SPD die Möglichkeit, noch vor Weihnachten vor dem geplanten Untersuchungsausschuss aussagen zu können. Zweimal fordere ich Struck auf, er möge mir zusichern, dass sich der Untersuchungsausschuss schnell konstituieren werde, damit mir rasch die Chance gegeben werde, dort gehört zu werden.
Leider lasse ich mich in meinem Zorn zu einer Zwischenfrage hinreißen, die der SPD-Parlamentarier dann zu einem weiteren Angriff gegen die CDU und meine Person nutzt. Es war eine Torheit, ihm diese Chance vom Rednerpult aus zu bieten. Doch ich habe mich derart in meiner Ehre und persönlichen Integrität verletzt gefühlt, dass es zu diesem emotionalen Ausbruch kam.

Freitag, 26. November 1999

In der *Süddeutschen Zeitung* wurde berichtet, dass Horst Weyrauch mit meiner Billigung eine Reihe von Konten angelegt habe, auf die anonymisierte Firmenspenden flossen. Ich höre diese Nachricht im Auto. Nach einigem Bemühen gelingt es, telefonisch Kontakt zu Wolfgang Schäuble herzustellen. Er berichtet mir, dass sich in der Zwischenzeit auch Heiner Geißler in einem Interview zu Wort gemeldet und erklärt habe, dass er bereit sei, vor dem Untersuchungsausschuss auszusagen – und er werde keinen Meineid schwören. Der frühere Generalsekretär der Partei bestätigte die Existenz so genannter Sonderkonten der CDU, die ausschließlich in der Verantwortung des Bundesvorsitzenden und der Schatzmeisterei gestanden hätten. Dass Heiner Geißler im Interview der *Süddeutschen Zeitung* die gute Gelegenheit nutzen würde, die Verantwortung einzig und allein auf den Parteivorsitzenden und den Bundesschatzmeister abzuwälzen, war zu erwarten.

Seit seinem Sturz vor zehn Jahren auf dem Bremer Parteitag im September 1989 wird er von Hass und Rachegefühlen getrieben. Geißler kann nicht verwinden, dass ich ihn dabei ertappte, wie er in den letzten Jahren als CDU-Generalsekretär unter Bruch jeglicher Loyalität gegen mich als Parteivorsitzenden konspirierte. Ebenso unverarbeitet ist offenbar sein gescheiterter Versuch, auf dem Bremer Bundesparteitag 1989 den damaligen baden-württembergischen Ministerpräsidenten Lothar Späth gegen mich ins Rennen um den CDU-Vorsitz zu schicken. Zu seinen Verbündeten zählten Rita Süssmuth, Norbert Blüm und andere wie beispielsweise Kurt Biedenkopf, die sich aus taktischen Gründen im Hintergrund hielten. Aus der Ferne spürte man auch die Mitwirkung Richard von Weizsäckers.

Der Putsch misslang. Die Parteitagsdelegierten haben Lothar Späth aus dem CDU-Präsidium abgewählt, und ohne meine persönliche Intervention zur Wiederwahl von Heiner Geißler hätte auch er den Sprung ins Führungsgremium der Partei nicht mehr geschafft. Seit dieser Zeit ist unser Verhältnis zerrüttet. Das weiß jeder in den Unionsparteien und jeder politisch interessierte Zeitgenosse.

Weniger bekannt dürfte sein gescheiterter Versuch sein, 1990 Ministerpräsident in Sachsen zu werden. Im Herbst 1990, wenige Monate nach der ersten freien Wahl zur Volkskammer in der DDR, entstanden ja die »neuen Bundesländer«. (Eigentlich ist

der Begriff »neue Bundesländer« unsinnig, weil diese so genannten neuen Länder auf einer großen Geschichte und Tradition aufbauen.) Es war der entschiedene Wille der Regierung de Maizière und der Mehrheit der Volkskammer, die Landtagswahlen noch vor der gesamtdeutschen Bundestagswahl vom 2. Dezember 1990 abzuhalten.
Keine zehn Monate nach dem Bremer Parteitag kam die Putschgruppe wieder zusammen, um auf der Sonnenseite meiner Politik Karriere zu machen. Die Hauptakteure waren Lothar Späth, Heiner Geißler, Kurt Biedenkopf und in gewisser Distanz auch Rita Süssmuth. Sie scheiterte zwei Jahre später bei ihrem Versuch als Kandidatin zum Amt des Ministerpräsidenten von Thüringen schon im Vorfeld – und dies nicht zuletzt durch meinen Einspruch.

Bis zum Sommer 1990 schien die Spitzenkandidatur der sächsischen CDU für die Landtagswahl am 14. Oktober 1999 eindeutig auf Klaus Reichenbach zuzulaufen. Als Landesparteivorsitzender und Minister im Amt des DDR-Regierungschefs Lothar de Maizière hatte er die besten Chancen, erster Ministerpräsident in Sachsen zu werden. Doch als »Altkader« der alten DDR-Blockpartei CDU hatte er viele Gegner. Die »Erneuerer«, wie sich die CDU-Mitglieder aus der Oppositions- und Bürgerrechtsbewegung vor allem in Dresden nannten, sahen in Reichenbachs Kandidatur eine Belastung für das Spitzenamt. Schließlich verzichtete er auf die Kandidatur. Nun begann die Suche nach einem »West-Import«. Der Bonner Staatssekretär im Innerdeutschen Ministerium Walter Priesnitz fand bei der sächsischen CDU-Spitze keine Unterstützung und schied sehr schnell aus dem Rennen aus. Jetzt trat der baden-württembergische Ministerpräsident Lothar Späth auf den Plan und mischte – immer hinter meinem Rücken – kräftig mit. Er reiste mehrfach zu CDU-Gremiensitzungen nach Sachsen und führte dort viele Gespräche. Er lud Arnold Vaatz und Steffen Heitmann nach Stuttgart und Klaus Reichenbach zu einem

Wochenendtreffen zusammen mit Geißler auf die Solitude bei Stuttgart ein. Bei dieser Gelegenheit schlug Lothar Späth Heiner Geißler als Ministerpräsident-Kandidaten vor. Reichenbach fand diese Idee gut.

Die sächsischen Freunde, an ihrer Spitze Klaus Reichenbach, waren angesichts des bekannt zerrütteten Verhältnisses zwischen Geißler und mir sehr verunsichert, ob ich diesen Personalvorschlag unterstützen würde. Dabei fiel es mir sogar ganz im Gegenteil außerordentlich leicht, entschieden für Geißlers Nominierung einzutreten, der aufgrund der Qualifikation und Erfahrung als Landes- und Bundesminister hervorragend für das Amt des sächsischen Ministerpräsidenten geeignet war. In einem persönlichen Gespräch versprach ich Heiner Geißler meine volle Unterstützung.

Doch dann gab es ein Problem. Geißler schreckte vor der Herausforderung zurück und stellte plötzlich eine unerfüllbare Bedingung: Er wollte die Unterstützung dafür, dass er in Sachsen als Spitzenkandidat zur Landtagswahl am 14. Oktober 1990 antritt und sich gleichzeitig in seinem Landauer Wahlkreis erneut um einen Sitz bei der Bundestagswahl am 2. Dezember 1990, also nicht einmal zwei Monate später, bewirbt. Es war offensichtlich, dass er dem Wahlergebnis in Sachsen nicht traute und kein Risiko eingehen wollte. Ich habe ihm daraufhin unmissverständlich erklärt, dass ich ein derartiges Verfahren für völlig indiskutabel halte, weil die Menschen in Sachsen eine solche Verhöhnung ihres Wählerwillens zu Recht nicht verstehen würden. Außerdem würde es eine negative Wirkung in der Partei haben, wenn sich der Spitzenrepräsentant der CDU bei einer so wichtigen Entscheidung vor allem von dem Gedanken einer Risikoabsicherung leiten ließe. Denn offensichtlich wollte Geißler auf der sicheren Seite stehen und sein Bundestagsmandat für den Fall der Fälle behalten.

Jahre später erfuhr ich aus der rheinland-pfälzischen CDU, dass er auch darauf spekuliert habe, Nachfolger des Mainzer Ministerpräsidenten Bernhard Vogel zu werden.

Lothar Späths Bemühungen – darunter auch der untaugliche Versuch, den früheren Dresdner SED-Oberbürgermeister Wolfgang Berghofer für eine CDU-Mitgliedschaft zu gewinnen –, doch noch den richtigen Mann für Sachsen zu finden, endeten dann bei Kurt Biedenkopf. Er hatte bereits im November 1989 eine Gastprofessur für Wirtschaftspolitik an der Leipziger Karl-Marx-Universität übernommen. In dieser Funktion knüpfte er zahlreiche Kontakte auch außerhalb der neuen Parteigründung. In der sächsischen CDU hat er sich zu dieser Zeit kaum engagiert. Allerdings hatte er sich während der Personaldebatte bereits mit dem potenziellen sächsischen Ministerpräsidenten Klaus Reichenbach getroffen und ihm für den Fall seiner Wahl die Mitarbeit als Wirtschaftsminister in seinem Kabinett angeboten.

Nun erreichte ihn ein attraktives Angebot. Wieder war es Lothar Späth, der im August 1990 bei ihm anfragte, ob er zu einer Spitzenkandidatur für die Sachsen-CDU bei der Landtagswahl im Oktober bereit sei. Nach nur einer Nacht Bedenkzeit ließ er seinen Förderer wissen, unter einer Bedingung wolle er sich der Herausforderung stellen: wenn ihn die CDU-Gremien in Sachsen einstimmig wählten.

Als mich Klaus Reichenbach über Späths erfolgreiche Kandidatensuche informierte, argumentierte ich ähnlich wie zuvor im Fall Geißler, dass ich – ungeachtet meiner persönlichen Differenzen mit Kurt Biedenkopf – seine Kandidatur unterstützen werde. Auch diesmal war ich überzeugt, dass der frühere CDU-Generalsekretär Biedenkopf alle Voraussetzungen mitbringe, an exponiertester Stelle des neuen Landes Sachsen Politik für Deutschland zu gestalten.

Kurze Zeit später besuchte mich Kurt Biedenkopf in meinem Büro. Bei diesem Gespräch, das eine gute Stunde dauerte, sagte ich ihm jedwede Unterstützung zu. Dieses Versprechen habe ich dann auch durch mein starkes Engagement im nachfolgenden kurzen, aber heftigen Wahlkampf eingelöst. Unsere gemeinsamen Kundgebungen wurden große Erfolge. Die klare, absolute

Mehrheit der CDU in Sachsen am 14. Oktober 1990 hatte sicher auch mit meinem Engagement zu tun.

Sonntag, 28. November 1999

Ich befinde mich in einer gespaltenen Situation. Angela Merkel richtet als Generalsekretärin die dringende Bitte an die früheren Verantwortlichen in der Partei, zur lückenlosen Aufklärung der Spendenaffäre beizutragen. In der Presse wird die Frage gestellt: »Affäre Kiep« jetzt der »Fall Kohl«?
Ich bin innerlich zerrissen. Einerseits stehe ich im Mittelpunkt des ungeheuren Vorwurfs der Bestechlichkeit im Amt. Andererseits erinnere ich mich an die dramatischen Tage vor zehn Jahren, als wir rund um die Uhr in gemeinsamer Arbeit und mit kräftiger Unterstützung unserer Freunde im Ausland das Tor zur deutschen Einheit aufstießen. Genau heute vor zehn Jahren legte ich während der zweiten Beratung des Haushaltsgesetzes 1990 im Deutschen Bundestag das »Zehn-Punkte-Programm zur Überwindung der Teilung Deutschlands und Europas« vor. Im Grunde war es ein Mehrstufenplan zur Wiedervereinigung. Nicht wenige erinnern sich an dieses wichtige historische Datum und sprechen von meiner weitsichtigen politischen Handlungsweise. Doch heute geht es nicht um die Würdigung klugen politischen Handelns in der Vergangenheit, sondern um die Frage, ob ich bestechlich war oder gar ein Krimineller bin.

Montag, 29. November 1999

Heute hatte ich ein intensives Gespräch mit Wolfgang Schäuble zur Vorbereitung der morgigen CDU-Präsidiumssitzung. Mehrfach hat er in Interviews eine lückenlose Aufklärung der Spendenaffäre ohne Ansehen von Personen versprochen. Es brodelt in der Partei, auch wenn ich nachdrücklich jede Kenntnis über

Spenden Schreibers dementiere. Wir verständigen uns auf eine Erklärung für das Parteipräsidium wie für die Öffentlichkeit, in der ich die Gesamtverantwortung für alle Fehler übernehme, die in meiner Amtszeit als CDU-Vorsitzender entstanden sind. Seine Formulierungshilfen sind mir willkommen.

Dienstag, 30. November 1999

In der Präsidiumssitzung gebe ich meine Absicht bekannt, die folgende Erklärung vor der Presse zu veröffentlichen. Die Stimmung im Präsidium ist niedergeschlagen, wir vereinbaren, dass Wolfgang Schäuble und ich gemeinsam vor die Presse treten. Wörtlich erkläre ich:

»1. Nach der Finanz- und Beitragsordnung und dem Statut der CDU Deutschlands verfügt der Bundesschatzmeister über alle Einnahmen der Bundespartei. Die Wirtschaftsprüfer Weyrauch & Kapp GmbH, Frankfurt am Main, waren in diesem Rahmen u.a. mit dem Verwalten von Spendenkonten und den Gehaltszahlungen der Generalsekretärin sowie leitender Mitarbeiter der CDU-Bundesgeschäftsstelle betraut.

2. Ich habe als Parteivorsitzender in meiner Amtszeit die vertrauliche Behandlung bestimmter Sachverhalte wie Sonderzuwendungen an Parteigliederungen und Vereinigungen, z.B. als unabweisbare Hilfe bei der Finanzierung ihrer politischen Arbeit, für notwendig erachtet. Eine von den üblichen Konten der Bundesschatzmeisterei praktizierte getrennte Kontenführung erschien mir vertretbar. Dabei habe ich stets volles Vertrauen in die Weyrauch & Kapp GmbH gesetzt. Dazu gehört auch, dass für mich in meinem gesamten politischen Leben persönliches Vertrauen wichtiger als rein formale Überprüfung war und ist.

3. Ich bedaure, wenn die Folge dieses Vorgehens mangelnde Transparenz und Kontrolle sowie möglicherweise Verstöße gegen Bestimmungen des Parteiengesetzes sein sollten. Dies habe ich nicht gewollt, ich wollte meiner Partei dienen. Angesichts der gegenwärtigen öffentlichen Diskussion gilt es, Schaden von meiner Partei abzuwenden. Dies sage ich mit Blick auf meine Partei, ihre fast 640 000 Mitglieder und die neue Parteiführung. Deshalb ist es mir ein persönliches Anliegen, die politische Verantwortung für hierbei in meiner Amtszeit entstandene Fehler zu übernehmen.
4. Nachdrücklich weise ich jeden Vorwurf – in welcher Form auch immer –, von mir getroffene politische Entscheidungen seien käuflich gewesen, mit aller Entschiedenheit zurück. Jeder, der mich kennt, weiß, dass ich mich ausschließlich der Verantwortung für das Wohl unseres Landes verpflichtet sah und auch weiterhin sehe.«

Mit dieser an eine Selbstbezichtigung grenzenden Erklärung hoffe ich die innerparteilichen Wogen zu glätten und die Kritik der politischen Gegner und in den Medien abzufedern. Ich verstehe mich als Diener der Partei und habe meine Vergehen beim Namen genannt und meine Schuld eingestanden.

Am Abend trete ich zusammen mit dem CDU-Spitzenkandidaten Volker Rühe in der Lübecker Kongresshalle auf. Es geht um die Oberbürgermeisterwahl. Dem Thema Spendenaffäre weiche ich nicht aus und bekenne erneut, Fehler gemacht zu haben, zu denen ich stehe.

Trotz der großen Belastungen und Sorgen an diesem Tag erinnere ich mich am späten Abend an den 30. November vor zehn Jahren. Die Nachricht vom Mord an dem Vorstandssprecher der Deutschen Bank, Alfred Herrhausen, der Opfer eines feigen

Terroranschlags geworden war, hatte uns fassungslos gemacht. Ich weiß noch ganz genau, dass ich mich auf einem Forum der Metall- und Elektroindustrie in Düsseldorf befand, als ich von dem brutalen Mord erfuhr. Die Nachricht hat mich damals tief getroffen, denn wir waren wirklich gute Freunde. Ich verdanke Alfred Herrhausen manchen klugen Rat und aktive Unterstützung in schwierigen Verhandlungen. Dies gilt für mich persönlich, aber auch für unser Land. Herrhausen war ein deutscher Patriot, und der Anschlag galt dem wichtigsten Sprecher der deutschen Wirtschaft, der wesentlichen Anteil am Ausbau der deutsch-sowjetischen Wirtschaftsbeziehungen hatte und mit großem Elan half, Brücken nach Osteuropa zu schlagen. Ebenso war Herrhausen ein leidenschaftlicher Vorkämpfer für die Einigung Europas. Ich erinnere mich noch so genau, als ob es gestern geschehen wäre: Angesichts der unfassbaren und schrecklichen Tat bat ich die anwesenden Unternehmer und die anderen Vertreter aus der Wirtschaft um ein stilles Gebet. Nur wenige Tage vor seiner Ermordung hatten wir bei einem gemeinsamen Abendessen im Bonner Kanzlerbungalow zusammengesessen. Voller Hoffnung und mit großer Zuversicht diskutierten wir über die Zukunft unseres Landes und waren uns ganz sicher, dass der Weg zur deutschen Einheit erfolgreich zu beschreiten sei. Beiden war uns klar, dass vom Prozess der deutschen Einheit auch eine enorme Dynamik für die Einigung Europas ausgehen würde.
Ich bin mir ganz sicher, dass seine Mörder mit ihm auch einen Mann beseitigen wollten, der die politische und wirtschaftliche Entwicklung des geeinten Deutschlands maßgeblich und positiv beeinflusst hätte.

Mittwoch, 1. Dezember 1999

Auch ich erhalte heute ein dreiseitiges Rundschreiben von Wolfgang Schäuble, das an die Landes-, Bezirks- und Kreisvorsitzen-

den der CDU und an die Bundestagsabgeordneten der CDU gerichtet ist. Darin fasst er die Präsidiumssitzung vom Vortag zusammen und beschreibt die schwierige Situation der Partei. Er betont mit großem Nachdruck, dass die CDU alle Verdächtigungen und Vorwürfe zurückweist, die Entscheidungen der von mir geführten Bundesregierung seien käuflich gewesen. Außerdem unterstreicht der CDU-Vorsitzende, dass es völlig absurd sei, mir persönliche Bereicherung vorzuwerfen, und weist entsprechende Presseberichte zurück. Schäuble verspricht rückhaltlose, schnellstmögliche und lückenlose Aufklärung, die konsequent weiterverfolgt werde.
Kein Zweifel, die Diskussion um die Spendenpraxis der CDU während meiner Zeit als Parteivorsitzender wird heftiger. Mein Nachfolger spricht vom »patriarchalischen Stil« seines Vorgängers Helmut Kohl, sagt aber auch, dass sich niemand persönlich bereichert habe.

Donnerstag, 2. Dezember 1999

Mit den Stimmen aller Fraktionen beschließt der Bundestag die Einsetzung eines fünfzehnköpfigen Untersuchungsausschusses »Parteispenden und Waffenhandel« zur Klärung der Finanzaffäre. Untersucht werden soll, ob politische Entscheidungen meiner Regierung käuflich waren: der Verkauf von Spürpanzern an Saudi-Arabien, der Verkauf der Leuna-Raffinerie an den französischen Konzern Elf-Aquitaine, der Verkauf von Airbus-Flugzeugen an kanadische und thailändische Unternehmen sowie die Lieferung von Hubschraubern an die kanadische Küstenwache.

Vor dieser Entscheidung kam es zu einem unangenehmen Telefonat mit Wolfgang Schäuble, den ich nach mehreren Versuchen leider erst im Bundestag erreiche. Folgendes war geschehen:
Am 23. November 1999 wurde der Frankfurter Wirtschaftsprü-

fer und langjährige Finanzberater der CDU, Horst Weyrauch, von der Augsburger Staatsanwaltschaft fast sieben Stunden lang als Zeuge vernommen. Auf Bitten von Hans Terlinden, Hauptabteilungsleiter in der CDU-Parteizentrale, schickte ihm Weyrauch das Protokoll der Zeugenvernehmung. Hans Terlinden informierte mich, dass er das Protokoll von Weyrauch erhalten habe. Ich bat ihn, das Protokoll mir zuzuleiten, und sicherte ihm zu, es unverzüglich an Wolfgang Schäuble weiterzuleiten. Meine Absicht war, ihm am Abend des 1. Dezember anlässlich der Weihnachtsfeier der Fraktion die Unterlagen zu übergeben. Ich ging davon aus, dass wir zumindest kurz darüber in Ruhe sprechen können würden. Leider ergab sich jedoch keine Möglichkeit dazu. Gleich am nächsten Tag, also heute vormittag, bemühte ich mich, vor Beginn der Bundestagssitzung mit Schäuble zu telefonieren, doch er war bereits im Plenarsaal. Da erhielt ich einen Anruf von Hans Terlinden, der mir mitteilte, dass der Bundesgeschäftsführer in der Zwischenzeit von Weyrauch erfahren habe, dass Terlinden im Besitz des Protokolls sei. Danach erreichte ich Wolfgang Schäuble auf seinem Platz im Plenarsaal telefonisch. Obwohl ich ihm sofort sagte, dass ich die Schuld an diesem Vorgang trage, dass ich den Fehler begangen habe, hielt er an seiner Meinung fest, dass Hans Terlinden ihn bewusst habe hintergehen wollen. Trotz meiner Einwände verfügt er die fristlose Entlassung von Hans Terlinden. Das hat jetzt eine verheerende Wirkung in der Öffentlichkeit.
Im Kern ging es bei diesem Konflikt um wenige Stunden. Hätte ich Wolfgang Schäuble noch während der Weihnachtsfeier am Abend zuvor oder nachts telefonisch über den Besitz des Vernehmungsprotokolls informiert, wäre die Sache ohne diese Dramatik verlaufen. Ich konnte mir aber auch nicht vorstellen, dass er glauben könnte, Terlinden und ich wollten ihm das Protokoll vorenthalten. Ich hatte nichts zu verbergen oder zu vertuschen. Das Protokoll der Weyrauch-Vernehmung war eine Entlastung für mich. Welches Motiv könnte ich also damit verfolgt haben, es der Parteispitze vorzuenthalten?

Hans Terlinden hat der CDU jahrzehntelang in verschiedenen Funktionen außerordentlich erfolgreich gedient. Seine Aufgaben bewältigte er in großer Treue und Loyalität zur Partei und unter Hintanstellung seiner persönlichen Interessen. Vor allem in den schwierigen Jahren des Aufbaus der Parteistruktur in den neuen Bundesländern hat er für die CDU Übermenschliches geleistet. Er musste großen Ärger und viele Schläge einstecken.
Die Umstände seiner Entlassung sind ohne Beispiel in der Geschichte der Union. Nach der fristlosen Kündigung musste Terlinden das Konrad-Adenauer-Haus um 12 Uhr verlassen und durfte es nicht mehr betreten. Eine Stunde zuvor wurde den Angestellten der Bundesgeschäftsstelle diese Maßnahme in großem Kreis mitgeteilt. Angesichts dieser drastischen Maßnahme mussten viele von ihnen annehmen, dass Terlinden in einen schlimmen Verdacht geraten war. Und das ausgerechnet bei einem Mann, der der Partei immer treu und uneigennützig gedient hat.

Heute Nachmittag hat Wolfgang Schäuble in die Spendendebatte eingegriffen. Im Bundestag erklärt er beiläufig, Karlheinz Schreiber bei einem Sponsorenessen der CDU in Bonn kennen gelernt zu haben. »Ich habe Herrn Schreiber sehr wohl einmal getroffen. Das war es«, sagt er. Dass er 1994 von dem Waffen-Lobbyisten eine 100 000-DM-Spende bekommen hat, verschweigt der Bundesvorsitzende. Ich sehe die Übertragung aus dem Bundestag im Fernsehen und frage mich, warum er vor dem Parlament diese Aussage macht. Ich verstehe Wolfgang Schäuble nicht.

Mittwoch, 8. Dezember 1999

Sondersitzung von Präsidium und Vorstand der CDU im Konrad-Adenauer-Haus. Der Wirtschaftsprüfungsbericht der Firma Ernst & Young gibt einen Überblick über die Sonderkonten, die

Horst Weyrauch für die CDU angelegt hatte. Heftige Diskussionen entladen sich über das Finanzgebaren der Partei. Die Sitzung nimmt einen stürmischen Verlauf. Ich sichere meiner Partei die volle Unterstützung bei der Aufklärung des Konten- und Finanzsystems zu. Verärgerung gibt es bei einigen über einen an alle ehemaligen und heutigen Vorstandsmitglieder versandten Fragebogen, in dem sie Auskunft über ihr Wissen bezüglich der Sonderkonten geben sollen. Angela Merkel begründet dieses Verfahren mit dem Hinweis, es stehe die Glaubwürdigkeit der CDU auf dem Spiel.

Am Nachmittag erreicht mich eine neue Hiobsbotschaft: Der hessische CDU-Generalsekretär Herbert Müller bestätigt Horst Weyrauchs Angaben, wonach die hessische Partei zwischen 1989 und 1991 Vermächtnisse aus dem Ausland über zusammen sechs Millionen DM erhalten hat. Der ehemalige Schatzmeister Prinz zu Sayn-Wittgenstein vermutet, sie könnten von jüdischen Emigranten stammen. Wie kann der frühere Schatzmeister solche abenteuerlichen Behauptungen aufstellen? Niemand von uns, auch ich nicht, hat je von derartigen Vorgängen erfahren.

Am Abend ruft mich der frühere Präsident der EG-Kommission Jacques Delors an, um sich über den neuesten Stand in und um die CDU-Spenden-Affäre zu erkundigen. Im Lauf des Gesprächs erinnert er mich an das stürmische Gipfeltreffen in Straßburg vor genau zehn Jahren. Konkret ging es damals um die Anerkennung des Rechts der Deutschen auf Einheit in freier Selbstbestimmung. Von allen Treffen der Staats- und Regierungschefs der EG und später der EU war die Begegnung in Straßburg die schwierigste während meiner sechzehnjährigen Kanzlerschaft. Es herrschte eine äußerst angespannte Atmosphäre. Die Mehrheit der Kollegen rechnete offenbar damit, dass die Deutschen, vor allem ich persönlich, die Neutralisierung Deutschlands um den Preis der Wiedervereinigung akzeptieren würde. Das hätte den Austritt aus der Nato und damit das Ende der bisherigen Europapolitik innerhalb der Europäischen Gemeinschaft bedeutet. Das Misstrauen war damals fast mit Händen zu greifen. Mit höchster Kraftanstrengung versuchte ich Vorurteile abzubauen und die spürbaren Zweifel an der deutschen Verlässlichkeit zu zerstreuen. Nur mein spanischer Kollege und Freund Felipe Gonzalez hatte keinerlei Zweifel an unserer und meiner Verlässlichkeit.

In einer Verhandlungspause hörte ich rein zufällig, wie die britische Premierministerin Margaret Thatcher ihrem Gesprächspartner sinngemäß sagte: »Zweimal haben wir sie geschlagen, jetzt sind sie wieder da, die Deutschen.«

Nach langwierigen Diskussionen nahmen die Staats- und Regierungschefs der EG schließlich eine Osteuropa-Erklärung an, in der das Recht der Deutschen auf Einheit in freier Selbstbestimmung anerkannt wurde. Allerdings müsse sich der Prozess der Wiedererlangung der Einheit Deutschlands »in die Perspektive der europäischen Integration einfügen«.

Damals war mir am Ende dieser langen Nacht klar, dass in den nächsten Wochen und Monaten noch sehr viel Kraft und politisches Fingerspitzengefühl nötig sein würden, um dieses Misstrauen abzubauen. Aber ich war sicher, wir würden es schaffen.

Samstag, 11. Dezember 1999

Am Vormittag spreche ich im Berliner debis-Haus am Potsdamer Platz auf der Tagung der debis AG »Club of Three« zum Thema »Europa im 21. Jahrhundert«. Vor rund sechzig Vertretern von Politik, Wissenschaft, Wirtschaft und Medien aus Großbritannien, Frankreich und Deutschland entwerfe ich meine Europa-Vision. Endlich kann ich mich mit dem beschäftigen, was unsere Zukunft betrifft. Der Parteispendenkomplex spielt auf dieser Veranstaltung glücklicherweise einmal keine Rolle.

Inzwischen ist mir klar geworden, dass ich in der nun entstandenen Lage dringend eine anwaltliche Interessenvertretung und Betreuung benötige. Nach längeren Diskussionen im kleinen Kreis über denkbare Anwaltskanzleien komme ich zu der Überzeugung, eine Essener Anwaltskanzlei mit der Wahrnehmung meiner Interessen zu beauftragen. Bei einem Besuch in der Kanzlei lerne ich Dr. Stephan Holthoff-Pförtner und einige seiner Kolleginnen und Kollegen kennen. Die äußerst sachlich geführten Gespräche bestärken mich in meinem Gefühl, die richtige Wahl getroffen zu haben. Mein erster Eindruck ist außerordentlich positiv. Ich bin davon überzeugt, dass sich die Anwälte und ihre Mitarbeiter mit großem persönlichem Einsatz um meine Sache kümmern werden.

Montag, 13. Dezember 1999

Die Presse berichtet über eine Erklärung der Bonner Staatsanwaltschaft, gegen mich käme ein Anfangsverdacht wegen Betrugs und Geldwäsche in Betracht. Zehn Anzeigen sollen bereits gegen mich vorliegen. Der öffentliche Druck nimmt zu, zumal neue Verdächtigungen in die Welt gesetzt werden, wonach die Elf-Aquitaine-Gruppe beim Kauf der Leuna-Raffinerie Schmiergelder in Höhe von 85 Millionen DM gezahlt haben soll. Über die Liechtensteiner Firma des französischen Geschäftsmanns André Guelfi sei das Geld an deutsche Parteien geflossen, um den Kauf von Leuna zu befördern. Der französische Präsident François Mitterrand und ich hätten davon gewusst, wird Guelfi weiter zitiert.

Ich lasse die ungeheuren Unterstellungen dementieren. Das Ganze ist eine einzige Lüge, und ich bin sicher, es wird sich als eine gezielte Lügenkampagne herausstellen. Ich habe oft mit François Mitterrand über den Neuaufbau in Leuna gesprochen, und wir waren uns beide einig, dass dieses für die Region lebenswichtige Projekt von französischer Seite entscheidend gefördert

wird. François Mitterrand wollte, dass der größte nicht-deutsche Investor, der sich in der früheren DDR engagiert, aus der Französischen Republik kommt.
Bei diesen Gesprächen ging es nie um Bestechung oder Schmiergelder. Ohne einen einzigen Beleg werden Behauptungen in die Welt gesetzt, die mich und die CDU immer stärker ins Zwielicht bringen sollen.
Auch ein Dementi schafft letztendlich nicht alles aus der Welt. Das Ziel ist klar, es soll etwas an mir hängen bleiben, und sei es noch die absurdeste Unterstellung. Ein Ende der schlimmen Lügen, der bodenlosen Verdächtigungen, spürbaren Verletzungen und der unerträglichen Kriminalisierung ist nicht in Sicht. Tag für Tag lagern Aufnahmeteams vor unserer Wohnung in Berlin und unserem Haus in Ludwigshafen.
Der Druck auch aus der eigenen Partei nimmt zu. Forderungen nach Konsequenzen aus der Spendenaffäre werden von Tag zu Tag lauter. So rät mir der CDU-Fraktionsvorsitzende im Stuttgarter Landtag, Günther Oettinger, den Rückzug aus der aktiven Politik.

An dem kleinen Parteitag in Berlin nehme ich bewusst nicht teil, damit die Delegierten unbefangen über die schwierige Lage der Partei in der Spendenaffäre befinden können. Wolfgang Schäuble startet in seiner Rede überraschenderweise eine Entlastung für mich: Es gebe keinerlei Hinweise darauf, dass Konten der Bundespartei in der Schweiz und in Liechtenstein vorhanden seien. Dasselbe gelte für angebliche Zahlungen von Elf-Aquitaine. Alle Verdächtigungen in dieser Richtung seien absurd. Entscheidungen der Regierung Kohl seien niemals käuflich gewesen. Wer mich kenne, wisse, dass ich niemals in die eigene Tasche gewirtschaftet habe. Ich würde der Kanzler der Einheit bleiben, und die sechzehn Jahre meiner Kanzlerschaft seien gute Jahre für Deutschland und Europa gewesen. Und das, was nicht in Ordnung war, werde aufgeklärt.

Donnerstag, 16. Dezember 1999

Die konstituierende Sitzung des Parlamentarischen Untersuchungsausschusses zur Aufklärung der Spendenaffäre wird von parteipolitischen Streitereien begleitet. Abermals verwahren sich die CDU-Mitglieder im Ausschuss dagegen, dass das Finanzgebaren der Partei zum Gegenstand von Untersuchungen wird. Die Grünen fordern, dass nicht nur das »System Kohl«, sondern das gesamte »System CDU« überprüft werden müsse.
In der Zwischenzeit erfahre ich, dass die rot-grüne Mehrheit des Untersuchungsausschusses nicht bereit ist, mich rasch zu befragen. Angesichts des von allen Seiten zunehmenden Drucks bin ich überzeugt, dass es am besten ist, meine politische Verteidigung in die eigenen Hände zu nehmen. So entschließe ich mich zu einer öffentlichen Erklärung. Dafür suche ich die größtmögliche Plattform, und das kann nur das Fernsehen sein. Das ZDF bietet mir am gleichen Abend einen Fernsehauftritt in der Reihe »Was nun ... ?« an.
Vor einem Millionenpublikum nehme ich zu allen auch heiklen Fragenkomplexen Stellung. Dabei räume ich erstmals öffentlich ein, zwischen 1993 und 1998 Spenden in Höhe von 1,5 bis 2 Millionen DM angenommen zu haben. Ich weigere mich, die Namen der Spender zu nennen, weil sie mich ausdrücklich darum gebeten haben, nicht genannt zu werden. Dafür habe ich mich verbürgt und ihnen mein Ehrenwort gegeben.
Nachdrücklich bekenne ich mich in dieser Fernsehsendung zu meinem Fehler, den Spendenbetrag am Rechenwerk der Schatzmeisterei vorbei in die Parteiarbeit gesteckt zu haben. Ich unterstreiche noch einmal, dass ich von den Kontenbeziehungen und -gestaltungen der CDU-Schatzmeisterei nie etwas gewusst und erst recht nichts damit zu tun gehabt habe.
Ich wollte mit diesem Fernsehauftritt meine persönliche Integrität unterstreichen. Dass ich nicht käuflich bin, ist für mich die wichtigste Botschaft gewesen. Mein Eingeständnis, Fehler gemacht zu haben, zeugt doch gleichzeitig davon, dass mein Un-

rechtsbewusstsein sehr wohl existiert, das mir von den politischen Gegnern ständig abgesprochen wird.

Freitag, 17. Dezember 1999

Es ist mir nicht leicht gefallen, gestern im ZDF Rede und Antwort zu stehen. Aber die Reaktionen, die ich seitdem erhalten habe, haben mir bestätigt, dass es richtig war. Unter anderem habe ich offen und unmissverständlich Folgendes festgestellt:

In meinem langen politischen Leben, in dem ich als Bundeskanzler, als rheinland-pfälzischer Ministerpräsident oder als Vorsitzender der CDU Verantwortung trug, habe ich nicht eine einzige Entscheidung getroffen, die durch Parteispenden oder sonstige Zuwendungen beeinflusst worden wäre. Ich bin nicht bestechlich. Gleichwohl räume ich auch hier und heute noch einmal ein, dass ich Spenden für die Partei entgegengenommen habe, die dann nicht korrekt in den Rechenschaftsberichten der CDU deklariert wurden. Dies war ein Fehler, den ich eingestehe und bedaure.
Wir als CDU standen gerade in den Jahren nach der deutschen Einheit vor großen Herausforderungen – besonders im Osten Deutschlands. Die PDS besaß einen schlagkräftigen Parteiapparat und verfügte über enorme finanzielle Mittel. Die SPD hatte 70 Millionen DM Wiedergutmachung erhalten für während der NS-Zeit enteignete Vermögenswerte. Sie hatte aus guten Gründen einen rechtlichen Anspruch darauf. Da die CDU nach dem Zweiten Weltkrieg neu gegründet wurde, hatte sie keine solchen Ansprüche. Verglichen mit anderen Parteien war unsere Kassenlage in den Neunzigerjahren sehr schwierig. Wir waren dringlicher denn je auf Parteispenden angewiesen.
Manche Geldgeber haben ihre Spenden nur unter der Bedingung gegeben, dass sie anonym bleiben. Ihre Anonymität war

die Voraussetzung dafür, dass sie überhaupt spendeten. Ich selbst habe solche Beträge entgegengenommen und sie an einen Mitarbeiter der Bundesgeschäftsstelle weitergereicht, damit sie der Parteiarbeit zugute kommen. Niemand sonst von der Parteiführung wusste davon – weder der damalige Generalsekretär Peter Hintze noch sein Vorgänger Volker Rühe und auch nicht der jetzige Parteivorsitzende Wolfgang Schäuble.

Auf diese Art und Weise wurden in den Jahren 1993 bis 1998 insgesamt 1,5 bis 2 Millionen DM für unsere Parteiarbeit zur Verfügung gestellt.

Wenn nun behauptet wird, ich hätte mit Millionenbeträgen meine persönliche Macht in der Partei gesichert, dann ist das purer Unsinn. Mein einziges Motiv als Parteivorsitzender bestand darin, dort zu helfen, wo die Parteiarbeit besonders schwierig war.

Es ist für mich absolut unerträglich, wenn mir mehr oder weniger unverhohlen nachgesagt wird, ich hätte mich als Bundeskanzler »schmieren« lassen. Sowohl bei der Lieferung der Spürpanzer nach Saudi-Arabien als auch beim Verkauf von Leuna-Minol an den französischen Staatskonzern Elf-Aquitaine habe ich – wie bei allen von mir als Bundeskanzler getroffenen Entscheidungen – ausschließlich im Interesse unseres Landes gehandelt.

Was die Lieferung der Spürpanzer nach Saudi-Arabien angeht, so wird dabei vergessen, dass damals eine große Besorgnis bestand, das irakische Regime könnte ABC-Waffen am Golf einsetzen. Beim Spürpanzer handelt es sich um ein gepanzertes Radfahrzeug, das mit Spezialgeräten zur chemischen Analyse von Boden-, Luft- und Wasserproben ausgerüstet ist. Der Spürpanzer ist kein Kampffahrzeug und nicht mit einem Kampfpanzer zu verwechseln.

Hinzu kommt, dass wir zu diesem Zeitpunkt die Zwei-plus-Vier-Verhandlungen, die den Weg zur deutschen Einheit erst geebnet haben, gerade abgeschlossen hatten. Wir standen gegenüber unseren amerikanischen Freunden in einer besonderen Verpflichtung. Die Amerikaner hofften sogar, dass unser Land die Golf-Allianz mit dem Einsatz deutscher Soldaten aktiv unterstützen würde. Dies wollte ich jedoch keinesfalls und lehnte es ab. Um auf andere Weise unserer Loyalitätspflicht nachzukommen, war ich bereit, jede nur denkbare materielle und finanzielle Hilfe zu gewähren. Dies sagte ich auch dem amerikanischen Außenminister James Baker bei seinem Besuch in meinem Privathaus in Ludwigshafen Mitte September 1990. Für mich war klar und entschieden bei diesem Gespräch, dass wir auch Spürpanzer an Saudi-Arabien schicken. Wichtig war mir, diese Entscheidung mit Israel abzustimmen.

Es gab auch einen schwierigen Abstimmungsprozess innerhalb der Bundesregierung, da in den verschiedenen Ressorts zum Teil kontroverse Auffassungen bestanden. Der Beschluss fiel dann im Februar 1991 im Bundessicherheitsrat so, wie ich es von Anfang an wollte.

Erst in diesen Wochen erfuhr ich durch Medienberichte, dass Herr Kiep im August 1991 einen Geldbetrag von einer Million DM in der Schweiz entgegengenommen hatte. Es ist also absurd, diesen Vorgang mit einer Entscheidung in Zusammenhang zu bringen, die ich für mich bereits fast ein Jahr zuvor getroffen hatte.

Auch auf die Gefahr hin, mich zu wiederholen, sage ich es noch einmal: Nach dem Zusammenbruch der DDR standen die Leuna-Werke vor dem Aus. Mein Ziel, das von vielen unterstützt wurde, war es, diesen Chemiestandort mit seinen Arbeitsplätzen unter allen Umständen zu erhalten. Es war sehr schwierig, innerhalb und außerhalb Deutschlands einen Kaufinteressenten für die Privatisierung zu finden. Der einzige wirkliche Interessent, der sich schließlich fand, war die französische Firma Elf-Aquitaine. Ich unterstützte dieses Vorhaben nachdrücklich und bat Präsident François Mitterrand um Unterstützung, die er auch gewährte. Behauptungen, wir seien in diesem Zusammenhang über angebliche Schmiergeldzahlungen informiert gewesen, sind unwahr.

Im Übrigen lag die Zuständigkeit für die Privatisierung von Leu-

na auf deutscher Seite ausschließlich bei der Treuhandanstalt. Mir ging es vor allem um die Arbeitsplätze im Chemiedreieck. Glücklicherweise sind im Gefolge dieser Entscheidungen acht- bis neuntausend Arbeitsplätze geschaffen worden. Darüber bin ich auch heute noch froh.
Hinter der Hartnäckigkeit, mit der falsche Anschuldigungen und Unterstellungen gegen mich vorgetragen werden, verbirgt sich der Versuch, das Bild von Helmut Kohl nachhaltig zu zerstören.
Ich habe mein Leben lang ehrenamtlich für meine Partei gearbeitet, und ich habe in den staatlichen Ämtern alles getan, um unserem Land zu dienen. Vieles, was für die meisten von uns selbstverständlich ist, musste dabei zurückstehen. Vor allem meine Familie musste wegen meiner politischen Arbeit große Opfer bringen und war mir dennoch immer Halt.
Ich weiß, dass ich Fehler gemacht habe. Aber ich werde nicht zulassen, dass mein politisches Lebenswerk durch Kriminalisierung und Verleumdungen zerstört wird.

Sonntag, 19. Dezember 1999

Gerade höre ich, dass der SPD-Obmann im Untersuchungsausschuss, Frank Hofmann, mir mit Beugehaft droht, falls ich die Namen der Spender nicht nenne. Er müsste eigentlich wissen, dass keine Zwangsmittel eingesetzt werden dürfen, wenn die Gefahr besteht, dass sich ein Zeuge durch seine Aussage selbst belastet. Das gilt selbstverständlich für den »Bürger Kohl« genauso wie für jeden anderen, meint die mir gegenüber sonst so feindselige *Süddeutsche Zeitung* in ihrem Kommentar. Beugehaft komme also bei mir schon deswegen nicht in Betracht, weil mir ein Auskunftsverweigerungsrecht zustehe. Das Blatt bescheinigt mir sogar, juristisch sei das Schweigen auf die Frage nach den Spendern in Ordnung.

Arnold Vaatz besucht mich. Mit diesem Bundestagskollegen treffe ich mich gerne, weil er zu den mutigsten und offensten Parteifreunden zählt, die in diesen schweren Zeiten in mein Büro kommen. Arnold Vaatz hat zu DDR-Zeiten Rückgrat gezeigt, als er aus Protest gegen die Zerschlagung der Gewerkschaftsbewegung Solidarnoşc in Polen eine NVA-Reserveübung verweigerte und deshalb zu mehrmonatiger Zwangsarbeit in einem Stahlwerk verpflichtet wurde. Während des Umbruchs in der DDR spielte er als Wortführer in der Bürgerbewegung eine wichtige Rolle.
Der thüringische Bauernsohn und Diplom-Mathematiker erzählt von dem Tag vor zehn Jahren, als er mitten unter Tausenden von Bürgern stand und mich erstmals live erlebte. Zuvor war er bei jenem kleinen Kreis von Oppositionellen gewesen, mit dem ich mich in einem Dresdner Lokal traf.
Die Verhandlungsrunde mit DDR-Ministerpräsident Hans Modrow im »Frankfurter Hof« neben der zerstörten Frauenkirche war damals im Prinzip ergebnislos verlaufen. In Aussicht gestellt wurde lediglich eine Vertragsgemeinschaft der beiden deutschen Staaten für das Frühjahr 1990.
Was sich bei der Ankunft in Dresden bereits abgezeichnet hatte, wurde im Laufe des Tages immer klarer: Ich konnte den Verhandlungsort nicht verlassen, ohne den wartenden Menschen ein Wort zu sagen. Auch meine Mitarbeiter bedrängten mich, eine Rede an die riesige Menschenmenge zu halten. So wurde mit Unterstützung des Dresdner Oberbürgermeisters ein Rednerpult vor der Ruine der Frauenkirche aufgestellt, und ich hielt abends eine der schwierigsten Reden meines Lebens. Angesichts der Begeisterung der vielen tausend Menschen war mir klar, wie wichtig dieser Augenblick war, zumal Kameras von Fernsehstationen aus der ganzen Welt auf mich gerichtet waren. Ich war mir sehr wohl bewusst, dass ein einziger falscher Ton von mir oder aus dem Publikum eine enorme negative Wirkung haben könnte, da ja die Skepsis bei unseren Freunden und westlichen Nachbarn noch weit verbreitet war.

Arnold Vaatz erinnert sich bis heute an Einzelheiten meiner Rede vor den über 100 000 Zuhörern. Unter anderem hätte ich den Menschen zugerufen, dass mein Ziel – wenn die geschichtliche Stunde es denn zulasse – die Einheit unserer Nation bleibe. Brausender Jubel sei daraufhin losgebrochen. Und am Schluss hätte ich der Menge zugerufen: »Gott segne unser deutsches Vaterland!«

Auch ich erinnere mich noch sehr genau an die Schlussszene in Dresden. Ich hatte alle Mühe, meine Rede zu beenden. Niemand machte Anstalten, den Platz zu verlassen. Eine ältere Frau kam auf das Podium, umarmte mich weinend und sagte bei offenem Mikrophon: »Wir alle danken Ihnen!« Dieser Satz wirkte wie ein Signal: Jetzt strömten die Menschen auseinander.

Die Erinnerung an die dramatischen Ereignisse vor zehn Jahren in Dresden und das Gespräch mit dem brillanten Analytiker und unkonventionellen Denker Vaatz helfen mir, die Spendenaffäre ein wenig zu verdrängen. Doch es gelingt nur für kurze Zeit. Ich weiß, dass die SPD keine Beugehaft gegen mich durchsetzen kann. Aber die Tatsache der öffentlichen Androhung – die ihre Wirkung auf die Menschen nicht verfehlt – zeigt mir, zu welchem Hass diese Leute fähig sind.

Dienstag, 21. Dezember 1999

In meinem Berliner Büro erreicht mich eine Anfrage aus dem Konrad-Adenauer-Haus, ob es mir möglich sei, morgen zu einer Sondersitzung des CDU-Präsidiums nach Bonn zu kommen. Wegen einer anderen dringenden Verpflichtung kann ich an der Sitzung aber nicht teilnehmen. Sofort versuche ich, Wolfgang Schäuble telefonisch zu erreichen, um von ihm zu erfahren, was auf dieser Sitzung besprochen werden soll. Doch erst gegen Abend auf der Autobahn bei Darmstadt gelingt es mir, ihn ans Telefon zu bekommen. Auf meine Frage, warum er unmittelbar vor Weihnachten, in dieser aufgeheizten Stimmung, und so kurzfristig eine Präsidiumssitzung einberufe, sagt er lakonisch, dass er das tun müsse, weil eine Gruppe von Präsidiumsmitgliedern es nachdrücklich fordere. Auf meine zweite Frage, was er in dieser Präsidiumssitzung erreichen wolle, erklärt mir Wolfgang Schäuble, dass er vorschlagen werde, das Präsidium möge mich auffordern, unter allen Umständen die Namen der Spender zu nennen. Auf meinen Hinweis, er kenne mich lange genug, um zu wissen, dass ich auf keinen Fall bereit sei, mein gegebenes Wort zu brechen und die Namen zu nennen, meint er, das habe er erwartet. Meine Sturheit sei nicht nur ihm, sondern den Kolleginnen und Kollegen der Parteiführung hinreichend bekannt. Auf meine weitere Frage, welchen Sinn dann noch eine Sondersitzung des Präsidiums mache, entgegnet Wolfgang Schäuble, er werde auf der anschließenden Pressekonferenz den Beschluss des Präsidiums schildern, wonach ich die Namen der Spender nennen solle. Hinzufügen werde er im gleichen Atemzug, dass meine Haltung dazu ja bekannt sei. Nach den langen Jahren unserer Zusammenarbeit sei ihm völlig klar, dass er meine Haltung nicht ändern könne. Ihm bleibe nur, dies zu akzeptieren, zumal er eine Änderung meiner Position nicht erzwingen könne. Ich sage ihm, dass ich mit einer solchen Erklärung von ihm vor der Presse einverstanden sei. Eine Erklärung, wonach die Parteiführung mich auffordert, die Spendernamen zu nennen, in der sie aber auch zur Kenntnis nimmt, dass ich dies nicht tun werde. Ich sage Wolfgang Schäuble ausdrücklich, dass ich gegen diese Formulierung nichts einzuwenden habe.

Am Abend bekomme ich den Hinweis, dass sich CDU-Generalsekretärin Angela Merkel in einem Meinungsartikel, der am morgigen Mittwoch in der *Frankfurter Allgemeinen Zeitung* erscheint, von mir in aller Form distanziert. Diese Nachricht überrascht mich sehr, zumal bei meinem Telefonat mit Wolfgang Schäuble davon keine Rede war. Sollte er von diesem Frontalangriff auf meine Person nichts gewusst haben?

Ich gerate ins Grübeln. Als wir miteinander telefonierten und über Sinn und Zweck der Sondersitzung des CDU-Präsidiums sprachen, lag der Artikel von Angela Merkel der *FAZ*-Redaktion längst druckreif vor. Angesichts des engen Vertrauensverhältnisses zwischen Parteivorsitzendem und Generalsekretärin erscheint es mir undenkbar, dass Wolfgang Schäuble von dieser Aktion nichts gewusst haben soll. Ich bin bestürzt.

Mittwoch, 22. Dezember 1999

Am frühen Morgen wird mir der Beitrag von Angela Merkel in der *FAZ* zugefaxt. Da schreibt Frau Merkel unter anderem: »Die Partei muss also laufen lernen, muss sich zutrauen, in Zukunft auch ohne ihr altes Schlachtross, wie Helmut Kohl sich selbst oft gerne genannt hat, den Kampf mit dem politischen Gegner aufzunehmen.« Oder: »Vielleicht ist es nach einem so langen politischen Leben, wie Helmut Kohl es geführt hat, wirklich zu viel verlangt, von heute auf morgen alle Ämter niederzulegen, sich völlig aus der Politik zurückzuziehen und den Nachfolgern, den Jüngeren, das Feld schnell ganz zu überlassen.«
Das ist die knallharte Aufforderung, möglichst bald alle Ämter niederzulegen. Welche Ämter habe ich noch? Den Ehrenvorsitz der CDU, der mir im November 1998 vom Bundesparteitag auf Lebenszeit zuerkannt wurde. Ich habe mich darum nicht beworben. Und das Bundestagsmandat. Dies endet im Jahr 2002 und wurde mir von den Wählern übertragen. Ich werde es bis zum Ende der Legislaturperiode wahrnehmen, wie ich bereits angekündigt habe. Dies beides, mein Bundestagsmandat und meinen Ehrenvorsitz also, machen mir die Generalsekretärin und ihre Anhänger nun streitig.
Ich rätsele über die Motive, einen solchen Aufsatz zu planen, zu formulieren und dann drucken zu lassen. Dazu gehört eine Menge Zeit und Energie. Dass diejenigen, die in der CDU jetzt Verantwortung tragen, die Zukunft selbst in die Hand nehmen, entspricht auch meiner Meinung; aber warum soll die Partei sich von mir lösen, warum will Angela Merkel den Bruch mit

mir? Ich finde auf diese Frage keine schlüssige Antwort, denn dass es bei einer solch folgenreichen Trennung um die Abnabelung von einem oft zitierten »Übervater« gehen sollte, will mir nicht recht einleuchten.

Das Telefon steht nicht still. Besorgte Parteifreunde rufen an und ermuntern mich, diese offene Kampfansage nicht widerstandslos hinzunehmen.

In einer solchen Situation grübelt man darüber nach, wer es eigentlich ist, der da soeben die endgültige Trennung gefordert hat.
1990 lernte ich Angela Merkel flüchtig kennen. Sie hatte gerade das Amt als stellvertretende Pressesprecherin der neugewählten DDR-Koalitionsregierung unter Ministerpräsident Lothar de Maizière angetreten. Ihr einflussreicher Förderer war Günther Krause, CDU-Landesvorsitzender in Mecklenburg-Vorpommern, CDU-Fraktionsvorsitzender in der Volkskammer, Parlamentarischer Staatssekretär im Amt des Ministerpräsidenten und auf DDR-Seite Leiter der Verhandlungen über den Staatsvertrag über die Währungs-, Wirtschafts- und Sozialunion mit der Bundesrepublik. Günther Krause gehörte zu den leidenschaftlichsten Verfechtern der deutschen Einheit und war in den wochenlangen schwierigen Verhandlungen ein hoch motivierter, sachlich versierter und fairer Partner von Rudolf Seiters und Wolfgang Schäuble. Krause lobte damals schon die junge, strebsame Pressesprecherin, die zu seinem engeren Kreis in Ost-Berlin zählte, in den höchsten Tönen. Er war es schließlich, der Angela Merkel zu einem Bundestagsmandat verhalf, das sie bei der ersten gesamtdeutschen Wahl am 2. Dezember 1990 direkt gewann. Und es war Günther Krause, der seinen Einfluss bei mir geltend machte, um Angela Merkel in die erste gesamtdeutsche Bundesregierung zu berufen. Da ich mich von ihrer Leistungsfähigkeit sehr schnell überzeugen konnte, bot ich ihr schließlich das Ministerium für Frauen und Jugend an.

Auch auf landespolitischer Ebene in Brandenburg oder Mecklenburg-Vorpommern konnte sie sich auf meine nachhaltige Unterstützung immer verlassen. Dass sie als Nachfolgerin von Lothar de Maizière auf dem Dresdner Parteitag 1991 zur ersten stellvertretenden Vorsitzenden der Bundes-CDU gewählt wurde, hatte sie nicht mir allein zu verdanken. Aber ohne mein klares Votum für sie hätte die Seiteneinsteigerin nicht diese beispiellose politische Karriere gemacht.

Als ich sie dann als Nachfolgerin von Klaus Töpfer für das Amt des Bundesministers für Umwelt, Naturschutz und Reaktorsicherheit nominierte, hatte ich wegen ihrer fehlenden umweltpolitischen Erfahrung nicht nur Presse und Opposition gegen mich, sondern musste auch regierungs- wie parteiinterner Kritik begegnen, die meine kleine Regierungsumbildung als glatten Fehlgriff geißelte. Dabei erwies sich die neue Umweltministerin schnell als lernfähige, entscheidungsstarke und auf internationalem Parkett sehr erfolgreiche Persönlichkeit. Über Jahre hinweg unterstützte ich sie in ihrer neuen politischen Verantwortung tatkräftig, so dass sogar Kabinettskollegen hinter vorgehaltener Hand und hinter meinem Rücken maulten, Frau Merkel könne sich bei mir alles erlauben, weil ich an ihr einen Narren gefressen hätte.

Und natürlich habe ich Wolfgang Schäubles Idee, Angela Merkel zur CDU-Generalsekretärin zu berufen, dann uneingeschränkt unterstützt. – Das sind, in aller Kürze, die Stationen unseres gemeinsamen politischen Weges. Mit dem heutigen Tag scheint er zu Ende zu sein.

Abends erfahre ich, dass mich das Präsidium in einer Sondersitzung einstimmig aufgefordert habe, die Namen derjenigen zu offenbaren, die mir Spenden für die CDU gegeben haben. Das Präsidium erwarte, dass ich dieser Bitte nachkomme.

Nach der Präsidiumsitzung sind Wolfgang Schäuble und Angela Merkel vor die Presse getreten. Wolfgang Schäuble erläuterte den Sitzungsverlauf und richtete die dringende Aufforderung an mich, die Spender zu nennen. Anders als in unserem gestrigen Telefongespräch angekündigt, sagte er kein Wort davon, dass er für meine Weigerung, Namen zu nennen, zwar kein Verständnis habe, aber diese Haltung respektieren müsse, weil ich eben so sei, wie ich bin. Von Journalisten gefragt, ob ihm der Artikel von Frau Merkel bekannt sei, gab er keine klare Antwort.

Gerade heute empfinde ich die Diskrepanz besonders stark. Im Parteipräsidium diskutierte man die Trennung von mir und in den Medien sehe ich die Bilder der Öffnung des Brandenburger Tors vor zehn Jahren. Walter ruft mich an, und wir erinnern uns an die denkwürdigen turbulenten Szenen am Brandenburger Tor. Hans Modrow und ich begegneten uns genau in der Mitte des berühmten Wahrzeichens: Modrow kam mit Oberbürgermeister Erhard Krack von der Ost-Berliner Seite, ich mit dem Regierenden Bürgermeister Walter Momper von der West-Berliner Seite. Zu meiner Überraschung meldete das Wachkommando der DDR-Grenztruppen unser Zusammentreffen in bekanntem preußischem Zeremoniell. Trotz des strömenden Regens waren Abertausende von Menschen zugegen, als wir exakt um 15 Uhr das Tor durchschritten. Modrow und ich reichten uns die Hände und ließen zwei weiße Tauben fliegen.
Wie schon bei der großen Kundgebung in Dresden bemühte ich mich, aufkommenden Überschwang zu dämpfen. Ich versicherte, dass wir Frieden und Freiheit wollen und unseren Beitrag zum Frieden in Europa und der Welt leisten werden. An die Tausende Zuhörer appellierte ich, Geduld und Augenmaß aufzubringen für die kommenden Schritte in eine gute Zukunft.
Die Begeisterung kannte keine Grenzen. Von Ost und West schoben sich die Menschenmassen aufeinander zu. Nur mit tatkräftiger Unterstützung der Sicherheitsbeamten konnten wir uns in eins der Wachhäuschen am Brandenburger Tor retten. Der diensthabende Offizier der DDR-Grenztruppen versorgte uns mit heißem Kaffee und schenkte mir seine Dienstmarke zum Andenken.

An diesem Tag wurde für jedermann spürbar und erkennbar, dass die deutsche Einheit zwar noch nicht staatsrechtlich in die Wege geleitet, wohl aber in den Herzen der Menschen vollzogen war. Mir ging es ja selbst nicht anders.

Weihnachten 1999

Wie jedes Jahr verbringe ich die Weihnachtstage im Kreise der Familie im heimatlichen Ludwigshafen. Von beschaulichen Festtagen allerdings kann diesmal keine Rede sein. Ich spüre aus den eigenen Reihen zunehmenden Druck, die Namen der Spender zu nennen. Nach wie vor beschäftigt mich auch die Frage, welche Motive Angela Merkel bewogen haben mögen, mit solcher Härte die schonungslose Aufklärung zu betreiben und mit dem Trennungsschreiben in der *FAZ* den bedingungslosen Bruch mit mir zu wollen. Welche Rolle dabei Wolfgang Schäuble spielte, ist nach wie vor völlig undurchsichtig. Ich kann nicht einfach zur Tagesordnung übergehen und das erschütterte Verhältnis der Partei und ihrer wichtigsten Repräsentanten zu mir ignorieren. Auch die sehr unterschiedliche Resonanz auf den Merkel-Artikel lässt mich nicht los. Ich bekomme viele Anrufe von Freunden und Weggefährten, die meine Einstellung nachvollziehen können und mich ermuntern, bei dem eingeschlagenen Weg zu bleiben und mein einmal gegebenes Ehrenwort einzuhalten.

Am späten Vormittag des ersten Weihnachtsfeiertages ruft mich Wolfgang Schäuble in Ludwigshafen an. Diesen Anruf habe ich erwartet. Wie jedes Jahr wünscht er auch diesmal wieder meiner Familie und mir ein gesegnetes Weihnachtsfest. Ich erwidere die guten Wünsche und warte darauf, dass er von sich aus mindestens zwei offene Fragen klärt. Er fragt, ob ich noch etwas sagen wolle. Daraufhin sage ich, dass ich noch Fragen an ihn habe. Meine erste Frage sei, warum er auf der Pressekonferenz vor

drei Tagen nicht das der Öffentlichkeit mitgeteilt habe, was wir tags zuvor telefonisch verabredet hatten. Außerdem wüsste ich gerne von ihm, ob er den *FAZ*-Artikel der Generalsekretärin vor der Veröffentlichung gekannt habe.
Auf die erste Frage erwidert er, es sei nicht der Wille des CDU-Präsidiums gewesen, Verständnis für mich zu zeigen, und deshalb habe er die mit mir abgesprochene Erklärung unterlassen. Auf die wichtige zweite Frage, ob er den Artikel von Frau Merkel gekannt habe, bleibt er mir die Antwort schuldig.
Es wird immer deutlicher, dass es sich offensichtlich um ein abgesprochenes Spiel mit verteilten Rollen zwischen der Generalsekretärin und dem Parteivorsitzenden handelt. Ich weiß jetzt, auf was ich mich einzurichten habe.
Das Gespräch hat mir klar gemacht, was ich bisher nicht glauben wollte: dass Wolfgang Schäuble den endgültigen Bruch, dass er die Trennung von mir will.

Montag, 27. Dezember 1999

Einen Tag nach Weihnachten registriere ich, dass sich alte Weggefährten schweigend von mir abwenden. Und obwohl innerhalb der CDU die Resonanz auf ihren *FAZ*-Beitrag geteilt ist, bekräftigt Angela Merkel ihre Kritik an mir. Sie habe nichts zurückzunehmen und stehe zu jedem Wort, das sie geschrieben habe. Solche Sätze klingen wie Angriffe aus dem Lager des politischen Gegners. Dass man heute so die innerparteiliche »Streitkultur« in der CDU zu pflegen scheint, wundert nicht nur mich.

Nicht weiter verwunderlich dagegen ist Gerhard Schröders Frontalangriff. Er wirft mir ein gefährliches Staats- und Verfassungsverständnis vor. Sein Vorwurf berührt mich nicht sonderlich, denn angesichts miserabler Umfrageergebnisse will er natürlich jetzt meine Schwäche, die Schwäche der CDU, ausnützen, um einen Vorteil für seine Partei und seine eigene wenig

überzeugende Politik herauszuschlagen. Mit zwei Vorschlägen prescht mein Nachfolger vor: Eine Konsequenz aus der Parteispendenaffäre solle eine Begrenzung der Amtszeit des Bundeskanzlers sein, und Verstöße gegen das Parteiengesetz sollten in Zukunft als Straftat geahndet werden.
Wenn Schröder von Verfassungsverständnis spricht, erinnere ich ihn gerne an die Präambel des Grundgesetzes, die er in den Achtzigerjahren völlig aus den Augen verloren hatte: »Das ganze deutsche Volk bleibt aufgefordert, in freier Selbstbestimmung die Einheit und Freiheit Deutschlands zu vollenden.« Dazu hat er keinen Beitrag geleistet, im Gegenteil. Er gehörte zu jenen führenden Sozialdemokraten, die die deutsche Einheit längst aufgegeben hatten und nicht nur bereit waren, sich mit der Zweistaatlichkeit abzufinden, sondern denen SED-Funktionsträger politisch oftmals näher standen als Repräsentanten der Parteien in der Bundesrepublik, die sich als Hüter des Grundgesetzes verstanden. So sagte der heutige Bundeskanzler im Juni 1989, nur fünf Monate bevor die Mauer fiel: »Nach vierzig Jahren Bundesrepublik sollte man eine neue Generation in Deutschland nicht über die Chancen einer Wiedervereinigung belügen. Es gibt sie nicht.«

Mittwoch, 29. Dezember 1999

Die Bonner Staatsanwaltschaft teilt mit, sie werde gegen mich als früheren CDU-Bundesvorsitzenden und Bundeskanzler ein Ermittlungsverfahren wegen des Verdachts der Untreue einleiten. Sie habe aufgrund mehrerer Strafanzeigen geprüft, ob die Parteispendenaffäre Anlass zur Einleitung eines Ermittlungsverfahrens gegen mich biete. Für eine Reihe von mir unterstellten und zum Teil auch öffentlich vorgeworfenen Straftatbeständen treffe das nicht zu: Weder für Betrug noch für Geldwäsche noch für Meineid hätten sich Anhaltspunkte ergeben. Hingegen bestehe nach Auswertung der verfügbaren Quellen

der Anfangsverdacht einer Untreue zum Nachteil der CDU-Bundespartei.
Es ist nicht zu glauben, wer sich alles berufen fühlt, Strafanzeige zu erstatten. Natürlich kann sich jeder Bürger an die Staatsanwaltschaft wenden. Aber was bewegt jemanden, wegen eines von mir zugegebenen und wiederholt öffentlich bekannten Fehlers mich angeblicher Delikte zu bezichtigen, die mit den Tatsachen nicht das Geringste zu tun haben? So wenig solche Unterstellungen bewirken, eines erreichen sie doch: Sie tragen zur Herabsetzung und zur Kriminalisierung meiner Person bei. Das wünsche ich niemandem.
Zu den staatsanwaltschaftlichen Ermittlungen wegen des Anfangsverdachts der Untreue zum Nachteil der Bundespartei erkläre ich, dass ich diese Maßnahme mit Bedauern zur Kenntnis nehme, aber mein Vertrauen in die Arbeit der Staatsanwaltschaft setze und bereit bin, mit allen mir zur Verfügung stehenden Mitteln die Arbeit der Ermittlungsbehörden unterstützend zu begleiten.

Silvester 1999

Ein Jahreswechsel der besonderen Art. Zum ersten Mal seit vielen Jahren sind Hannelore und ich nicht in Ludwigshafen, sondern in Berlin. Wir folgen bewusst der Einladung von Freunden, um uns zumindest für einige Stunden ablenken zu lassen von der sehr bedrückenden Situation. Dass gegen mich ermittelt wird und einige in der Partei, die ich über fünfundzwanzig Jahre erfolgreich führen durfte, den Bruch mit mir offensichtlich bewusst in Kauf nehmen, lässt sich nicht so leicht wegstecken.
Im Festzelt neben dem Reichstag spüre ich die Zuneigung vieler Menschen, langjähriger Weggefährten und Freunde, aber auch völlig fremder Gäste, die zu mir halten und hinter mir stehen. Ich spüre auch, wie sehr Hannelore unter den Umständen leidet, wie sehr ihr die letzten Wochen zugesetzt haben. Ich versuche,

sie in der Silvesternacht an schönere, bessere Zeiten zu erinnern. Beispielsweise an die Silvesternacht vor zehn Jahren, als wir gerade bei den ersten gesamtdeutschen Wahlen so erfolgreich abgeschnitten hatten und die Regierungsverantwortung für das erstmals vereinte Deutschland übernehmen konnten. Welch eine Stimmung herrschte damals, welche Euphorie in den Unionsparteien! Und heute? Selten zuvor habe ich Hannelore zur Begrüßung des neuen Jahres so innig und fest in die Arme geschlossen.

2000

Sonntag, 2. Januar 2000

Der Alltag hat mich wieder. In der *Bild am Sonntag* lese ich ein Interview mit Wolfgang Schäuble: Die CDU solle sich nicht länger durch die Diskussion um die Parteifinanzen und das Ermittlungsverfahren gegen mich paralysieren lassen, sondern stattdessen die politische Auseinandersetzung mit der Bundesregierung wieder aufnehmen. Es gebe keinen Grund, sein Verhältnis zu mir als zerrüttet zu betrachten. Zwar sei er sich mit dem CDU-Präsidium einig, man könne mich aber nicht zwingen, die Namen der anonymen Spender zu nennen. Meine Lebensleistung dürfe trotz allem nicht in den Hintergrund gedrängt werden. Der hessische Regierungschef Roland Koch werde mit seiner Auffassung Recht behalten, dass in dreißig Jahren Hunderte von Straßen und Plätzen in Deutschland nach Helmut Kohl benannt sein würden.

Zu Angela Merkels Artikel in der *FAZ* sagt Wolfgang Schäuble, er hätte ihn so nicht geschrieben. Es gebe zwischen ihm und der Generalsekretärin hie und da Akzentunterschiede, doch sie beide seien nicht auseinander zu dividieren. Von einem Konflikt zwischen ihr und ihm könne nicht die Rede sein. Angela Merkels Artikel habe in der Substanz nur das widergespiegelt, was gemeinsame Überzeugung in der gesamten CDU sei: dass Helmut Kohls Erbe um so unbeschädigter zu bewahren sei, je umfassender aufgeklärt werde.

Für den Druck, den die Medien zur Aufklärung der Affäre aufbauen, äußert der CDU-Vorsitzende Verständnis. Andererseits, so Schäuble, dürfe aber der Zwang zur Aufklärung nicht alles andere verdrängen. Die Opposition habe die Pflicht, die politische Auseinandersetzung weiterzuführen. Schließlich könne man ihm keine Verharmlosung der Affäre vorwerfen. An der Grundidee seines Kurses werde sich darum nichts ändern: aufklären, sicherstellen, dass sich Vergleichbares nicht wiederholt, die Konsequenzen tragen. Er sei aber dagegen, dass jetzt alles »hysterisiert« werde, denn die Spendenaffäre sei nicht die Affäre des Jahrhunderts. Die Union habe es in der Hand, so Schäuble, ob sie sich von selbstgemachter Resignation anstecken lasse oder wieder verstärkt über Inhalte streite.

Nach allem, was zwischen den Feiertagen passiert ist, bin ich überrascht. Dieses Interview finde ich in weiten Teilen konstruktiv und für die CDU richtungweisend. Wenn diese Äußerungen verbindlich gemeint sind und die Linie beschreiben, die Wolfgang Schäuble jetzt mit Kraft verfolgen will, bin ich zufrieden und kann damit durchaus leben. Er weiß, wie die meisten politisch interessierten Bürger in der Bundesrepublik, dass ich einen schweren Fehler gemacht habe, für den ich mich in aller Form entschuldigt habe. Für diesen Fehler habe ich viel Kritik erhalten. Nach unserem letzten Telefonat an Weihnachten ist dieses Interview für mich ein gewisser Lichtblick in unserer zerbrochenen Beziehung. Vielleicht denkt er so wie ich, und wir kommen uns doch wieder näher. Ich wäre bei allen Enttäuschungen, Verletzungen und Ungereimtheiten dazu bereit.

Montag, 3. Januar 2000

Die Bonner Staatsanwaltschaft eröffnet ein Ermittlungsverfahren gegen mich; der Beschluss wird mir zugestellt. Damit habe ich gerechnet. Für meine Frau ist das Ganze ein Schock. Auch meine Kinder und ihre Familien sind sehr betroffen. Sie müssen erleben, wie sehr sie in ihrem persönlichen und beruflichen Alltag durch den Namen Kohl jetzt negativ abgestempelt sind. Während die Einrichtung eines Parlamentarischen Untersuchungsausschusses noch als Plattform der politischen Auseinandersetzung gelten mochte, hat diese öffentliche Erklärung der Staatsanwaltschaft viel gravierendere Wirkungen und stellt mich und meine Familie vor stärkere psychische Probleme.

Auch wenn ich damit gerechnet habe, wühlt es mich innerlich doch sehr auf, dass man mich der Untreue zum Nachteil der CDU verdächtigt. Nun stehe ich am Pranger, und meine Fehler werden genüsslich und mit großem Aufwand in allen Medien nachgezeichnet. Die Reaktion in der Union ist katastrophal; es besteht sogar die Gefahr, dass der erbitterte Streit zwischen »Aufklärern« und »Kohlianern« zur Lähmung der Partei führen kann. Darum mache ich mir große Sorgen, obwohl ich zu allererst an mich selbst denken sollte.
Mir wird von Tag zu Tag klarer, dass meine Position, die Namen der Spender nicht zu nennen, von einem Großteil der eigenen Partei nicht verstanden wird. Einerseits finde ich zwar Verständnis für meine Haltung, andererseits trifft sie aber auf scharfe Ablehnung. Die Existenz dieser beiden Lager wird durch unzählige Briefe und Telefonate augenfällig, wobei die mir gegenüber geäußerte Zustimmung bei weitem überwiegt. Es kommen auch viele Besucher, von denen ein Teil meine Position akzeptiert, während andere nicht begreifen wollen, warum ich die Namen der Spender nicht nenne. Deutlich spüre ich das Abrücken vieler Zeitgenossen von mir nach dem Motto, der Löwe ist nicht nur gestrauchelt, sondern er wird bald verenden. Jetzt kann man ihm noch einen letzten Tritt verpassen, aber so nahe, dass man den Leichengeruch noch mitbekommt, will man ihm auf keinen Fall sein.
Was ich in den ersten Tagen des neuen Jahres, des neuen Jahrtausends, erlebe, ist alles andere als angenehm. Doch wer mich wirklich kennt, weiß, dass ich auch in angeschlagenem Zustand Kampfeswillen aktivieren und Stehvermögen beweisen kann. So schnell werde ich nicht aufgeben, so schnell werde ich für die innerparteilichen wie für die politischen Gegner das Feld nicht räumen. Hoffentlich bleiben mir auch weiterhin die Nervenstärke und das Durchhaltevermögen erhalten.

Das neue Jahr ist gerade mal drei Tage alt, da meldet sich, wie nicht anders zu erwarten, Kurt Biedenkopf zu Wort. In einem

Spiegel-Interview äußert der sächsische Ministerpräsident Zustimmung zum Artikel von Angela Merkel in der *FAZ*: Zur Debatte stehe die Frage, ob es richtig gewesen sei, einen Teil der Parteienfinanzierung so zu gestalten, wie ich es getan habe, und welche rechtlichen Folgen dies alles haben könne. Die öffentliche Diskussion belaste nicht nur mich, sie belaste auch die CDU. Der Merkel-Beitrag finde seine uneingeschränkte Unterstützung. Angela Merkel sei damit ihrer Aufgabe als Generalsekretärin vorzüglich gerecht geworden. Auch finde sie große Zustimmung dafür in der Partei. Biedenkopf räumt ein, es sei schwierig für die CDU, aus dem Schatten eines Mannes zu treten, der die Partei fünfundzwanzig Jahre bestimmt habe. Aber dieses Heraustreten sei notwendig – nicht meinetwegen, sondern wegen der Zukunft der Union. Die Spendenfrage habe die Neuorientierung der Union dynamisiert. Es sei darüber hinaus tatsächlich notwendig, so Biedenkopf, sich aus den Denkgebäuden, aus den Verhaltensstrukturen, aus dem Politikverständnis einer zutiefst von mir geprägten Zeit zu lösen. Bei Schäuble und Merkel wisse er die CDU in besten Händen.
Dass Biedenkopf mit mir abrechnen will, während er gleichzeitig die Generalsekretärin lobt, die den Bruch zwischen der Partei und mir propagiert, überrascht mich nicht. Die gemeinsame Zeit, das einvernehmliche politische Agieren zwischen ihm und mir war von kurzer Dauer gewesen. Dabei hatte alles so harmonisch begonnen: Vorsichtig tastete Biedenkopf sich an das Politikgeschäft heran. Der frühere Hochschulrektor wirkte zunächst wie ein Gast in unseren Kreisen, tat sich schwer mit der Partei, von der er so gut wie nichts verstand. 1973 von mir zum CDU-Generalsekretär berufen, entwickelte er sich dann rasch zum starken Mann. Doch schon drei Jahre nach seiner Berufung waren Absetzbewegungen spürbar; zugleich aber tat er offiziell immer so, als ob er fest hinter mir stehe. Dabei konspirierte er nach 1976 bei jeder sich bietenden Gelegenheit mit Franz Josef Strauß und anderen parteiinternen Kritikern. Trotzdem setzte er sich 1976 entschieden für meine Kanzlerkandidatur ein. Da-

mit stemmte er sich für kurze Zeit – zumindest nach außen – gegen Strauß, der meine Kandidatur verhindern wollte. Als ich dann als Oppositionsführer nach Bonn wechselte, war Biedenkopf der Meinung, nun sei kein Platz mehr für uns beide. Ich bräuchte keinen Generalsekretär mehr, weil ich in den meisten Parteiangelegenheiten mein eigener Generalsekretär sei. Er verabschiedete sich 1977 aus der Bundespartei und konzentrierte sich auf die CDU im Land Nordrhein-Westfalen, um die Macht an Rhein und Ruhr zu erobern. Ich sagte ihm meine uneingeschränkte Unterstützung zu, obwohl unsere Beziehung immer schwieriger wurde.

Ebenfalls im Januar eines neuen Jahres, 1979, deckte Kurt Biedenkopf in einem 24 Seiten langen Memorandum die Führungsschwächen der CDU auf und forderte unverhohlen eine Ämtertrennung von Partei- und Fraktionsvorsitzendem. Sein fast schon mit wissenschaftlicher Akribie untermauerter Vorstoß lief darauf hinaus, auch indirekt meinen Anspruch auf die Kanzlerkandidatur 1980 in Frage zu stellen. Freundlicherweise überließ er mir die Wahl, welches der beiden Ämter ich künftig übernehmen wolle. Seine Initiative verstand ich sehr rasch auf die einzig mögliche Weise, dass nämlich er der General sein wollte, während ich der Sekretär sein sollte. Der »brillante Ideenproduzent und scharfsinnige Analytiker«, wie Biedenkopf gern von seinen journalistischen Verehrern charakterisiert wird, stieß bei mir jedoch auf wenig Gegenliebe und fand auch in keinem Parteigremium der CDU eine wirkliche Unterstützung.

Die Kanzlerkandidatur von Franz Josef Strauß 1980 unterstützte der »Querdenker« dann. Zumindest erweckte er damals diesen Eindruck, vor allem bei Strauß selbst.

Im Nachhinein finde ich es selbst erstaunlich, dass ich trotz dieser Gegner Bundeskanzler geworden bin und dass ich den Putsch auf dem Bremer Parteitag 1989 und vieles andere mehr überstanden habe. Kurt Biedenkopf scheint im Lauf der Jahre immer mehr zu der Erkenntnis gelangt zu sein, dass es eine Schande sei, dass nicht der seiner Meinung nach in jeder Hin-

sicht qualifiziertere Kurt Biedenkopf Bundeskanzler geworden ist, sondern dass ich über sechzehn Jahre lang die Richtlinien der Politik bestimmen konnte. Und das auch noch nachweislich mit großem Erfolg.
Dieses Interview im *Spiegel* zeigt, dass er die Rachegefühle nicht verbergen kann, die sich über viele Jahre bei ihm aufgestaut haben.

Dienstag, 4. Januar 2000

Einst gefeiert, jetzt gejagt von den politischen Gegnern, von Teilen der Medien, den parteiinternen Kritikern, zum Teil sogar von ehemaligen Freunden. So ist meine Situation. Man frage mich bitte nicht, wie das auszuhalten ist. Es ist ein traumatisches Erlebnis. Die Zahl der so genannten guten Freunde sinkt täglich. Glücklicherweise erfahre ich auch wirkliche neue Freundschaften, die mir zeigen, dass ich nicht alleine bin. Die Distanz in der Partei jedoch nimmt zu, und in Umfragen, in den tief gesunkenen Sympathiewerten und in der täglichen Post zeigt sich die Ablehnung in der bundesdeutschen Gesellschaft. Vertreter so genannter gesellschaftlicher Gruppen meiden mich. Repräsentanten der deutschen Wirtschaft, allen voran die großen Bosse, die viele Jahre um meine Gunst bemüht waren, versuchen sich in großer Geschwindigkeit von mir zu distanzieren und zu neuen Ufern zu gelangen. Es könnte einem übel werden.

Mittwoch, 5. Januar 2000

Der stellvertretende Fraktionsvorsitzende der CDU/CSU Michael Luther fordert mich auf, mein Abgeordnetenmandat niederzulegen, um einem Jüngeren Platz zu machen. Diese Forderung eines Abgeordneten aus den neuen Bundesländern ist

ärgerlich und schmerzlich zugleich. Wenn rot-grüne Abgeordnete mich aus der Öffentlichkeit verbannen wollen, muss ich es zur Kenntnis nehmen und mich dagegen zu wehren versuchen. Wenn sich aber ein Politiker aus den eigenen Reihen auf diese Weise profilieren will, empfinde ich das als schäbig. Generalsekretärin Merkel lässt wissen, sie teile Luthers Meinung nicht, und der Parlamentarische Geschäftsführer der CSU-Landesgruppe Peter Ramsauer bezeichnet diese Bemerkungen als politisch geschmacklos und unklug.
Meine äußerst schwierige Lage würde sich ohne Mandat weiter verschlechtern. Schließlich bin ich für vier Jahre gewählt. Meine Auftritte vor dem Untersuchungsausschuss müssen intensiv vorbereitet werden.

Freitag/Samstag, 7./8. Januar 2000

Klausurtagung des CDU-Bundesvorstands, diesmal in Norderstedt. Vor vielen Jahren habe ich diese Veranstaltung eingeführt, um in entspannter Atmosphäre zwei Tage lang über unsere mittel- und langfristige Politik zu beraten. Es schien mir wichtig, endlich einmal ohne Termindruck zusammen zu sein und ausgiebige Gespräche zu führen. Beabsichtigt war dabei immer auch, eventuell vorhandene Missverständnisse auszuräumen, aufgestaute Vorurteile abzubauen, Verkrampfungen untereinander zu lösen, wenn möglich Ecken und Kanten ein wenig abzuschleifen.
Ich habe lange überlegt, ob ich an der Klausurtagung in Norderstedt teilnehmen soll. Schließlich bin ich aber zu dem Ergebnis gekommen, dass es in der jetzigen Situation besser ist, dem Treffen fernzubleiben, damit ohne mein Beisein offen über alles geredet werden kann, vor allem natürlich über alles, was mich und die Parteispendenaffäre betrifft.
Die Klausurtagung wird von Spekulationen über Intrigen in der Führungsspitze überschattet. Gerüchte um eine angebliche Ab-

lösung Schäubles durch Jürgen Rüttgers, den CDU-Landesvorsitzenden in Nordrhein-Westfalen, werden kolportiert. Wie inzwischen üblich geworden, versucht man, mich in diese Intrigen einzubinden. Ich dementiere nachdrücklich: Ich habe damit nichts zu tun und das Ganze ist völlig abwegig. Dennoch gehen die Gerüchte weiter.

Sonntag, 9. Januar 2000

In einem heute veröffentlichten Interview mit der *Welt am Sonntag* bekräftige ich erneut meine Position: Ich habe Wolfgang Schäuble als Parteivorsitzenden vorgeschlagen und unterstütze ihn nachdrücklich in seinem schwierigen Amt. Alle Versuche, mich gegen ihn auszuspielen, weise ich mit Entschiedenheit zurück. Es gibt keine zwei Lager in der Parteiführung, und ich kenne auch niemanden, der eine derart törichte Entwicklung befürworten würde. Ich erkläre, dass ich überall dort, wo es gewünscht wird, mitzuarbeiten gedenke. Die CDU ist meine politische Heimat. Ihr verdanke ich sehr viel, und das werde ich auch nicht vergessen. Wolfgang Schäuble selbst habe die Einheit der Partei beschworen, sage ich, und Gerüchte über einen Machtkampf zurückgewiesen. Demonstrativ habe er seinen Führungsanspruch bekräftigt; ich glaube, dass er ein sehr guter Vorsitzender ist.

Montag, 10. Januar 2000

Für Wolfgang Schäuble gibt es keine Alternative zu den innerparteilichen Aufklärungsbemühungen, erklärt er im *Spiegel*-Gespräch. Verstöße gegen das Parteiengesetz, die ich eingeräumt habe, müssten so weit wie möglich aufgeklärt und entsprechende Konsequenzen gezogen werden. Der Weg – auch wenn er noch so bitter sei – bleibe alternativlos. Die CDU stünde vor der schwierigen Aufgabe, Aufklärung der Spendenaffäre und Bewahrung meiner Lebensleistung zusammenzubringen.

Zur allgemeinen Überraschung gibt Wolfgang Schäuble abends in einer Fernsehsendung der ARD zu, 1994 von dem Geschäftsmann Karlheinz Schreiber eine Spende in Höhe von 100 000 Mark in bar entgegengenommen zu haben. Warum er den heutigen Tag zu diesem Eingeständnis gewählt hat, kann ich nicht verstehen. Natürlich sorgt seine Äußerung zwei Tage nach dem Spitzentreffen der CDU in Norderstedt für große Aufregung.
Dass ich erst 1997 von dieser Schreiber-Spende vertraulich informiert wurde, habe ich bereits erwähnt, allerdings weiß ich nicht mehr, von wem diese Information stammte, ob von Brigitte Baumeister, der Schatzmeisterin, oder von Wolfgang Schäuble selbst. Sicher ist, dass ich 1997 mit ihm ausführlich darüber sprach. Seinerzeit war ich sehr betroffen, dass mir Wolfgang Schäuble von diesem Vorgang 1994 nichts gesagt hatte. Bei unserem damaligen sehr engen persönlichen Verhältnis und unseren außerordentlich häufigen Begegnungen wäre es ein Leichtes gewesen, mich unmittelbar nach Empfang der Spende darüber zu informieren. Gleichwohl machte ich ihm 1997 keinerlei Vorwürfe. Wir verloren dann lange Jahre nie wieder ein Wort darüber. Der Vorgang wurde erst dann wieder ein Thema, als er zu mir kam und wir die Nachricht erörterten, dass Walther Leisler Kiep im Zusammenhang mit einer Spende des Waffenhändlers Karlheinz Schreiber von über einer Million DM mit Haftbefehl gesucht wurde.
Im Anschluss an das Schäuble-Interview sendet die ARD ein Live-Gespräch mit Karlheinz Schreiber aus Kanada. Der bestätigt die 100 000-DM-Spende an Schäuble, widerspricht ihm allerdings, was die Umstände der Geldübergabe angeht. Jetzt ist es also öffentlich, dass Wolfgang Schäuble in seiner Bundestagsrede Anfang Dezember 1999 nicht korrekt geantwortet hatte, als er erklärte, Schreiber bei einem Sponsorenessen der CDU

lediglich kennen gelernt zu haben. Die Reaktionen in der Union und in der deutschen Öffentlichkeit sind verheerend.

Montag/Dienstag, 10./11. Januar 2000

Noch am Montagabend bin ich mit der polnischen Fluggesellschaft LOT von Frankfurt nach Wroclaw, dem früheren Breslau, geflogen. Grund meiner Reise nach Schlesien ist die Verleihung der Ehrendoktorwürde der Päpstlich-Theologischen Fakultät. Vergeblich hatte ich darum gebeten, die Auszeichnung angesichts meiner derzeitigen Situation zu verschieben. Doch bat mich die polnische Seite, den seit langem festgelegten Termin einzuhalten.

Es gibt viele positive Erfahrungen: die Begegnung mit jungen Theologiestudenten, das Abendessen im Priesterseminar mit anschließender lebhafter Diskussion zum Thema »Polen als integraler Bestandteil der Europäischen Union«, der Gottesdienst in lateinischer Sprache im Dom zu Breslau mit einem Chor, der den gregorianischen Gesang perfekt beherrscht. Wirklich störend sind die vielen Kamerateams, die alles andere im Sinn haben, als über meine Anwesenheit bei dem katholischen Gottesdienst oder über die jüngste Ehrendoktorwürde für den Ex-Kanzler zu berichten.

Als Gastredner zur Verleihung der Ehrendoktorwürde ist zu meiner Freude der frühere polnische Ministerpräsident Tadeusz Mazowiecki eingeladen, den ich in den Wendejahren 1989/90 als schwierigen Verhandlungspartner kennen gelernt hatte. Der überzeugte Katholik war der erste nichtkommunistische Regierungschef seit Kriegsende in Polen. Heute erinnert er an die schwierigen Phasen deutsch-polnischer Beziehungen. Die Wege zur deutschen Einheit wurden von Polen aus immer kritisch gesehen, und die Anerkennung der Oder-Neiße-Grenze als Westgrenze Polens war für Warschau die Grundvoraussetzung für ein gedeihliches Nebeneinander. Dabei war das Schicksal der

Vertriebenen von großer Bedeutung. Es darf nicht vergessen werden, dass Millionen unschuldiger Flüchtlinge ihre Heimat verloren und für Schandtaten der Nazis ihr Leben lang leiden mussten. Dass Bundestag und DDR-Volkskammer im Sommer 1990 in einer gleichlautenden Erklärung die Oder-Neiße-Grenze als endgültige polnische Westgrenze anerkannten und der Bundesrat diese Erklärung einen Tag darauf bestätigte, gehört zu den schwierigen innenpolitischen Entscheidungsprozessen in der Wendezeit. 1989/90 gab es in der Unionsfraktion eine Minderheit von Kolleginnen und Kollegen, die dagegen stimmten. Für die Sozialdemokraten war das eine gute Gelegenheit, um Unruhe in die Union, in das Verhältnis zwischen CDU und CSU hineinzutragen und um weite Teile der Vertriebenenverbände, die sich zur Anhängerschaft der Union rechnen, zu verunsichern und gegen mich aufzustacheln. Auch in der FDP machten viele dieses Spiel mit.

Mir war völlig klar, dass die endgültige Entscheidung über die Anerkennung der Oder-Neiße-Grenze getroffen werden musste. Ich war immer gegen jede Form von Vorleistung, bevor nicht eindeutig feststand, dass die deutsche Einheit tatsächlich für uns erreicht werden konnte. Das war ein ganz entscheidendes Argument, um die Zustimmung vieler Kolleginnen und Kollegen im Bundestag, vieler Bürgerinnen und Bürger im Land zur Grenzziehung zu gewinnen. Sie argumentierten mit Recht, dass mit der Vollendung der deutschen Einheit die Westgrenze Polens endgültig gezogen sein werde.

In diesem Zusammenhang muss ich den damaligen Bundespräsidenten Richard von Weizsäcker erwähnen, der hinter meinem Rücken bei unseren westlichen Freunden immer wieder den Eindruck zu erwecken versuchte, ich wolle diesem Thema ausweichen. Das habe ich nie gewollt, aber die komplizierte Lage in unserer Partei, in deren Reihen eine große Anzahl Vertriebener ihre politische Heimat gefunden hat, erforderte meine ganz besondere Sensibilität.

Mittwoch, 12. Januar 2000

Nach Wolfgang Schäubles Fernsehgeständnis, vom Waffenlobbyisten Karlheinz Schreiber 100 000 DM in bar erhalten zu haben, gibt es Spekulationen, dass er vom Amt des CDU–Bundesvorsitzenden zurücktreten könnte. Der Schock, den Schäubles Fernsehauftritt bewirkt hat, ist in der Union allenthalben spürbar. Jetzt wird die Frage nach Schäubles Glaubwürdigkeit aufgeworfen. Warum er den brisanten Sachverhalt erst zu einem so späten Zeitpunkt öffentlich gemacht hat, wird nirgends erklärt.

Freitag, 14. Januar 2000

Die frühere Schatzmeisterin Brigitte Baumeister äußert sich heute erstmals zu Wolfgang Schäubles Erklärung wegen der 100 000-DM-Spende von Herrn Schreiber. Sie weist darauf hin, dass sie mich ihrer Erinnerung nach 1997 darüber informiert habe.

Wie eine Bombe schlägt die öffentliche Erklärung von Manfred Kanther, dem langjährigen Vorsitzenden der hessischen CDU, ein, dass er gemeinsam mit dem Landesschatzmeister in den Achtziger- und Neunzigerjahren Millionenbeträge auf einem Schwarzkonto in der Schweiz geparkt und später als Erbschaft getarnt zurückgeholt hat. Erst in den letzten Wochen habe ich zum ersten Mal von Geldreserven der hessischen CDU in der Schweiz gehört. Ein unfassbarer Vorgang.
Mir ist klar, dass die Spendenaffäre der CDU mit den schweren Vergehen in Hessen eine ganz neue Dimension erreicht hat. Vor allem deshalb, weil die Millionensummen für den Normalbürger nicht mehr nachvollziehbar sind. Und dann noch der Hinweis auf Vermächtnisse jüdischer Bürger im Ausland! Das ist eine unentschuldbare Entgleisung. Für die Union und ihre

Versuche, den Spendenskandal aufzuklären, ist das Eingeständnis der Hessen-CDU ein böser Schlag.

Dienstag, 18. Januar 2000

Wegen der neuen Lage beruft Wolfgang Schäuble eine Sondersitzung des CDU-Führungsgremiums ein. Im Mittelpunkt der Präsidiumssitzung sollen die Vorgänge um die Hessen-CDU stehen. Wir sind vor der Sitzung für 8.30 Uhr in meinem Büro verabredet. Der Vorsitzende ist äußerst erregt und verständlicherweise voller Zorn über die neuen Enthüllungen. Ich habe Wolfgang Schäuble noch nie so erlebt. Er sagt, so könne es nicht weitergehen. Die Partei leide enorm unter meiner Weigerung, die Namen der Spender zu nennen und mich rückhaltlos an der Aufklärung zu beteiligen. Er selbst müsse zurücktreten, wenn ich die Namen nicht nennen würde. Durch meine Haltung würde ich ihn zum Rücktritt zwingen. Ich widerspreche ihm entschieden.
Unser Gespräch wird außerordentlich heftig. Zu meiner Überraschung versteigt sich Wolfgang Schäuble zu der These, in Wahrheit hätte ich überhaupt keine Spender und könne sie daher auch nicht nennen. Auf meine Frage, woher denn das Geld gekommen sei, erklärt er, es sei von irgendwelchen Konten abgebucht worden. Als ich frage, welche Konten er meine, bricht er das Thema ab und erklärt noch einmal, er glaube nicht, dass mir irgendjemand Spenden persönlich überreicht habe. Er könne sich das überhaupt nicht vorstellen. Ich halte ihm entgegen, dass er doch gerade erst eine Erklärung abgegeben habe, von Karlheinz Schreiber persönlich eine Spende in Höhe von 100 000 DM bekommen zu haben. Von einem Mann, den er überhaupt nicht gekannt habe. Ich frage ihn, wieso es mir denn wohl nicht möglich sein sollte, von Spendern Gelder in Empfang zu nehmen, die mir persönlich freundschaftlich verbunden sind und fest daran glauben, mir und der Partei mit einer Spende tat-

kräftig zu helfen. Wolfgang Schäuble sagt dann in höchster Erregung, er frage mich jetzt ein letztes Mal, ob ich die Namen der Spender nennen werde. Als ich darauf mit nein antworte, sagt er wörtlich: »Dann bleibt mir nichts anderes übrig, als meinen Rücktritt zu erklären.« Darauf sage ich: »Das wirst du nicht tun.« Wolfgang Schäuble verlässt äußerst aufgewühlt mein Zimmer und ruft mir noch zu: »Dieses Büro werde ich in meinem Leben nie wieder betreten.«

Diese Szene zählt zu den schlimmsten Erfahrungen meines Lebens. Ich weiß, viele werden sich schwer tun, mir dies zu glauben. Aber es tut weh, mir in diesem Augenblick eingestehen zu müssen, dass eine wichtige Beziehung, eine jahrelange tragfähige und belastbare Freundschaft völlig zerbrochen ist.

Aus meiner Sicht war es wirklich so: Zwischen Wolfgang Schäuble und mir hatte sich in den letzten Jahrzehnten eine sehr enge persönliche und wirklich freundschaftliche Beziehung entwickelt. Sie mit dem Verhältnis eines Älteren zu einem Jüngeren zu beschreiben, greift zu kurz. Es war viel mehr. Ich kann es natürlich nur für mich sagen: Ich stand zu ihm in einer sehr emotionalen, ja brüderlichen Beziehung. Zwar hätten Wolfgang Schäuble und ich gegensätzlicher nicht sein können, aber vielleicht lag gerade darin das Geheimnis unserer guten Zusammenarbeit. Mir gefiel vor allem seine überdurchschnittliche Intelligenz, seine dynamische und zupackende Art. Mit seinem leicht sarkastischen Unterton hatte ich niemals Probleme. Er gefiel mir sogar sehr gut. In schwierigen Situationen konnten wir uns mit einem einzigen Blick verständigen, ohne ein Wort. Auch darin zeigt sich die Intensität unserer Beziehung.
Das Attentat auf ihn war für mich eine schreckliche Erfahrung und traf mich schwer. Gerade jetzt erinnere ich mich an die erschütternden Bilder, als ich ihn im Krankenhaus besuchte. Er lag auf der Intensivstation. Man brauchte kein Arzt zu sein, um die schwere Verletzung zu erkennen, die nicht nur äußerlich

spürbar war. Ich wollte ihm nahe sein, suchte tröstende Worte und versuchte, auch schweigend Beistand zu leisten. Als ich die Station verließ, weinte ich wie ein kleines Kind. Die Erinnerung an damals, als er auf Leben und Tod lag, ist mir jetzt wieder gegenwärtig, wo wir endgültig auseinander sind und der Bruch irreparabel scheint.

Im Gegensatz zu vielen, vielen anderen – auch im Unterschied zu manchen, die es vorzogen, zu diesem Thema zu schweigen – war ich immer der Meinung, dass er auch nach dem Attentat als mein Nachfolger der richtige Mann ist, und zwar sowohl als Bundeskanzler wie auch als Parteivorsitzender.

In den letzten Wochen musste ich allerdings lernen, dass mein Bild von ihm falsch war. Es will mir noch nicht wirklich gelingen, bis zur letzten Einsicht vorzudringen, aber ich begreife allmählich, dass das, was ich als Offenheit und als Mich-Kümmern verstanden habe, von ihm offenbar als eine Belastung empfunden wurde. Vielleicht interpretierte er meine Haltung ihm gegenüber als Eindringen in seine persönliche Sphäre, die er mir gegenüber verschlossen halten wollte.

Es gibt viele Zeugen unserer engen Verbindung, die uns bei jeder sich bietenden Gelegenheit beobachten und sich gerade jetzt fragen, warum dieses besondere Verhältnis zerbrochen ist. Meine eigenen Überlegungen dazu sind immer noch nicht abgeschlossen. Doch eins ist sicher: Ich habe Fehler gemacht, ohne es zu wollen, vor allem im psychologischen Bereich. Möglicherweise war aber auch meine schiere Existenz für Wolfgang Schäuble eine Belastung.

Später erfahre ich, dass Wolfgang Schäuble in der Präsidiumssitzung tatsächlich offiziell seinen Rücktritt angeboten hat. Einstimmig forderte ihn das Gremium jedoch auf, im Amt zu bleiben. Ebenfalls einstimmig beschloss das Präsidium dann, mir meine Rechte als Ehrenvorsitzender abzuerkennen, falls ich nicht bereit sein sollte, mein Schweigen zu brechen und die Namen der Spender zu offenbaren. Diesen Präsidiumsbeschluss hat

der Bundesvorstand mit großer Mehrheit, aber nicht einstimmig übernommen.
Am Abend des 18. Januar 2000 gebe ich darum folgende Erklärung ab:

> »Nach dem Ergebnis der heutigen Bundesvorstandssitzung habe ich mich entschlossen, den mir von den Delegierten des CDU-Bundesparteitages im November 1998 in Bonn übertragenen Ehrenvorsitz der CDU Deutschlands niederzulegen.
> Ich sehe mich außer Stande, mein Versprechen, das ich einigen Persönlichkeiten gegeben habe, die meine Arbeit in der CDU finanziell unterstützt haben, zu brechen.
> Die Entscheidung, den Ehrenvorsitz niederzulegen, fällt mir nicht leicht. Ich gehöre der Christlich-Demokratischen Union seit fünfzig Jahren an. Sie ist und bleibt meine politische Heimat. Ich habe ihr über vier Jahrzehnte hinweg in wichtigen Ämtern gedient. Dabei habe ich auch Fehler gemacht, zu denen ich mich öffentlich bekannt habe. Ich habe immer versucht, meine Pflicht zu tun.«

Mein Verzicht auf den Ehrenvorsitz hat – entgegen allen Unterstellungen – nichts mit dem Ende eines vermeintlichen Machtkampfs zu tun. Zu keiner Zeit ist es mir in den Sinn gekommen, noch einmal einen Machtkampf auszutragen. Nach der verlorenen Bundestagswahl im September 1998 war ich vom Amt des CDU-Bundesvorsitzenden zurückgetreten und hatte gehofft, ein paar ruhigere Jahre zu erleben, meinen Rat denen zu geben, die ihn wünschen.
Ich will nicht verschweigen, dass mich die Trennung vom Ehrenvorsitz tief getroffen hat. Nicht die formale Trennung, sondern die Trennung meiner emotionalen Beziehungen zur Partei. Ich bin über fünfzig Jahre Mitglied der CDU. Sie ist im besten Sinn des Wortes meine politische Heimat. Dass ich überhaupt Politiker geworden bin, verdanke ich der Partei. In diesen Tagen

denke ich voller Dankbarkeit an die, die mich auf ihren Schultern getragen haben. Viele von ihnen leben heute leider nicht mehr. Ich denke an die Niederlagen, die ich ertragen musste, und an die Erfolge, die ich auch für meine Partei errang. Das ist Teil meines Lebens. Ich kann nicht fünfzig Jahre meines Lebens wie ein schmutziges Hemd ablegen.
Damit nicht genug, kommt zum Bruch mit der Partei nun auch noch der Bruch mit Wolfgang Schäuble hinzu. Beides geht mir nicht aus dem Kopf. Hinzu kommt eine völlig ungewohnte Einsamkeit. Alte Weggenossen wenden sich von mir ab, zeigen demonstrativ, dass sie mit mir nichts mehr zu tun haben wollen. Norbert Blüm gehört dazu. Ich komme mir manchmal vor wie ein Aussätziger, den man wegen seiner gefährlichen ansteckenden Krankheit fürchtet und meidet.
Dass die Schar der Opportunisten, die es immer gab und immer geben wird, fast völlig verschwunden ist, schmerzt mich nicht. Mich schmerzen auch nicht die Schläge der alten innerparteilichen Gegner. Ihnen bietet sich jetzt die Gelegenheit, alte Rechnungen zu begleichen. Heiner Geißler beispielsweise wird seinen Hass mir gegenüber wohl mit ins Grab nehmen. Das steht ihm ins Gesicht geschrieben. Gleiches gilt für Kurt Biedenkopf, der es genießt, endlich von oben auf mich herabblicken zu können. Es gibt weitere Persönlichkeiten, die ich jahrelang unterstützt und gefördert habe und die ohne mich niemals dort angelangt wären, wohin ihre politische Karriere sie heute geführt hat. Ihr Rachedurst ist im Lauf der Zeit ungemein gewachsen, und jetzt endlich können sie ihn stillen. Rita Süssmuth fällt mir dazu ein.

Mittwoch, 19. Januar 2000

Obwohl ich erst gestern den Ehrenvorsitz niedergelegt habe, bin ich der schon seit langem vorliegenden Einladung gefolgt, die Festrede zum 335. Geburtstag der Handelskammer Hamburg

zu halten. Ich habe natürlich überlegt, ob ich in der jetzigen Situation überhaupt in Hamburg sprechen soll, zumal damit zu rechnen ist, dass mein Auftritt als Provokation dargestellt wird. Meine Befürchtung sollte sich leider bestätigen.
Freundlich ist der Empfang der über 700 geladenen Gäste. Mein europapolitisches Engagement wird gewürdigt und auch die Tatsache, dass Hamburg wegen seiner geografischen Lage einer der größten Nutznießer der deutschen Einheit ist. Hamburg hatte bei der Teilung sein ganzes Hinterland verloren. Jetzt ist der Stadtstaat in der Lage, an seine jahrhundertealte Wirtschafts- und Finanztradition in größerem Maßstab anzuknüpfen. Es ist unübersehbar, dass Hamburg im wahrsten Sinn des Wortes in den letzten Jahren eine blühende Entwicklung genommen hat. Das stellt auch Kammerpräses Nikolaus Schües heraus, der mir die Medaille der Handelskammer überreicht.
Auch wenn meine Festrede die künftige Europapolitik und die Perspektiven Deutschlands im vereinten Europa zum Inhalt hat, halte ich es für notwendig, vorab einiges zur Situation nach Niederlegung des CDU-Ehrenvorsitzes anzumerken. Ich mache vor allem deutlich, dass ich meine Position nicht ändern werde. Erneut bekenne ich mich zu meinen Fehlern, für die ich von Anfang an die Verantwortung übernommen habe. Weiter sage ich in eigener Sache, dass ich nicht um ein Amt, sondern um meine Ehre kämpfen wolle. Dazu gehöre nach meinem Verständnis auch, ein gegebenes Wort zu halten. Deshalb würde ich auch künftig die Namen der Spender nicht nennen.
Die große Mehrheit der Gäste reagiert ausgesprochen positiv, das zeigt auch der Beifall auf meine Anmerkungen.

Donnerstag, 20. Januar 2000

Die Diskussion in der Partei nimmt an Schärfe zu. Dabei werden die dubiosen Vorgänge im hessischen CDU-Landesverband, von denen ich nichts wusste und mit denen ich nun wirklich nichts zu tun hatte oder habe und für die ich auch keine Verantwortung zu tragen habe, fortdauernd in einem Atemzug mit den gegen mich erhobenen Vorwürfen genannt. Der niedersächsische CDU-Vorsitzende Christian Wulff versucht sich besonders zu profilieren: Er fände es folgerichtig, wenn ich mich aus der Politik zurückziehen und damit ein Zeichen geben würde, dass ich Verantwortung übernehme. Die Aufgabe meines Bundestagsmandats sei ein denkbarer Weg. Doch das werde ich nicht tun.

Freitag, 21. Januar 2000

Traditioneller Neujahrsempfang der Bremer CDU. Die Einladung erfolgte bereits vor einem Jahr. Damals konnte ich wirklich nicht ahnen, dass mein heutiger Besuch derart von den Ereignissen der letzten Wochen überschattet sein würde. Ich sage die Einladung dennoch nicht ab, weil ich es als feige empfände, würde ich mich der Begegnung mit der Parteibasis und den Diskussionen innerhalb der CDU nicht stellen.

Vor über 4000 Menschen versuche ich noch einmal meine Grundposition im Streit mit der Parteiführung darzulegen. Keinen Zweifel lasse ich in meiner Rede daran, Fehler begangen zu haben und die Verantwortung dafür zu übernehmen. Aber ich sage auch, dass mein Leben deswegen nicht nur aus Fehlern bestehe. Und dass ich das, was ich gegenwärtig an bitteren Erfahrungen mache – vor allem die Kriminalisierungsversuche –, als unerträglich empfinde.

In der Öffentlichkeit findet die Veranstaltung große Aufmerksamkeit. Mein Auftritt in Bremen wird zum Teil heftig kritisiert. Dem Bremer CDU-Vorsitzenden Bernd Neumann wird zum Vorwurf gemacht, er halte mir die Treue. Trotz aller Kritik an meinen Fehlern, die auch von vielen Parteifreunden in Bremen geäußert wird, empfinde ich die Einladung der Landes-CDU als achtenswerte Geste, die mich sehr freut.

Samstag, 22. Januar 2000

In der Zeitung lese ich, der CDU-Bundesvorsitzende Wolfgang Schäuble wolle mit der Parteiführung auch über zivilrechtliche Schritte gegen mich beraten, wenn ich die Namen der Spender weiterhin nicht zu nennen bereit sei. Und Heiner Geißler ergänzt, als ehemaliger Vorsitzender hätte ich eine Auskunftspflicht über die Herkunft der Spenden. Mögliche Grundlage für eine Klage gegen mich sei das Vereinsrecht, das auch auf Parteien angewendet wird. Schäuble und Geißler sinnieren öffentlich über juristische Auseinandersetzungen mit mir und sind möglicherweise auf der Suche nach einem gangbaren Rechtsweg. Jahrzehntelang habe ich als Parteivorsitzender unentgeltlich für die CDU gearbeitet. Und alle Spenden, die ich gesammelt habe, kamen der Partei zugute. Soll ich jetzt auf Schadensersatz verklagt werden?

Die CDU ist im Ansehen der Wähler immer tiefer gesunken. Nach dem Einbruch im Dezember 1999 muss die Union im Januar 2000 erneut hohe Verluste hinnehmen und ist auf 32 Prozent gesunken. Wer könnte mehr darunter leiden als der Mann, der die Union früher einmal fast bis zur absoluten Mehrheit geführt hat? Das schlechte Image der Union allein mir und meinem Schweigen über die Spender anzulasten ist ungerecht. Dass ich ein gerüttelt Maß Schuld an den schlechten Werten mit zu verantworten habe, steht außer Zweifel.

Heute ist der bisherige Gipfel der Diffamierungskampagne gegen mich erreicht. Es kommt einer öffentlichen Hinrichtung gleich. Kurz nach 17 Uhr klingelt das Autotelefon und mein Mitarbeiter Michael Roik informiert mich über ein Telefonat mit dem Reporter Werner Sonne aus dem ARD-Hauptstadtstudio in Berlin. Die *Tagesschau* werde heute Abend um 20 Uhr die Meldung verbreiten, die französische Regierung habe im Zusammenhang mit dem Verkauf der Leuna-Raffinerie an den französischen Staatskonzern Elf-Aquitaine im Jahr 1992 rund 30 Millionen DM für den Wahlkampf der CDU und ihren Vorsitzenden Helmut Kohl gespendet. Geheimdienstleute hätten die gesamte Operation abgewickelt, und das Ganze sei mit Wissen und Unterstützung von Präsident François Mitterrand geschehen.

Ich bin völlig sprachlos. Das Ganze ist eine ungeheuerliche Lüge.

Wir machen auf einem Parkplatz Halt, und ich bespreche mit Michael Roik eine kurze Stellungnahme, in der ich diese Meldung mit aller Entschiedenheit als besondere Infamie und als frei erfunden zurückweise.

In den Hauptnachrichten des Abends strahlt die ARD mit der höchsten Einschaltquote des Tages vor über fünf Millionen Zuschauern tatsächlich die verleumderische Nachricht aus, die auf Recherchen eines französischen Fernsehsenders zurückgeht. Offenbar ungeprüft übernimmt das WDR-Team des Brüsseler Korrespondenten Markus Schmidt den Bericht aus Paris, der keinerlei Beweise für diese ungeheuerliche Behauptung enthält. Dieses Machwerk genügt in keiner Weise den einfachsten journalistischen Regeln oder den Anforderungen des Rundfunkstaatsvertrags. In dem Filmbeitrag steht ein Genfer Staatsanwalt vor nicht näher bezeichneten Akten. Mit einem Kameraschwenk über einen Aktentisch soll der Eindruck erweckt werden, als handele sich hierbei um einen riesigen Stapel handfester Beweisstücke gegen die CDU und ihren langjährigen Vorsitzenden. Zur Sache selbst wird außer den angeführten Behauptungen keine einzige wirkliche Information gegeben.

Als ich diese Bilder sehe, wird mir augenblicklich klar, dass die Diffamierungswelle eine neue Qualität erreicht hat und dass sich jetzt viele Bürger unseres Landes ganz unvermeidlich die Frage stellen: Was hat der Kohl eigentlich noch alles getrieben? Heute erlebe ich am eigenen Leib, auf welche Art und Weise Menschen in der modernen Mediengesellschaft fertig gemacht werden können, ohne dass sie auch nur die geringste Chance haben, sich erfolgreich dagegen zur Wehr zu setzen.

Eins ist jedoch für mich ganz sicher an diesem bitteren Abend: Es wird sich herausstellen, dass alles gelogen und frei erfunden ist und dass das Ganze eine große Infamie und eine Schande für die ARD ist, der die Kriterien einer verantwortungsvollen Berichterstattung in dieser Stunde total abhanden gekommen sind. Allerdings habe ich große Zweifel, ob die Macher dieses journalistischen Schurkenstücks je zur Verantwortung gezogen werden und ob je aufgeklärt werden kann, dass hier eine skrupellose Fälschertruppe am Werk ist. Ich hoffe, später mit dazu beitragen zu können, dass die Auftraggeber entlarvt werden.

Mein Dementi wird kaum zur Kenntnis genommen. Wörtlich lautet es:

»1. Die Behauptung, dass der frühere französische Präsident Mitterrand dem ehemaligen Bundeskanzler Kohl zu irgendeinem Zeitpunkt finanzielle Wahlkampfhilfe verschafft haben soll, ist frei erfunden und erlogen.
2. Zwischen Präsident Mitterrand und Bundeskanzler Kohl gab es in Verbindung mit dem Engagement von Elf bei Leuna zu keinem Zeitpunkt Gespräche über Geld oder derartige Transaktionen.
3. Herr Dr. Kohl hat zu keinem Zeitpunkt in Verbindung mit dem Engagement von Elf-Aquitaine Geld erhalten.
4. Herr Dr. Kohl hat zu keinem Zeitpunkt Kenntnis von derartigen angeblichen Zahlungen gehabt.
5. Der Versuch, mit solchen verleumderischen Behauptungen Herrn Dr. Kohl als Person und seinen Einsatz für das Überleben des Chemiedreiecks in den neuen Bundesländern und für die Sicherung von Arbeitsplätzen in der Region ins Zwielicht zu rücken, ist ein weiterer Höhepunkt einer Rufmordkampagne.«

Die Gerüchteküche brodelt weiter. Als neue angebliche Schlüsselfigur erscheint jetzt der saarländische Kaufmann Dieter Holzer, mit dem ich, bis auf den Umstand, dass er mir das eine oder andere Mal einen Brief geschrieben hat, nie etwas zu tun hatte. Nach meiner Erinnerung ist er nie bei mir gewesen. Vermutlich habe ich ihn einmal am Rand eines Parteitags der saarländischen CDU getroffen. Möglicherweise bin ich ihm auch vor Jahren bei einem Besuch im Ferienhaus von Franz Josef Strauß an der Côte d'Azur begegnet. Soweit ich weiß, hatte Dieter Holzer dort ebenfalls ein Ferienhaus. Jetzt wird behauptet, Holzer habe im Zusammenhang mit dem Kauf von Leuna durch Elf-Aquitaine 19 Millionen DM an die CDU gezahlt. Dies ist alles frei erfunden. Mir ist Derartiges nie bekannt geworden.

Sonntag, 23. Januar 2000

Nicht geahnt hatte ich, zu welcher Hysterie die Mediengesellschaft in der Lage ist. Über die Nachrichtenagenturen läuft die Meldung, ich sei bereit, vor einem hochrangigen Ausschuss die Namen jener Geldspender zu nennen, die ich bisher nicht offenbart habe. Der parteiübergreifende Ausschuss bestehe aus dem Bundespräsidenten, dem Bundestagspräsidenten, dem Bundespräsidenten a.D. Roman Herzog und dem Vizepräsidenten des Bundesverfassungsgerichts Hans-Jürgen Papier. Dieses Gremium werde die Namen der Spender nicht publik machen.
Das Ganze ist frei erfunden und wird als Falschmeldung in die Geschichte des deutschen Journalismus eingehen. Grundlage des Gerüchts ist ein Fax aus Bonn, dessen Inhalt sofort von fast allen Presseagenturen ungeprüft übernommen wird. Und das ist symptomatisch in diesen Tagen und Wochen. Nahezu alles, was man über mich verbreiten kann, wird gierig aufgenommen und einfach in die Welt gesetzt. Die Verantwortlichen fragen offenbar keine einzige Minute lang danach, ob die Meldung wahr ist.

Mein Dementi erfolgt unmittelbar nach Veröffentlichung dieses Unsinns, und so schaffe ich die Falschmeldung rasch aus der Welt.
Entlarvend ist für mich die Reaktion des Vorsitzenden des Untersuchungsausschusses zur Parteispendenaffäre, des SPD-Bundestagsabgeordneten Volker Neumann. Er ist sofort zur Stelle und bestreitet mir das Recht, mich vor einem selbstgewählten Personenkreis zu offenbaren. Er habe die Sache rechtlich bereits abgecheckt und festgestellt, dass die prominenten Mitglieder eines solchen Gremiums dem Untersuchungsausschuss doch die Namen nennen müssten.
Ebenso entlarvend ist der Leitartikel der *Süddeutschen Zeitung*, den der selbsternannte Chefankläger Heribert Prantl verfasst hat. Gleich nach Bekanntwerden der Falschmeldung schlägt er zu und entwirft einen vernichtenden Artikel gegen mich. Offenbar in letzter Minute zieht er das Pamphlet zurück, so dass es nicht mehr im Blatt erscheint. Allerdings hat eine dankbare Leserschaft die Chance, Prantls Machwerk im Internet zu besichtigen und zu bewundern.
Das Ganze ist ein Stück aus dem Tollhaus. Ich bin sehr einsam geworden und jetzt habe ich auch noch so gut wie kaum eine Chance, gegen all das, was geschieht, energisch anzugehen. Meine Erschütterung merkt mir jeder an.

Montag, 24. Januar 2000

Wolfgang Schäuble im *Spiegel*-Interview: Obwohl er wisse, dass für die CDU in diesen Tagen nichts Geringeres auf dem Spiel stehe als ihre Existenz, sei er eher erleichtert als bedrückt. Seit dem Tag, an dem ich den Ehrenvorsitz der CDU niedergelegt habe, fühle er sich sehr frei. Ab dem Moment, da die Union die Bundestagswahl verloren hatte, seien wir in entgegengesetzte Richtungen auseinander gedriftet. Für ihn sei das Kapitel Helmut Kohl endgültig erledigt. Freunde in dem Sinne, dass es eine

persönliche Beziehung außerhalb der Politik gegeben habe, seien er und ich nie gewesen. So Wolfgang Schäuble.
Diese Aussage enthält eine für mich sehr wichtige Feststellung. Offensichtlich habe ich zwei Jahrzehnte lang ein falsches Bild von ihm gehabt. Ich habe mein Verhältnis zu ihm ganz anders gesehen, ein Verhältnis, das von einem völlig anderen Schäuble-Bild geprägt war. Das ist mein Fehler. Wolfgang Schäuble kann ich deshalb keinen Vorwurf machen.

Die Zeit scheint reif zu sein für demonstrative Auftritte. Jetzt ist Norbert Blüm an der Reihe, der sechzehn Jahre lang mit mir am Kabinettstisch saß. Er meint, ob er sich weiter als mein Freund bezeichnen könne, hänge nicht von ihm allein ab. Freundschaft sei zweiseitig, und es seien nicht die besten Freunde, die nur bequeme Ratschläge geben. Sein Verhältnis zu mir sei Teil seines Lebens, das er nicht annulliere. Ich solle die Namen der Spender nennen.
Ich will seine Bemerkungen nicht kritisieren. Während unserer Zusammenarbeit hatten wir oft Auseinandersetzungen in der Sache. 1989 habe ich sehr wohl registriert, dass Norbert Blüm eine Zeitlang auf der Seite der »Putschisten« stand, die mich auf dem Bremer Parteitag stürzen wollten. Er steckte zusammen mit Heiner Geißler, Lothar Späth, Kurt Biedenkopf und Rita Süssmuth unter einer Decke und war entschlossen, mit ihnen gemeinsam den Machtkampf gegen mich auszufechten. Als er jedoch spürte, dass mein Sturz nicht gelingen würde, duckte er sich gerade noch rechtzeitig weg und schlug sich in die Büsche. Ich habe aus dieser opportunistischen Haltung keine Konsequenzen gezogen. Damals habe ich geglaubt, seinem Sachverstand mehr trauen zu sollen als seinem Charakter. Das ging dann auch bis zum Jahr 1998 gut. Jetzt tritt er hervor und bläst ins selbe Horn wie meine erbitterten Gegner. Ich erspare es mir lieber, das zu qualifizieren, was ich mit Norbert Blüm gerade erlebe.

Rita Süssmuth, die längere Zeit geschwiegen hat, findet jetzt um so stärkere Worte der Kritik an meinem Standpunkt, die Spendernamen nicht zu nennen. Im Gegensatz zu Norbert Blüms Äußerung bedeutet Süssmuths Kritik für mich keine besondere Überraschung. Sie gehörte neben Geißler, Späth und Biedenkopf zu den Hauptakteuren auf dem Bremer Parteitag. Es war Heiner Geißler, der sie als seine Nachfolgerin im Amt des Bundesministers für Jugend, Familie und Gesundheit vorgeschlagen hatte. Diesem Rat bin ich gefolgt, und die Zusammenarbeit klappte sehr gut. Immer wieder musste ich Rita Süssmuth gegen ungerechtfertigte Angriffe aus der CSU, genauer: aus der Umgebung von Franz Josef Strauß, in Schutz nehmen. 1988, nach dem Rücktritt Philipp Jenningers, schlug ich sie für das Amt der Bundestagspräsidentin vor. In der Unionsfraktion brachte mir das viel Ärger ein, weil die Vorbehalte gegen sie ziemlich groß waren. Rita Süssmuth wurde vorgeworfen, sich vor allem um sich selbst zu kümmern und die Anliegen von Fraktion und Partei nicht genügend wahrzunehmen. Auch die Versuche, sich als so genanntes unabhängiges Parteimitglied zu präsentieren, nahmen ihr nicht wenige Kolleginnen und Kollegen übel. Nicht deshalb, weil unabhängiges Denken und Auftreten schief angesehen worden wären, sondern weil es um eine Unabhängigkeit ging, wie Rita Süssmuth sie verstand und die im Wesentlichen darin bestand, möglichst von der gemeinsamen Linie der Partei Abweichungen zu formulieren. Mit dieser Haltung fand sie immer ein offenes Ohr bei den geneigten Medien und galt als großartige Profilierungskünstlerin auf Kosten der Partei.

Unser Verhältnis war wesentlich durch meine Erfahrungen mit ihr vor und nach dem Bremer Parteitag geprägt. Als der thüringische Ministerpräsident Josef Duchac 1992 zurücktrat, weil er wegen seiner früheren Tätigkeit in der DDR sowohl öffentlich wie auch in den eigenen Reihen unter Druck geraten war, wollte Rita Süssmuth seine Nachfolgerin werden. Jetzt trat die alte Kampfgruppe wieder in Aktion: Lothar Späth, Heiner Geißler, Kurt Biedenkopf versuchten – versehen mit dem Segen von Richard von Weizsäcker –, Frau Süssmuth in Erfurt zu etablieren. Das habe ich allerdings vereitelt. Als sie mich damals im Bundeskanzleramt besuchte, sagte ich ihr, dass ich ihre Kandidatur in Thüringen auf gar keinen Fall unterstützen werde, weil ich sie für ungeeignet halte, das schwierige Amt des Ministerpräsidenten in diesem neuen Bundesland zu übernehmen. Rita Süssmuth verließ tief beleidigt das Bundeskanzleramt. Die Erfahrungen, die ich in den nachfolgenden Jahren mit ihr machte, haben mir immer die Richtigkeit meiner damaligen Einschätzung bestätigt.

Heute erklärt der Parteivorstand, es sei nicht akzeptabel, die Spender nicht zu nennen, nur damit ein gegebenes Wort nicht gebrochen wird. Ein Antrag auf Parteiausschluss jedoch komme nach übereinstimmender Ansicht der Mitglieder des Bundesvorstands ebenso wenig in Betracht wie die Einleitung gerichtlicher Schritte gegen mich. Mit dieser Marschrichtung kann ich, damit muss ich leben.

Freitag, 28. Januar 2000

Seit geraumer Zeit habe ich es erwartet, jetzt meldet er sich tatsächlich zu Wort: Richard von Weizsäcker, langjähriger Bundespräsident. Seinen Angriff gegen mich führt er in der ihm eigenen subtilen und vornehmen Weise. Die offene Feldschlacht ist nichts für ihn. Aber im Kamingespräch die Pfeile an die richtige Stelle zu setzen, das ist sein Stil.
Krisen der Parteien seien Krisen der Demokratie, schreibt Weizsäcker in einem Meinungsbeitrag für die *FAZ*. Richte man den Blick auf das System, falle er auf mich, mit all meinen bedeutenden Leistungen. Mit dem Aufstieg in die Bundespolitik hätte ich meine Eroberung der Partei perfektioniert. Seilschaften hätten mir den Weg nach oben gebahnt. Kandidaturen und Ämter seien als Belohnungen vergeben worden. Natürlich habe es keine

allgemeine Unterwerfung gegeben, ich hätte nicht alles durchsetzen können. Doch seien aufs Ganze gesehen die Abhängigkeiten immer mehr gewachsen.

Ich lese den Artikel mehrmals und halte meine Erinnerung dagegen: Weizsäcker war seinerzeit auf meine Bitte hin bereit gewesen, für den Bundestag zu kandidieren. Wie er zu einem Bundestagsmandat gelangte, obwohl ihn niemand kannte, und wie er schließlich auf meinen Vorschlag hin gewählt wurde, habe ich ja bereits beschrieben. Die »Seilschaft« schien durchaus zu seinen Gunsten zu funktionieren. Im letzten Augenblick musste er jedoch absagen, weil sein Firmenchef bei Boehringer Ingelheim etwas anderes mit ihm vorhatte. So wurde er erst im zweiten Anlauf, an dem ich wieder wesentlich beteiligt war, Mitglied des Deutschen Bundestags. Zuvor bereits in den CDU-Bundesvorstand aufgerückt, hatte er keine Probleme, einer meiner Stellvertreter im Fraktionsvorsitz zu werden. Er verweigerte sich auch nicht, als ihm das hohe Amt des Bundestags-Vizepräsidenten angeboten wurde. Glaubt Richard von Weizsäcker wirklich, dass diese politische Karriere ohne Unterstützung, auch ohne meine Unterstützung, möglich gewesen wäre? Viele Zeitzeugen wissen sehr genau, dass ich ihn immer nachdrücklich und mit Erfolg unterstützt habe.

Schließlich ergab sich für Richard von Weizsäcker die große Chance, Regierender Bürgermeister von Berlin zu werden. Dazu war es notwendig, dass ein treuer Freund und uneigennütziger Kämpfer und Diener der Partei, Peter Lorenz, bereit war, nach einem für ihn guten Wahlergebnis auf die Spitzenkandidatur zu verzichten, um Platz zu machen für Richard von Weizsäcker, der aus Bonn kam. Meine Gespräche mit Peter Lorenz, die zu seinem Verzicht auf die Kandidatur in Berlin führten, waren schwierig und schmerzlich, denn Peter Lorenz litt immer noch unter den Folgen seiner Entführung durch Mitglieder der Terroristengruppe »Bewegung 2. Juni«.

Tatsächlich schaffte Richard von Weizsäcker dann den Regierungswechsel in Berlin und konnte nun endlich Politik gestalten. Im Amt des Regierenden Bürgermeisters entfaltete sich für jedermann erkennbar seine politische Begabung. Auch unsere Partei profitierte von seiner Leistung.

Berlin als Sprungbrett für höhere Ämter zu nutzen lag seit Willy Brandts Zeiten nahe. Als Bundespräsident Karl Carstens erkennen ließ, er werde auf keinen Fall für eine zweite Amtszeit antreten, wurde mir schnell klar, dass Richard von Weizsäcker zielstrebig dieses Amt ansteuerte. Angesichts der klaren Mehrheitsverhältnisse zu Gunsten der Unionsparteien war sein Bemühen verständlich. Allerdings gab es eine Reihe von Vorbehalten. Nicht nur Franz Josef Strauß war anfangs ganz entschieden gegen Weizsäckers Kandidatur. Zum gleichen Zeitpunkt wurde auch die Kandidatur des niedersächsischen Ministerpräsidenten Ernst Albrecht für das Amt des Bundespräsidenten diskutiert. Ernst Albrecht erklärte sehr rasch, dass er für dieses Amt nicht zur Verfügung stehe. Mittlerweile war ich selbst wegen der Kandidatur Weizsäckers zögerlich geworden, besonders weil er als Regierender Bürgermeister in Berlin in Fragen der Deutschlandpolitik immer wieder eigene Wege zu gehen versuchte. Mein Problem war nicht so sehr, dass er damit Bereiche und Zuständigkeiten der Bundesregierung tangierte. Mir ging es vielmehr wesentlich um politische Abstimmungen, die in Fragen der Deutschlandpolitik zwischen dem Regierenden Bürgermeister von Berlin und dem Bundeskanzler einfach zwingend waren. Und davon hielt Weizsäcker nicht sehr viel. Hinzu kam, dass unsere Einschätzungen zur Situation in der DDR unterschiedlich waren und dass zwischen uns auch in Grundfragen beim Umgang mit der SED-Diktatur immer weniger Übereinstimmung herrschte. Unübersehbar war der Einfluss gewisser Kreise der evangelischen Kirche in beiden deutschen Staaten auf ihn. Dass er intensive Kontakte zu diesen Kreisen pflegte, führte dazu, dass er in der Frage der deutschen Einheit eine von weiten Teilen der Union deutlich abweichende Vorstellung entwickelte. Weizsäckers Annäherung an den deutschlandpolitischen Kurs der SPD war mit Händen zu greifen. Nach längerem Zögern trat ich dann auch gegenüber Franz Josef Strauß für den Kandidaten Richard von Weizsäcker ein. Schließlich unterstützte Franz Josef Strauß die Kandidatur ebenfalls.

Während seiner anschließenden zehnjährigen Amtszeit blieb eine spürbare Distanz zwischen uns beiden. In den entscheidenden Wochen und Monaten der Wende in Deutschland legte er eine geradezu unverhohlene Reserviertheit mir gegenüber an den Tag. Er gehörte in mancherlei Hinsicht zu den Bedenkenträgern, vor allem, als es um den Beitritt der DDR nach Artikel 23 des Grundgesetzes ging. Die Freude über meine Erfolge in der Deutschlandpolitik und vor allem bei den schwierigen und verschlungenen Wegen zur deutschen Einheit hielt sich bei Richard von Weizsäcker in Grenzen.

Es ist schon erstaunlich, wie man sich über Abhängigkeiten und »Seilschaften« auslassen kann und dabei sein eigenes Gedächtnis völlig ausschaltet.

Sonntag, 30. Januar 2000

Die Diskussion über angebliche Spenden seitens des französischen Konzerns Elf-Aquitaine hält an. Immer wieder wird der Versuch unternommen, mich ins Zwielicht zu bringen. In der *Welt am Sonntag* weise ich die Verleumdung erneut zurück und begründe wieder einmal, weshalb wir den Verkauf des Industriekomplexes an Elf-Aquitaine gefördert hatten: Mit 30 000 Mitarbeitern war Leuna der mit Abstand größte Chemiebetrieb der DDR. Als ich Anfang 1990 in Leuna war, sah ich ein völlig veraltetes, heruntergekommenes, kilometerlanges Fabrikgelände, einen Betrieb, der keinerlei Überlebenschancen hatte. Die Chemieunternehmen aus Frankfurt am Main, Leverkusen und Ludwigshafen hatten bereits ihr Desinteresse bekundet und lehnten eine Übernahme von Leuna ab. Nun war die Suche nach Investoren für Leuna natürlich die Aufgabe der Treuhandan-

stalt, wobei die zuständige Abteilung im Bundeskanzleramt unterstützend mitwirkte.
Für mich als Bundeskanzler war es aber selbstverständlich, mich im Rahmen meiner regelmäßigen Kontakte und Gespräche mit Mitterrand dafür stark zu machen, dass Elf-Aquitaine bei seiner Bereitschaft blieb, in Leuna zu investieren. Dabei wurde nie über konkrete Einzelheiten der Umsetzung gesprochen. Die jetzt erhobenen Vorwürfe, Mitterrand habe mir im Zusammenhang mit dem Engagement in Leuna Millionen für den Wahlkampf zukommen lassen, sind absurd und frei erfunden. Das Ganze ist ein scheußliches Gebräu von unbewiesenen Behauptungen, Verleumdungen und anonymen Hinweisen; möglicherweise spielen aber auch nachrichtendienstliche Machenschaften hinein.
Es trifft mich sehr, dass das, was ein Erfolg wurde, jetzt zu einer Anklage umfunktioniert werden soll gegen die CDU, gegen die von mir geführte Bundesregierung und gegen mich persönlich. Ich habe nicht den geringsten Zweifel daran, dass Regierungshandeln unter meiner Führung niemals bestechlich war.

An diesem Wochenende findet bei uns zu Hause ein kleines Familientreffen statt, bei dem wir meine schwierige Lage ausführlich besprechen und analysieren. Ich bin meiner Frau und meinen beiden Söhnen sehr dankbar dafür, dass sie bei aller berechtigten Empörung und verständlichen Emotionalität bemüht sind, die Situation nüchtern zu betrachten. Inzwischen ist klar, dass die von mir nicht gemeldeten Parteispenden, die etwas über 2 Millionen DM betragen, nach dem geltenden Parteiengesetz auf rund 6,3 Millionen DM erhöht werden, die dann als Strafe von der CDU zu zahlen sind. Zweifellos ist dies ein Betrag, der meiner Partei gerade auch angesichts ihrer finanziellen Schieflage erheblich zu schaffen machen wird. Das belastet mein Verhältnis zur CDU enorm. Zwar ist es richtig, dass die nicht verbuchten Spendengelder der CDU zugute gekommen sind und für Parteiarbeit eingesetzt wurden. Doch ich habe neben dem

nicht zu unterschätzenden moralischen auch einen erheblichen materiellen Schaden angerichtet.
Ich erzähle von einer Idee, mit der ich mich schon seit längerem beschäftige, nämlich den finanziellen Schaden in einer Art Wiedergutmachungsaktion auszugleichen. Um das zu erreichen, sollten Hannelore und ich gemeinsam eine Reihe von Persönlichkeiten ansprechen und sie um eine Spende bitten. Wir sind uns darüber im Klaren, dass es hier nicht allein darum geht, Geld zu sammeln, sondern auch darum, die Namen der Spender und der Beträge dann öffentlich zu machen. Von Anfang an ist uns bewusst, dass die Bekanntgabe der Namen erhebliche Probleme für die Spender mit sich bringen kann.
Hannelore und ich haben bereits entschieden, dass wir auch einen erheblichen Betrag aus privaten Mitteln beisteuern werden. Wir haben uns entschlossen, eine Summe von 700 000 DM zu zahlen, was eine erhebliche Belastung für uns bedeutet. Möglich ist das nur, weil unser Haus in Ludwigshafen unbelastet ist und wir eine Hypothek auf das Anwesen aufnehmen können.
Schließlich verständigen wir uns im Familienrat über eine Liste von potenziellen Spendern, die Hannelore und ich baldmöglichst ansprechen werden. Der Personenkreis soll eher klein und die Aktion einstweilen möglichst geheim bleiben. Wir sind uns keineswegs sicher, ob sie erfolgreich enden wird.

Dienstag, 1. Februar 2000

Wolfgang Schäuble musste zugeben, dass er sich nicht nur bei einer Gelegenheit im Jahr 1994, sondern noch ein weiteres Mal mit Karlheinz Schreiber getroffen hatte. In der Sache habe er ein sauberes Gewissen und könne seine Aussagen zur Spende Schreibers jederzeit beeiden. Weiter meinte der CDU-Vorsitzende, gegen ihn werde eine Kampagne geführt, deren Ursache und Motive für ihn unerklärlich seien.
Diesen Satz verstehe ich nicht. Ebenso wenig kann ich nachvoll-

ziehen, dass die ehemalige Schatzmeisterin der CDU, Brigitte Baumeister, eine andere Version von Schreibers 100 000-DM-Geldübergabe bekräftigt: Sie will das Geld 1994 von ihm erhalten und Schäuble zukommen lassen haben. Schäuble dagegen gibt an, er habe das Geld im September 1994 von Schreiber persönlich entgegengenommen und an Baumeister weitergeleitet. Wie soll ein Mensch diesen parteiinternen Grabenkrieg noch verstehen? Wer spielt hier ein falsches Spiel?

Donnerstag, 3. Februar 2000

Mein Anwalt Stephan Holthoff-Pförtner begleitet mich zu Bundesgeschäftsführer Willi Hausmann ins Bonner Adenauer-Haus, der mich im Auftrag Wolfgang Schäubles über die Angaben unterrichtet, die Uwe Lüthje und Horst Weyrauch bei der vorausgegangenen Besprechung gemacht haben. Ich bestätige, dass bis 1982 Gelder über den BND zur Unterstützung von Schwesterparteien im Ausland gezahlt worden sind. Danach sind solche Gelder über das Auswärtige Amt gezahlt worden. Diese Mittel standen allen Parteien zur Verfügung. Die SPD unterstützte auf diesem Weg die Partei von Felipe Gonzalez erheblich, die CDU Schwesterparteien aus Südeuropa und Südamerika sowie später die Solidarnoşc in Polen.
Ich bestreite nachdrücklich, von Auslandskonten für die CDU Kenntnis gehabt zu haben. Nur an die Existenz eines Safes in der Schweiz erinnere ich mich. In diesem Safe wurden meines Wissens Unterlagen verwahrt, die im Zusammenhang mit den BND-Geldern standen. Ich bestreite, die Gründung der Stiftung Norfolk in Liechtenstein angeregt zu haben, über die Uwe Lüthje und Horst Weyrauch Schwarzgeld versteckt haben sollen. Nachdrücklich bestreite ich in diesem Zusammenhang, Kenntnis von einem Konto in der Schweiz oder in Liechtenstein gehabt zu haben. Auskünfte von Uwe Lüthje zu Spenden der Siemens AG und deren Abwicklung über ein Konto der Stiftung

Norfolk kann ich nicht bestätigen. Auch über die Verwendung des Restguthabens auf diesem Konto in Höhe von 1,5 Millionen DM ist mir nichts bekannt.
Dass ich in den Jahren 1989 bis 1992 nach Auskunft von Uwe Lüthje Spenden in Höhe von 2 bis 3 Millionen DM gesammelt haben soll, scheint mir eine zu hohe Summe zu sein. Nach meiner Erinnerung liegt der Betrag deutlich darunter. Ich lege auch Wert auf die Feststellung, dass es sich bei den an Lüthje übergebenen Barbeträgen vor allem um kleinere Spenden gehandelt hat und nicht wie in den Jahren 1993 und folgende um Großspenden, bei denen ich den Namen der Spender nicht nennen werde. In den Jahren 1989 bis 1992 handelte es sich nicht zuletzt um Spenden, die mir oder Mitarbeitern beispielsweise bei Wahlkampfveranstaltungen übergeben wurden.
In diesen Jahren – vor allem für das Wahljahr 1990 – habe ich vor weit über zwei Millionen Zuhörern gesprochen. Es gab eine Welle der Zustimmung für mich. Immer wieder hörte ich den Ruf: »Sie müssen die Wahlen gewinnen!« Und viele wollten mir dabei helfen.
Noch einmal unterstreiche ich meine unveränderte Position, wonach ich die Namen der Spender von 1993 bis 1998 nicht nennen werde, und berufe mich weiterhin auf mein Ehrenwort.
Schließlich erkläre ich noch einmal ausdrücklich, von den Vorgängen bei der hessischen CDU bis Mitte Januar 2000 keinerlei Kenntnisse gehabt zu haben.

Freitag, 4. Februar 2000

Sitzung der CDU-Spitze in Bonn, Bundesgeschäftsführer Hausmann und die Wirtschaftsprüfer der Firma Ernst & Young geben ihren Bericht über die bisherigen Ermittlungsergebnisse bekannt. Bei der anschließenden Pressekonferenz herrscht ein ungewöhnlich großer Presseandrang, und ich kann mich des Eindrucks nicht erwehren, dass die Aussagen von Uwe Lüthje

und Horst Weyrauch in einer Weise vorgetragen werden, dass sie mich belasten. Korrekt berichtet Bundesgeschäftsführer Willi Hausmann über die unterschiedlichen Aussagen von Lüthje, Weyrauch und mir. Nach Darstellung von Weyrauch und Lüthje hat die CDU mehr als zwanzig Jahre lang illegale Finanztransaktionen über geheime Auslandskonten abgewickelt. Nur Weyrauch, Lüthje und Kiep hätten die Einzelheiten des bereits vor 1971 existierenden Kontensystems gekannt.
Das CDU-Präsidium bedauert trotz aller neuen Erkenntnisse, dass ich keinerlei weitergehenden Beitrag zur Aufklärung leiste. Diese Aussage verletzt mich sehr, und ich beschließe daher, mit meinen Argumenten an die Öffentlichkeit zu gehen. Gemeinsam mit meinem Sohn Walter habe ich die Fernsehübertragung der Pressekonferenz gesehen. Anschließend fahren wir in die Sendeanstalt des ZDF nach Mainz, wo ich für das ZDF und das zugeschaltete ARD-Hauptstadtstudio Interviews gebe, in denen ich meine Position darstelle. Ich bin sehr froh, dass Walter dabei ist. Sein abgewogenes Urteil und seine Nähe tun mir gut.

Heute gibt die Bundesregierung bekannt, dass der frühere FDP-Bundestagsabgeordnete und Bundestagsvizepräsident Burkhard Hirsch als Ermittlungsführer den verschwundenen Leuna-Akten aus dem Bundeskanzleramt auf die Spur kommen soll. Hirschs Aufgabe sei es, in der Berliner Regierungszentrale nachzuforschen, wo die Akten geblieben sein könnten, die Anfang der Neunzigerjahre in Bonn zum Verkauf der Leuna-Raffinerie und der Minol-Tankstellen an Elf-Aquitaine angelegt wurden. Diese Unterlagen sollen verschollen sein: Der Chef des Kanzleramts Frank-Walter Steinmeier habe vergeblich nach den Akten fahnden lassen. Hirschs Mission sei ein Zwischenschritt. Nach der Bundesdisziplinarordnung müssten bei Verdacht eines Dienstvergehens zunächst Vorermittlungen durchgeführt werden. Diese Aufgabe habe die Bundesregierung dem Staatsminister a.D. Burkhard Hirsch übertragen.
Mehrmals telefoniere ich mit dem früheren Kanzleramtschef

Fritz Bohl und anderen leitenden Mitarbeitern. Niemand weiß etwas von verschwundenen Akten. Niemand erinnert sich an eine Anordnung, Akten zu vernichten oder anderweitig verschwinden zu lassen. Ich habe nicht die geringste Vorstellung, welche Akten verschwunden sein sollen. Bisher war es immer so, dass persönliche Akten, etwa die der Regierungschefs wie Adenauer, Erhard, Kiesinger, Brandt und Schmidt, nach Amtsende mitgenommen wurden. So war es auch in meinem Fall. Aber amtliche Unterlagen blieben im Amt und gelangten schließlich ins Bundesarchiv. Die Leuna-Akten sind keine persönlichen Dokumente. Deshalb bin ich ganz sicher, dass sich nach sorgfältiger Ermittlung alle Behauptungen, hier liege eine mit krimineller Energie betriebene Aktenvernichtung vor, als falsch herausstellen werden. Vor allem hoffe ich, dass sich sehr bald ein ordentliches Gericht mit diesen unglaublichen Behauptungen beschäftigen wird.

Mein Vertrauen zum Sonderermittler Burkhard Hirsch ist äußerst gering. Er ist ein alter und erprobter Gegner der Unionsparteien und nach meinen Erfahrungen mit ihm vor allem auch von mir persönlich. Seine Gegnerschaft musste ich immer wieder erfahren, ohne jemals den eigentlichen Grund dafür erkennen zu können. Eine wirkliche Auseinandersetzung hatte ich mit ihm nie.

Den Koalitionswechsel der FDP zu den Unionsparteien im Herbst 1982 lehnte Burkhard Hirsch ab und konnte sich auch in den folgenden Jahren nicht mit unserer Koalition anfreunden. Seine Hoffnung, Bundesjustizminister zu werden, erfüllte sich nicht. Klaus Kinkel und Sabine Leutheusser-Schnarrenberger hatten Vorrang. Als er 1994 als Vizepräsident im Deutschen Bundestag vorgeschlagen wurde, unterstützte ich seine Kandidatur.

Der von Hirsch zu erwartende Abschlussbericht wird den regierenden Sozialdemokraten sicherlich Freude bereiten. Erst zu einem späteren Zeitpunkt wird sich herausstellen, dass die jetzige Kampagne um die angeblich während der Ära Kohl aus dem Kanzleramt verschwundenen Akten eine einzige Seifenblase ist.

Es ist eine besonders infame Inszenierung, die mich persönlich treffen soll.

Samstag, 5. Februar 2000

Der Hauptagitator der ganzen Kampagne gegen mich war offensichtlich in diesen Tagen bei Uwe Lüthje zu Hause gewesen. Der schwer kranke ehemalige CDU-Generalbevollmächtigte übergab dem investigativen Reporter der *Süddeutschen Zeitung* Hans Leyendecker eine ganze Reihe von Notizen, die er eigentlich nur für mich ganz persönlich zusammengestellt hatte. Weil ich mich beim besten Willen nicht mehr an alle Details der Finanzen der Bundespartei in den vergangenen Jahrzehnten erinnern kann, bat ich Uwe Lüthje im Dezember und Januar um die Beantwortung einiger offener Fragen. Er zeigte sich äußerst kooperativ. Nun aber überließ er offensichtlich Notizen, die er für mich vertraulich aufgezeichnet hatte, einem Journalisten, der kaum einen Tag auslässt, um mich an den Pranger zu stellen und als Mann der dubiosesten Finanzmachenschaften zu schildern. In seinem jüngsten Bericht zitiert Leyendecker Lüthje mit den Worten, ich hätte noch die Chance, selbst die Wahrheit zu sagen. Wenn ich aber weiterhin nicht reden sollte, würden andere reden, die mir jahrzehntelang die Treue gehalten hätten. Und schließlich habe Lüthje beim Gespräch mit Vertrauten erstmals erklärt, dass er und Weyrauch Mitte der Achtzigerjahre für mich gelogen hätten: »Uns hat er zu verdanken, dass er nach 1986 noch Bundeskanzler bleiben konnte«, zitiert die *Süddeutsche* den Abtrünnigen. Das Verfahren gegen mich im Zusammenhang mit der Finanzpraxis der Staatsbürgerlichen Vereinigung sei seinerzeit auch deshalb eingestellt worden, weil wichtige Zeugen wie Kiep, Lüthje und Weyrauch mich bei den Vernehmungen entlastet hätten. Auch er habe damals bewusst eine falsche Aussage gemacht, damit ich Kanzler bleiben konnte, behauptet Lüthje nun der *Süddeutschen Zeitung* zufolge.

Dieser Mann, der heute auf der Seite meiner erbitterten Gegner in den Medien steht, hat in den vielen Jahren unserer Zusammenarbeit nie mit mir über seine angebliche Falschaussage zu meinen Gunsten gesprochen. Nie hat er auch nur den leisesten Versuch gemacht, diesen Vorgang zu thematisieren. Deshalb bin ich völlig überrascht, wie er zu dieser Behauptung kommt. Ich habe ihn nie gebeten oder zu überreden versucht oder tatsächlich angestiftet, zu meinen Gunsten eine Aussage zu machen.

Sonntag, 6. Februar 2000

Angesichts der andauernden Diskussion sehe ich mich veranlasst, erneut an die Öffentlichkeit zu gehen. In der *Welt am Sonntag* wiederhole ich, dass mir von einer Stiftung »Norfolk« nichts bekannt war. Ich lege großen Wert auf die Feststellung, dass ich all dies erst Ende vergangener Woche erfahren habe, und erinnere einmal mehr daran, dass ich mich der deutschen Öffentlichkeit gestellt und nicht nur bekannt, sondern auch die Verantwortung dafür übernommen habe, dass Spenden nicht in das Spendenregister der Partei aufgenommen wurden. In diesem Interview unterstreiche ich, dass der Spendenuntersuchungsausschuss des Deutschen Bundestages mit dem Ziel eingerichtet wurde zu prüfen, inwieweit Regierungshandeln durch finanzielle Zuwendungen beeinflusst worden sei. Erneut erkläre ich mit aller Schärfe, dass dies ein ungeheurer Vorwurf ist und dass ich zeit meines Lebens nie bestechlich war. Weder im Amt noch privat habe ich Geld angenommen. Ich kann nur hoffen, dass ich alsbald Gelegenheit habe, im Untersuchungsausschuss dazu Stellung beziehen zu können.

Dienstag, 8. Februar 2000

Seit Wochen erlebe ich jeden Morgen vor meiner Wohnung in Berlin die gleiche unverschämte Aufdringlichkeit. Draußen warten Journalisten in großer Zahl, bis zu vier Kamerateams stürzen sich auf mich, wenn ich das Haus verlasse. Dabei werden mir die jeweiligen Pressemeldungen vom Vortag vorgelesen und mit Fragen unter der Gürtellinie verknüpft: »Herr Kohl, wo haben Sie die Millionen von Herrn Mitterrand versteckt? In welchem Koffer haben Sie das Geld abtransportiert? Wann waren Sie in der Schweiz? Welche Akten haben Sie zur Seite geschafft?« Zum Teil sind es Kamerateams öffentlich-rechtlicher Anstalten, die aus meiner Sicht ständig den Staatsvertrag verletzen, dessen Grundlage die faire Berichterstattung ist. Junge Reporter aus dem Privatfernsehen suchen sich mit ihren Kamerateams gegenüber den öffentlich-rechtlichen Kollegen noch besonders hervorzutun. Sie wollen sich profilieren, indem sie in zügelloser Direktheit Fragen stellen, die andere Kollegen so nicht formulieren würden.

Nicht anders ist es an den Wochenenden vor unserem Haus in Ludwigshafen-Oggersheim. Was man hier nicht nur uns, sondern auch unseren Nachbarn zumutet, ist wirklich unerträglich. Es ist bedrückend. Wer das Haus verlässt, wird gefilmt. Wer uns besucht, auch. Wer mit dem Auto zu uns kommt, wird in Nahaufnahmen verfolgt. Das Ganze ist ein Stück aus dem Tollhaus. Die Journalisten mit ihren Kamerateams haben jede Hemmung verloren.

Als »Personen der Zeitgeschichte« wissen wir, wie groß das Interesse der Medien ist an Höhen und Tiefen, an Erfolgen und Misserfolgen, an politischen Fehlern und menschlichen Verfehlungen. Doch selbst als »Personen der Zeitgeschichte« dürfen wir nicht wie Freiwild behandelt werden, jederzeit zum Fotoschuss freigegeben. Sogar Menschen, die uns nicht sonderlich nahe stehen oder uns nicht besonders gut gesinnt sind, registrieren eine Verrohung der Sitten, der sie selbst niemals ausgesetzt sein wollen. Ein Teil der neuen Generation der Journalisten und die Vormacht des Mediums Fernsehen kennt keine Grenzen, wenn es darum geht, Bilder zu »schießen«.

Mittwoch, 16. Februar 2000

Wolfgang Schäuble erklärt in Berlin, er werde auf dem nächsten Parteitag nicht mehr als Partei- und Fraktionsvorsitzender kandidieren, um einen Neuanfang einzuleiten und möglich zu machen.

Dieser Schritt zeichnet sich seit Tagen ab. In seinem unmittelbaren Umfeld hat man für diesen Fall Vorsorge getroffen. Als Rücktrittsgrund wird verbreitet, er sei an mir und meinen Verfehlungen gescheitert und ich würde große Genugtuung darüber empfinden. Daran ist kein wahres Wort.

Warum er in den vergangenen Wochen immer mehr den Eindruck hinterließ, er habe das Steuer nicht mehr selbst in der Hand, sondern werde in irgendeiner Form getrieben, ist mir ein Rätsel. Ich habe meine Schuld und meine Verantwortung auf mich genommen. Damit hat Wolfgang Schäuble nichts zu tun. Auch die Vorgänge in der hessischen CDU müssen ihn nicht belasten. Es wäre ungerecht, ihm die Spendenaffäre anzulasten. Der Streit mit Brigitte Baumeister um die Übergabe der 100 000-DM-Spende von Karlheinz Schreiber ist völlig unverständlich, und niemand begreift, warum in diesem Zusammenhang eidesstattliche Erklärungen abgegeben werden müssen. Aber auch das kann ja auf keinen Fall der Grund dafür sein, aus dem Amt des Partei- und Fraktionschefs auszuscheiden. Letzten Endes kann ich nur vermuten, dass er die Belastungen all der ungerechtfertigten Vorwürfe nicht mehr ertragen kann und will. Dem Druck, den die Medien wegen des Verlusts seiner Glaubwürdigkeit auf ihn ausüben, konnte er bisher allerdings standhalten.

Schon lange spricht er von Intrigen gegen ihn. Von wem und aus welchen Gründen ein intrigantes Spiel gegen ihn im Gang sein soll, bleibt mir allerdings verschlossen. Ich weiß nicht, wer gegen ihn intrigieren sollte. Weder kann ich eine Intrige feststellen, noch bin ich an einer beteiligt.

Donnerstag, 17. Februar 2000

Thomas Schäuble, der baden-württembergische Innenminister, wendet sich nach dem Rücktritt seines Bruders an die Öffentlichkeit und sagt: »Ich verabscheue Kohl. Und ich kann da für die ganze Familie sprechen.« Verbittert äußert er sich vor den Fernsehkameras in Stuttgart und meint, dass ich ohne Wolfgang Schäuble nicht sechzehn Jahre lang Bundeskanzler gewesen wäre. Nun stelle sein Bruder sich die Frage, ob dies so gut war, ob denn das ein so großes Verdienst war. Dies erkennen zu müssen sei das, worunter sein Bruder leide.
Die Reaktionen auf die emotionalen Äußerungen von Thomas Schäuble sind sehr stark. Aus seinen Sätzen spricht ein solcher Hass, dass ich keine Worte dafür finde. Ich kenne Thomas Schäuble kaum. Bei unseren wenigen Begegnungen hatte ich keinerlei negative Erfahrungen mit ihm. Er unterstellt mir jetzt als Heuchelei, dass ich nach dem ersten Besuch bei seinem schwer verletzten Bruder, der 1990 auf der Intensivstation lag, die Tränen nicht unterdrücken konnte. Weiter behauptet er, ich hätte mich nach dem Attentat nicht um seinen Bruder und dessen Familie gekümmert. Das ist absolut abwegig. Es gibt so viele Zeugen für mein Mitgefühl und meine Hilfsbereitschaft in diesen Tagen, dass die Unwahrheit dieser Behauptung leicht erkennbar ist.

Vor dem Untersuchungsausschuss tritt heute Kanzleramtschef Frank-Walter Steinmeier auf. Er berichtet, dass im Kanzleramt wichtige Unterlagen zum Verkauf der Leuna-Raffinerie und der Minol-Tankstellenkette an Elf-Aquitaine ebenso fehlen wie Ak-

ten zum Verkauf von Panzern an Saudi-Arabien und zur Privatisierung von Eisenbahnerwohnungen. Er halte eine böswillige Absicht ebenso für möglich wie eine Schlamperei. Steinmeier unterstreicht, es gebe keine schriftlichen Nachweise darüber, ob ich und mein damaliger Kanzleramtschef Friedrich Bohl über das Verschwinden unterrichtet waren.
Solche Dokumente kann es nicht geben, auch keine mündlichen Anweisungen der Leitungsebene. Deshalb fordere ich erneut, schnell ordentliche Gerichte einzuschalten, um den Vorwurf der Aktenvernichtung während meiner Amtszeit ein für allemal zu entkräften.

Freitag, 18. Februar 2000

Nach einer Vorabmeldung des *Spiegel* beabsichtigt die Bonner Staatsanwaltschaft eine Durchsuchung meines Hauses in Ludwigshafen, meiner Wohnung in Berlin und der Wohnungen meiner langjährigen Mitarbeiterin Juliane Weber und meines Fahrers Ecki Seeber. Die Wirkung dieser Meldung in der Öffentlichkeit und in meinem Freundes- und Bekanntenkreis ist heftig. In meinem unmittelbaren Umfeld sind alle tief getroffen. Für Normalbürger ist eine solche Ankündigung gleichbedeutend mit einer Vorverurteilung, auch wenn das juristisch gesehen natürlich nicht der Fall ist. Ohne die Fantasie allzu sehr zu strapazieren, kann sich bestimmt jeder gut vorstellen, wie es auf Nachbarn, Freunde und im Ausland wirkt, wenn Staatsanwälte mit entsprechendem Polizeiaufgebot Haus und Wohnung des langjährigen Bundeskanzlers durchsuchen. Schlimmer noch: Meine langjährige Mitarbeiterin und mein langjähriger Fahrer – beides unbescholtene Bürger, die nicht nur in ihrem privaten Umfeld großes Ansehen genießen – werden ebenfalls verdächtigt und an die Öffentlichkeit gezerrt.
Für Hannelore ist die angekündigte Hausdurchsuchung besonders demütigend. Als Frau des Ministerpräsidenten, als Frau des

Bundeskanzlers hat sie über viele Jahre ein enormes Arbeitspensum bewältigt, ohne einen Pfennig Geld dafür zu bekommen. Niemand kann bestreiten, dass sie unsere Republik im In- und Ausland hervorragend repräsentierte. Mir stellt sich heute die Frage, warum wir das alles auf uns genommen haben, wenn wir jetzt am Pranger stehen, in die Ecke von Kriminellen gerückt werden und eine Hausdurchsuchung vor laufenden Kameras zu erwarten haben. Wir sind zutiefst getroffen.
Später kündigt die Bonner Staatsanwaltschaft an, auf die Hausdurchsuchungen zu verzichten, weil der *Spiegel* vorab darüber berichtet hatte. Eine solche Maßnahme verspreche nur dann Erfolg, wenn der Betroffene zuvor keine Kenntnis davon habe, lässt die Staatsanwaltschaft verlauten. Soll ich jetzt dem *Spiegel* dankbar sein? Seit Wochen beobachte ich ein ungewöhnliches Zusammenspiel aus dem Bereich der Ermittlungsbehörden wie der Bonner Staatsanwaltschaft und bestimmten Medien, an ihrer Spitze *Süddeutsche Zeitung* und *Spiegel*. Ohne jeden Zweifel werden diese Vorgänge eines Tages noch einmal eine Rolle spielen.

Im Keller, wo auch die Reisealben und manches Souvenir aufbewahrt werden, entdeckt Hannelore Wahlplakate aus dem Wahlkampf zur Volkskammerwahl 1990. An diesem Tag heute vor zehn Jahren begann meine Versammlungskampagne zu dieser ersten freien Wahl in der DDR. Auftritte in Erfurt, Chemnitz, Magdeburg, Rostock, Cottbus und Leipzig lagen vor mir. Der Wahlkampfauftakt in Erfurt wurde zu einem einzigartigen Erlebnis. Wir hatten nicht die geringste Vorstellung davon, was uns dort erwarten würde. Am Abend zuvor hatte Willy Brandt in Erfurt gesprochen und war von 20 000 Zuhörern herzlich begrüßt worden. Meine Leute und ich rechneten damit, dass sich bei dem ersten gemeinsamen Auftreten der drei Spitzenpolitiker der »Allianz für Deutschland« – Lothar de Maizière von der CDU, Wolfgang Schnur vom »Demokratischen Aufbruch« und Hans-Wilhelm Ebeling von der »Deutschen Sozialen Union« –

ähnlich viele Zuhörer einfinden würden. Noch heute muss ich über die erregte Diskussion schmunzeln, wer von den Dreien in welcher Reihenfolge und mit welcher Redezeit sprechen sollte.

Auf dem Weg nach Erfurt legten wir eine Kaffeepause ein und erkundigten uns bei den Begleitpolizisten, ob sie etwas über den Publikumsandrang wüssten. Eine halbe Stunde vor der Versammlung überbrachte uns jemand die Information, dass etwa 5000 Menschen dort seien. Das enttäuschte mich gewaltig, waren doch die Besucherzahlen bei Willy Brandts Auftritt am Vortag vierfach höher ausgefallen.

Als wir dann in Erfurt ankamen, standen wir plötzlich vor einer riesigen Menschenmenge. Wie ich später erfuhr, sollen es rund 180 000 Zuhörer gewesen sein.

Was immer noch an staatsrechtlichen Problemen zu lösen oder an internationalen Fragen zu beantworten war: Hier zeigte sich ganz klar: Die Menschen waren unterwegs, sie wollten das wiedervereinte Deutschland, sie wollten eine gemeinsame Währung, die D-Mark. Sie wollten die DDR nicht mehr. Auch wenn es keinerlei seriöse demoskopische Umfragen gab, war mir an diesem Tag klar, dass die »Allianz für Deutschland« alle Chancen hatte, die Wahl mit einem großartigen Ergebnis zu gewinnen.

Bei den nächsten Wahlkampfauftritten wurden jeweils zwischen 150 000 und 180 000 Zuhörer gezählt. In Leipzig war die größte Versammlung am 14. März 1990 mit nahezu 300 000 Teilnehmern. Bei der Kampagne zur Wahl der DDR-Volkskammer sprach ich vor insgesamt 1,2 Millionen Menschen.

Diese Erinnerungen gehen Hannelore und mir heute durch den Kopf. Hannelore erlebte den Großteil dieser Veranstaltungen mit, vor allem die Kundgebung in Leipzig, ihrer Heimatstadt. Jetzt sitzen wir in unserem Bungalow in Ludwigshafen und fragen uns, wann die Bonner Staatsanwälte mit Polizeibeamten und entsprechender Fernsehbegleitung anrücken werden. Diese Vorstellung ist uns nach alldem unverständlich und unerträglich.

Sonntag, 27. Februar 2000

Nach der Landtagswahl in Schleswig-Holstein kann die rotgrüne Koalition weiterregieren. CDU und FDP haben den angestrebten Regierungswechsel nicht geschafft. Dabei hatte Volker Rühe alle Chancen, Heide Simonis zu schlagen. Doch die Spendenaffäre vermasselte ihm den Sieg. Heide Simonis hat die Wahl nicht etwa wegen besonderer Leistungen gewonnen, sondern einzig und allein wegen der gegenwärtigen Belastungen, denen die CDU aufgrund der Finanzaffäre ausgesetzt ist. Es tut mir wirklich leid, dass ich durch mein Fehlverhalten zu Volker Rühes Niederlage beigetragen habe.

Montag, 28. Februar 2000

Die Bonner Staatsanwaltschaft lässt die Geschäftsstelle des CDU-Landesverbands Rheinland-Pfalz in Mainz durchsuchen. Ein anonymer Hinweis behauptet, hier seien Akten aus dem Bundeskanzleramt oder aus dem CDU-Spendenbereich zu finden. Das anonyme Schreiben erscheint den Richtern und Ermittlern so präzise und schlüssig, dass sie einen Anfangsverdacht gegeben sehen und eine in der Geschichte der Bundesrepublik Deutschland einmalige Aktion gegen den früheren Regierungschef starten: Acht Beamte durchsuchen vier Stunden lang die Landesgeschäftsstelle. Natürlich finden sie nichts.
Mit einem einzigen Telefonat hätte man sich den ganzen Aufwand ersparen und den anonymen Verdacht aus der Welt schaffen können. Der Sachverhalt war so: Hannelore und ich wohnten nach der Wahlniederlage im September 1998 und bis zum Umzug nach Berlin im Juli 1999 im Kanzlerbungalow – mit dem Einverständnis meines Amtsnachfolgers und gegen eine entsprechende Mietzahlung. Im Lauf der Jahre hatte sich nicht nur in meinem Privathaus in Ludwigshafen, sondern auch im Privattrakt des Kanzlerbungalows eine Menge von Büchern angesam-

melt, die ich auf keinen Fall nach Berlin mitnehmen konnte. Zufällig wurde der rheinland-pfälzische CDU-Landesvorsitzende Christoph Böhr bei einem Besuch in Bonn Zeuge eines Gesprächs, bei dem es um den Verbleib dieser »Reichtümer« ging. Spontan erklärte er sich bereit, alle Bücher zu übernehmen und in die Bibliothek der CDU-Landtagsfraktion zu integrieren. Ich freute mich über diese Lösung, auf die jede Bibliothek stolz sein konnte.

Einen ganzen Tag lang haben Hannelore und ich die Bücherbestände geprüft und für den Transport nach Mainz sortiert. Am Ende brachten drei kleine Transporter sie von Bonn nach Mainz, wo sie am helllichten Tag vor aller Augen ausgeladen und in die Fraktionsbibliothek gebracht wurden, die sich ganz in der Nähe der Landesgeschäftsstelle befindet. In der Landesgeschäftsstelle landete kein einziges Blatt aus diesem Bonner Transfer.

Ich vermute, dass ein anonymer Brief an die Staatsanwaltschaft ging, in dem irgendjemand Angaben zu diesem »verdächtigen« Transport machte, aber dabei die falsche Adresse angegeben hatte. So kommt es, dass die Staatsanwaltschaft, die sich gut informiert glaubt, am falschen Ort zuschlägt. Dabei hätte sie, wie gesagt, in einem einzigen Telefonat klären können, wohin der vermeintliche Aktentransport aus dem Bundeskanzleramt tatsächlich gegangen war und worum es sich bei den Papieren in Wahrheit handelte. Allerdings wäre dann ein Hauptziel der Aktion nicht erreicht worden, nämlich in aller Öffentlichkeit ein weiteres Paradestück an Desinformation zu inszenieren. Vor dem Hintergrund, dass die SPD-Führung im Bundeskanzleramt mit tatkräftiger Unterstützung des Sonderbeauftragten Burkhard Hirsch behauptet, aus dem Kanzleramt seien Akten verschwunden, müssen viele Bürger annehmen, dass jemand diese Akten bewusst vernichtete. Die nächste Stufe ist dann, dass der frühere Kanzler selbst, dem immer wieder ein zupackender Charakter bescheinigt wird, persönlich Hand anlegt und die Unterlagen mit seinem Fahrer selbst nach Mainz transportiert.

Es dürfte wohl kaum ein zweites Beispiel für einen Vorgang von solcher Bösartigkeit geben.
Parallel zu der Mainzer Aktion muss auch mein langjähriger Vertrauter Hans Terlinden aus der Bundesgeschäftsstelle eine Hausdurchsuchung über sich ergehen lassen.

Dienstag, 29. Februar 2000

Die Unionsfraktion wählt Friedrich Merz zum neuen Vorsitzenden der CDU/CSU-Bundestagsfraktion. An dieser Wahl nehme ich nicht teil, weil ich mich seit Wochen schon nicht mehr in der Fraktion zeige. Die Gründe dafür sind einleuchtend: Wo immer ich auftrete, umlagern mich Fernsehkameras, bestürmen mich Journalisten. Mein Gang durch den Reichstag ist unerträglich geworden. Neben einem beachtlichen Teil hochanständiger Journalisten, die sich bemühen, in dieser hysterischen Stimmung ihren beruflichen Pflichten korrekt und seriös nachzugehen, gibt es andere, deren schurkenhaftes Verhalten nicht mehr zu akzeptieren ist. Aus diesem Grund bleibe ich auch heute wieder der Fraktion fern.
Als Nachfolger von Wolfgang Schäuble hätte Friedrich Merz auch meine Stimme bekommen. Er ist eine gute Wahl. Vor allem im Bereich der Wirtschafts- und Steuerpolitik hat sich der Mann aus dem Sauerland spürbar profiliert. Als Europa-Abgeordneter ist er in der europäischen Szene bewandert und kennt sich auch in den internationalen Beziehungen aus.
Friedrich Merz tritt einen schweren Job an. Zum einen befindet sich die Union wegen der Spendenaffäre in einer sehr schwierigen Lage. Zum anderen liegt im Wesen einer Fraktion eine ganz besondere Herausforderung. Als Fraktionschef in Mainz und Bonn machte ich die Erfahrung, dass sich innerhalb einer Fraktion eine Vielzahl gruppendynamischer Prozesse ergeben, die nicht immer leicht zu steuern sind: Die Kollegen kommen montags aus ihren Wahlkreisen nach Berlin angereist. Abends tref-

fen sie sich zunächst in ihren Landesgruppen. Der Dienstag beginnt mit Besprechungen in den Arbeitskreisen, und der Nachmittag ist der gemeinsamen Fraktionssitzung vorbehalten. Ausschusssitzungen schließen sich an, die auch noch am Mittwoch auf dem Terminkalender stehen. Donnerstag und Freitag sind für die Plenarsitzungen des Bundestags reserviert. Dazwischen gibt es viele Besprechungen mit Besuchern, vor allem mit Gruppen aus den Wahlkreisen. Zum Abgeordnetenmandat gehört ein kleiner Apparat von Sekretärinnen, wissenschaftlichen Mitarbeitern und anderen Assistenten. Dieses Personal ist immer präsent, auch wenn der Abgeordnete sich nicht in Berlin aufhält. Die Mitarbeiter der Fraktion und der Abgeordneten leben in einer Art ständiger »Gemeinschaft«. Hier werden Meinungen ausgetauscht, Standpunkte begründet, Urteile analysiert und politische Initiativen besprochen. Daraus ergibt sich oft ein schwieriges, durchaus dynamisches, aber mitunter auch undurchsichtiges bis bedrohliches Klima, das die Stimmung innerhalb der Bundestagsfraktion beeinflusst und nicht selten auch prägt.

Karl Carstens, der frühere Bundespräsident und langjährige Vorsitzende der Unionsfraktion im Bundestag, sagte einmal: Wenn ich in die Fraktion kam und von einem bevorstehenden riesigen Krach ausging, herrschte Friede und völlige Ruhe. Wenn ich in die Fraktionssitzung kam in der Hoffnung, die Sitzung werde bald zu Ende sein und ohne Probleme über die Bühne gehen, passierten die größten Überraschungen mit harten Diskussionen und schweren Auseinandersetzungen.

Diese Erinnerung eines klugen Politikers lässt erkennen, wie schwer das Amt des Fraktionsvorsitzenden ist. Ich wünsche Friedrich Merz viel Glück und Erfolg bei seiner neuen Aufgabe. Er hat meine uneingeschränkte Unterstützung.

Freitag, 3. März 2000

Die *Wirtschaftswoche* veröffentlicht eine Meldung über meine Spendenaktion. Das war zu erwarten. Erstmals bestätige ich, dass ich mit meiner Spendensammlung den finanziellen Schaden ausgleichen will, der der CDU durch von mir zu verantwortende Verstöße gegen das Parteiengesetz entstanden ist: Ich habe meinen Fehler öffentlich eingestanden und bedauert. Ich habe dafür die politische Verantwortung übernommen. Jetzt will ich helfen, Schaden wieder gutzumachen. Bei diesem Vorhaben werde ich von namhaften Persönlichkeiten finanziell unterstützt. Es sind dies deutsche Staatsbürger oder Bürger der Europäischen Union, die ihre Spenden aus ihrem versteuerten Einkommen tätigen. Was sie spenden, ist steuerlich nicht absetzbar.
Die Spenden werden auf einem Anderkonto meines Anwalts gesammelt, das eigens für diesen Zweck eingerichtet wurde. Ich lege Wert auf die Feststellung, dass ich lediglich als Bote der Spender gegenüber der CDU tätig sein werde und keinerlei Verfügungsgewalt über das Geld habe. Die 6,3 Millionen DM, die nach und nach eingehen, werden an den Schatzmeister der CDU weitergeleitet, der die Gelder zum Ausgleich der Zahlungsverpflichtung beim Präsidenten des Deutschen Bundestages verwendet. Es ist ausdrücklicher Wunsch der Spender, durch diese Initiative auch mein politisches Wirken zu würdigen.

Donnerstag, 9. März 2000

Vor der Berliner Bundespressekonferenz gebe ich heute das bisherige Ergebnis der Spendenaktion bekannt. Noch einmal erläutere ich, wie das Spendengeld auf ein Anderkonto meiner Anwälte eingezahlt wurde und dass ich mit dieser Aktion die durch mein Fehlverhalten entstandene finanzielle Belastung der CDU ausgleichen möchte.

Ich kann darauf verweisen, dass bereits 5,9 Millionen DM gesammelt wurden und dass mir die Restsumme für die kommende Woche zugesagt wurde. Ich lege eine Liste mit den Namen von dreißig Spendern vor. Gleichzeitig gebe ich bekannt, dass meine Frau und ich unser Haus in Ludwigshafen mit einer Hypothek von 700 000 DM belasten werden, um unseren persönlichen Beitrag zu den 6,3 Millionen DM zu leisten. Sehr renommierte und hoch angesehene Persönlichkeiten in der Bundesrepublik unterstützen mich mit namhaften Geldbeträgen. Sie kommen aus allen gesellschaftlichen Schichten, aus Industrie und Wirtschaft, aus Publizistik und Kultur.

Die Resonanz auf unsere Bitte um Spenden war für Hannelore und mich überwiegend positiv. Es erreichten uns nur wenige Absagen. Allerdings waren wir bei unseren Anfragen sehr vorsichtig, da wir nach den Erfahrungen der letzten Wochen davon ausgehen mussten, dass die Zahl der potenziellen Spender gewaltig gesunken und die Zahl derer, die uns überhaupt nicht mehr kennen oder kennen wollen, gewaltig gestiegen ist. Trotzdem erlebten wir weit weniger Enttäuschungen, als wir bei unseren ersten Diskussionen vermutet hatten. Auffallend ist, dass sich unter den Spendern Menschen befinden, mit denen ich früher persönlich nur wenig Kontakt hatte und die schon gar nicht zu denen gehörten, die alles daran setzten, bei einer meiner Auslandsreisen dabei zu sein, oder die bei gesellschaftlichen Veranstaltungen unglaubliche Anstrengungen unternahmen, um in der Nähe des Bundeskanzlers und seiner Frau platziert zu werden.

Dass jene Persönlichkeiten, die sich bereit erklärten, mir zu helfen, angefeindet und belästigt werden würden, damit hatten wir rechnen müssen. Wie brutal und verleumderisch das geschehen würde, das hatte ich allerdings nicht für möglich gehalten.

Besonders überrascht waren Hannelore und ich, dass der Essener Verleger der *Westdeutschen Allgemeinen Zeitung (WAZ)*, Erich Schumann, bereit war, sich mit der namhaften Spende von 800 000 DM zu beteiligen. Ich kenne den erfolgreichen Verleger und ehemaligen Präsidenten der Deutschen Sporthilfe seit vielen

Jahren. Er ist seit Studentenzeiten überzeugter Sozialdemokrat und hat das auch in der Öffentlichkeit immer deutlich gemacht. Ungeachtet seiner politischen Überzeugung hat er darauf hingewiesen, dass er meine Arbeit schätze, vor allem im Blick auf die Europapolitik und die deutsche Einigung. Er finde es schändlich, wie jetzt mit dem früheren Bundeskanzler umgegangen werde. Dies seien wesentliche Gründe für ihn, mir zu helfen. Ich kann nicht verhehlen, dass es mir eine große Freude und besondere Genugtuung bereitet, von diesem Mann unterstützt zu werden.

Dann tritt jedoch ein, was sich nur mit dem erbitterten Freund-Feind-Denken in der SPD-Parteiführung erklären lässt: Schumann wird mit einem Parteiausschlussverfahren wegen unehrenhaften Verhaltens rechnen müssen. Eine in jeder Weise völlig überzogene und unerträgliche Reaktion, ein starkes Stück. Was ist eigentlich aus der SPD geworden?

Die schleswig-holsteinische Ministerpräsidentin Heide Simonis hat sich sogar dazu hinreißen lassen, öffentlich zu einem Boykott von Nestlé-Produkten aufzurufen, weil der langjährige Chef des Konzerns, Helmut Maucher, der einer meiner alten Freunde ist, mir mit einer Spende von 500 000 DM aus seinem privaten Vermögen helfen will. Und weil ein weiterer alter Freund von mir, Jens Odewald, der Aufsichtsratsvorsitzende von Tchibo, zusammen mit seiner Frau Jutta 700 000 DM aus seinem Privatvermögen spendet, fordert Frau Simonis auch in diesem Fall einen Boykott. Die Ministerpräsidentin scheut nicht davor zurück, in ihrem Hass gegen den Menschen Helmut Kohl zu einem Firmenboykott aufzurufen. Dies ist ein ungeheuerlicher Vorgang. Ebensosehr wie die Sache als solche erschüttert mich die Tatsache, dass sich in unserer Republik kaum jemand hörbar darüber aufregt. Man stelle sich vor: Eine deutsche Ministerpräsidentin, eine wichtige Amtsperson mit einem wichtigen Verfassungsauftrag, fordert aus rein parteipolitischen Gründen einfach zum Boykott auf. Sie tut das so schamlos, offenbar getrieben von tiefster Abneigung gegen mich, dass man

sich unwillkürlich die Frage stellt, in welcher Zeit wir eigentlich leben.
Aber es gibt viele negative Erfahrungen, die Spender machen mussten, und alle diese Erfahrungen sind skandalös: Menschen, die einen mittelständischen Betrieb haben, wurde angedroht, dass sie keine Aufträge mehr erhalten würden. Die Liste solcher Reaktionen ist sehr lang und geht bis hin zu Lehrern, die die Kinder von Spendern in der Schule fragten, wieso ihr Vater für Helmut Kohl Geld gegeben habe. Solche bitteren Erfahrungen stimmen mich sehr nachdenklich in Bezug auf den Zustand unseres Landes. Das Ausmaß des Verletzungspotentials ist erschreckend.
Ich habe viel Verständnis dafür, dass man mich persönlich ablehnt. Ich habe viel Verständnis dafür, dass manche wegen meiner Politik gegen mich sind. Ich habe auch viel Verständnis dafür, dass manche sagen, meine Fehler im Zusammenhang mit der Spendenaffäre seien unverzeihlich. Nicht nachvollziehen aber kann ich den ausgesprochenen Hass, der sich über jene ergießt, die mir nahe stehen und mir helfen wollen.
Doch es gibt auch erfreuliche Reaktionen auf den Boykottaufruf von Heide Simonis. Es scheint, als überwiesen viele Menschen jetzt erst recht ihre Spenden auf das extra eingerichtete Konto. Die Beträge reichen von 20 DM bis 1000 DM. Die Spender finden sich unter den so genannten sozial Schwachen wie in der wohlhabenderen Gesellschaft. Auffallend häufig sind Spenden aus den neuen Bundesländern. So erwuchs aus meiner Spendenaktion eine solche Welle an Sympathie, mit der ich nicht gerechnet hatte. Eine so große Flut von Briefen erreicht mich, dass ich mich außer Stande sehe, sie alle zu beantworten.

Dienstag, 14. März 2000

Die Partei ist ein wichtiger Teil meines Lebens, das kann und will ich nicht verleugnen. Meine Gefühle für sie haben sich nicht verändert. Das sage ich heute in einem Interview der *Welt* und mache deutlich, dass ich nicht im Zorn zurückblicke, sondern auf dem Weg zum Altenteil einfach nur fair behandelt werden will. Gerade weil ich meine Fehler bereue, versuche ich ja, den materiellen Schaden wieder gutzumachen. Zwar ist der immaterielle Schaden nicht so leicht zu beseitigen, aber mit meiner Spendenaktion habe ich auch dafür ein deutliches Zeichen setzen wollen. Ich räume ein, dass ich für die Fehler in der Spendensache jetzt büßen muss, hoffe aber, dass mit der Zeit der richtige Bewertungsmaßstab gefunden wird. Nach meinem Empfinden büße ich für die Fehler in einer Art und Weise, die in keinem Verhältnis zur Sache selbst steht. Die Heuchelei anderer ist nur schwer zu ertragen. Ich akzeptiere es nicht, wenn so getan wird, als hätte nur die CDU Fehler gemacht und andere nicht.

Noch einmal unterstreiche ich, dass ich natürlich für meine Ehre kämpfe und auch um ein faires Urteil über meinen Beitrag in der Politik. Gegen alle Versuche, mein politisches Ansehen herabzuwürdigen, werde ich kämpfen.

Mittwoch, 15. März 2000

In der Aktuellen Stunde des Deutschen Bundestags entbrennt heftiger Streit über meinen Spendenaufruf. Ich bin gar nicht erst hingegangen, weil ich wenig Sinn darin sehe, mir die rot-grünen Beschimpfungen anzuhören. Der Zorn der Linken über meine geglückte Wiedergutmachungsaktion ist unverkennbar.

Freitag, 17. März 2000

Nach mehrmonatiger Abwesenheit nehme ich heute erstmals wieder an einer Bundestagssitzung teil. Anlass ist eine Debatte zum zehnten Jahrestag der ersten freien Wahlen in der DDR. Ich

möchte dabei sein, wenn über Sieger und Verlierer bei dieser Volkskammerwahl diskutiert wird.
Manche Redner tun sich schwer, den überragenden Erfolg der »Allianz für Deutschland« zu würdigen, an deren Zustandekommen ich entscheidend beteiligt war. Dass der Urnengang für die in allen Umfragen vor der Wahl als Sieger gehandelten Sozialdemokraten zu einem einzigen Debakel wurde, bleibt auf der linken Seite des Berliner Parlaments heute so gut wie unerwähnt. Schwer tun sich einige Debattenredner, in meiner Gegenwart den Namen Helmut Kohl auszusprechen. Nicht so die frühere Volkskammerpräsidentin und spätere Staatssekretärin im Bonner Gesundheitsministerium Sabine Bergmann-Pohl. Die gelernte Ärztin erinnert in einer selbstverständlichen und freundlichen Weise an meine Verdienste. Anschließend minutenlanger Beifall in den Reihen der Unionsfraktion, der gut tut.
Andere wie Gregor Gysi, der Vorsitzende der PDS-Gruppe im Bundestag, tun es ihr mit großem politischen Geschick und durchaus zum eigenen Vorteil gleich. Mit wohlgesetzten Worten demonstriert der PDS-Vormann Großzügigkeit im Umgang mit dem politischen Gegner, dem er hohes Lob spendet.

Am Abend zuvor sollte ein Treffen der CDU/CSU-Bundestagsfraktion mit den ehemaligen CDU-Mitgliedern der Volkskammer stattfinden. Ich freute mich darauf, vielen alten Wahlkämpfern, Frauen und Männern, wieder zu begegnen, die durch die Wende in die Politik gelangten und heute beinahe vergessen sind. Als ich jedoch erfuhr, dass Wolfgang Schäuble meine Anwesenheit wohl unerträglich findet, sagte ich meine Teilnahme ab. Um den neuen Fraktionsvorsitzenden Friedrich Merz nicht gleich bei der ersten Gelegenheit in Schwierigkeiten zu bringen, verzichtete ich auf das Treffen.
Umso mehr hat mich gefreut, dass ich tagsüber einigen ehemals führenden Köpfen der DDR-CDU und der »Allianz für Deutschland« begegnet bin, die aus der heutigen politischen

Landschaft so gut wie verschwunden sind und einen Weg jenseits der Politik eingeschlagen haben.
An den Wahltag und Abend des 18. März 1990 erinnere ich mich noch ganz genau. Mit Lothar de Maizière hatte ich verabredet, dass wir uns nach Bekanntgabe der ersten Hochrechnung abstimmen und über eine gemeinsame Sprachregelung verständigen wollten. Doch sein Anruf kam nicht. Es dauerte Tage, bis wir telefonischen Kontakt hatten. Bis heute glaube ich, dass er sich schwer tat mit dem überragenden Sieg der »Allianz für Deutschland«, vor allem weil die Wahlentscheidung der DDR-Bevölkerung offensichtlich auch etwas mit mir zu tun hatte. Das zeigen seine Interviews am Wahlabend, in denen er an keiner Stelle durchblicken ließ, wie wichtig die »Allianz für Deutschland« und meine Teilnahme am Wahlkampf für den Wahlsieg gewesen waren. Vielmehr tat er so, als ob es den kurzen, aber harten Wahlkampf, in dem wir unsere gesamten Kräfte mobilisierten, überhaupt nicht gegeben hätte.
Mein Verhältnis zu Lothar de Maizière, der eigentlich nie Ministerpräsident hatte werden wollen, sondern in Wahrheit Manfred Stolpe favorisierte, bevor dieser SPD-Mitglied wurde, war nicht frei von Vorbehalten: De Maizière, später mein einziger Stellvertreter als CDU-Vorsitzender, war ein Mann, der die Mechanismen der Macht und des Parteiapparats wenig schätzte. Leider musste ich mit der Zeit erkennen, dass die Chemie zwischen uns beiden nicht stimmte. Die Vermutung, de Maizière sei Inoffizieller Mitarbeiter des Ministeriums für Staatssicherheit gewesen, ist nie ganz aufgeklärt worden. Er hat darunter ungemein gelitten. Schließlich trat er von sich aus von allen Ämtern zurück.

Montag, 20. März 2000

Der CDU-Vorstand nominiert Angela Merkel als einzige Kandidatin für den Parteivorsitz.
Trotz aller unbestreitbaren Differenzen der letzten Monate zwischen ihr und mir halte ich ihre Nominierung für folgerichtig und wünsche ihr schon heute viel Kraft und Durchhaltevermögen.

Montag, 27. März 2000

In einem *Focus*-Interview kündige ich an, künftig wieder regelmäßig an Plenarsitzungen teilzunehmen, und erkläre gleichzeitig, nicht ein weiteres Mal für den Bundestag kandidieren zu wollen. Über das Verhältnis zu Wolfgang Schäuble kann ich mich nur bedauernd äußern und sagen, dass es mir lieber wäre, wenn es nicht so gekommen wäre. Aber es soll nicht an mir liegen, das, was an Differenzen da ist, auch wieder abzubauen – das unterstreiche ich ausdrücklich.
Im Gegensatz zu mir scheint Wolfgang Schäuble zu einer Versöhnung jedoch nicht bereit zu sein. Er wirft mir mangelnde Loyalität ihm gegenüber vor, deshalb könne es zur Zeit kein entspanntes Verhältnis zu mir geben. Voraussetzung dafür sei ein Unrechtsbewusstsein, das mir aber fehle.

Mittwoch, 29. März 2000

In der Presse wird heute berichtet, dass die CDU finanzielle Transaktionen über Anderkonten in der Schweiz abgewickelt hätte, die dem Ministerium für Staatssicherheit durch abgehörte Telefonate bekannt gewesen seien. Das würden Dokumente der Gauck-Behörde belegen, die das Archiv des früheren DDR-Geheimdienstes verwaltet. Das MfS habe die Telefone von Uwe Lüthje abgehört und sei so 1980 zu dem Schluss gekommen, dass die CDU über ein Konto bei einer Schweizer Bank verfügte. Weiter heißt es, der Geheimdienst habe Informationen über ein Telefonat zwischen Walther Leisler Kiep und Uwe Lüthje vom Juni 1976 gehabt. In den Unterlagen des MfS werde ferner der Umgang Lüthjes mit potenziellen Sponsoren beschrieben.

Die Hinweise auf Abhörprotokolle überraschen mich nicht. Ich bin immer davon ausgegangen, dass wir alle in Bonn und anderswo abgehört wurden. Oft habe ich mich gefragt, wieso es nie gelungen ist, die immer vermuteten Stasi-Aktivitäten in der Bundesrepublik, genauer: in den Bundesministerien und im Bundeskanzleramt, genau zu orten und zu entlarven. Wenn Experten heute behaupten, dass mehr als 20 000 Stasi-Agenten in der Bundesrepublik unterwegs waren und spionierten, ist es unverständlich, dass ausgerechnet im Kanzleramt während meiner sechzehnjährigen Amtszeit nur zwei Spionagefälle aufgedeckt wurden. Beide Male handelte es sich lediglich um Sekretärinnen in keineswegs entscheidenden Positionen. Bis heute denke ich, das können nicht alle gewesen sein. Ganz genau werden wir das vermutlich erst dann wissen, wenn die Amerikaner alle ihre Unterlagen offenlegen. Offensichtlich kauften die USA nämlich Ende 1989 und Anfang 1990 – aus welchen Quellen auch immer – in der sich auflösenden DDR reichlich Geheimdienstmaterial. Die so genannten »Rosenholz«-Materialien belegen die Aktivitäten der DDR-Auslandsspionage in der Bundesrepublik.

Während meiner Amtszeit bemühte ich mich sehr um die Rückgabe dieses Agentenmaterials. Leider traf ich immer wieder auf taube Ohren in Washington. Erst in den zwei letzten Jahren meiner Kanzlerschaft registrierte ich eine gewisse Veränderung in der unnachgiebigen Haltung der amerikanischen Administration. Zuletzt schien Präsident Bill Clinton bereit zu sein, unserem Wunsch nach Rückgabe des »Rosenholz«-Materials zu entsprechen. Teile dieser Stasi-Unterlagen sind denn auch mittlerweile im Bundeskanzleramt eingetroffen, wo sie allerdings offenbar streng unter Verschluss gehalten werden.

Ich bin sehr skeptisch, ob die darin enthaltenen Angaben über

Westspione von dieser rot-grünen Koalition je rückhaltlos an die Gauck-Behörde gegeben und damit Wissenschaftlern und Journalisten zugänglich gemacht werden. Denn vermutlich sind in diesen Akten reihenweise Stasi-Zuträger aus dem weiten Spektrum der deutschen Linken zu finden. Die Verbitterung mancher Bürger der früheren DDR, die fragen, warum die Stasispitzel im Osten des wiedervereinigten Deutschlands an den Pranger gestellt werden, während die Stasispitzel im Westen unbehelligt bleiben, kann ich gut verstehen. Aber vielleicht ändert sich ja doch noch etwas.

Donnerstag, 30. März 2000

Heute besucht mich der frühere amerikanische Außenminister Henry Kissinger in Berlin. Seit meinem Ausscheiden aus dem Amt nutzt er jede Gelegenheit, um mich zu treffen, wenn er sich in Deutschland aufhält. Es ist sein besonderer Wunsch, gerade jetzt mit mir zusammenzukommen, um der Öffentlichkeit seine Verbundenheit mit mir zu demonstrieren. Wir speisen mittags im Hotel Adlon, wo wir von vielen Hotelgästen freundlich begrüßt werden. Im Gegensatz zu anderen Zeitgenossen hat Henry Kissinger keine Berührungsängste. Wir diskutieren intensiv über den Präsidentschaftswahlkampf in Amerika und über seine Einschätzung der amerikanischen Balkanpolitik. Sein ganz besonderes Interesse gilt wie immer der Entwicklung in der Volksrepublik China und in Russland. Weil wir davon beide eine Menge verstehen, ist der Meinungsaustausch außerordentlich spannend. Henry Kissinger ist einer der wenigen Amerikaner, die wirklich begreifen, welch dramatische Veränderungen sich durch die Europäische Union und vor allem durch die Einführung des Euro vollziehen.
An das Thema Euro kann ich abends bei einem Treffen mit dem EU-Präsidenten Romano Prodi anknüpfen, der sich zu Gesprächen mit der Bundesregierung in Berlin aufhält. Von ihm erfah-

re ich viel Neues aus dem Bereich der Kommission und Hintergründe, die man noch nicht aus der Presse kennt.

Freitag, 31. März 2000

Vorstellung des Rechtsgutachtens des Bayreuther Strafrechtlers Harro Otto. Sein Ergebnis in einem Satz: Ich handelte rechtswidrig, machte mich aber nicht strafbar.
Professor Otto widerspricht der Bonner Staatsanwaltschaft, die den Verdacht der Untreue auf drei Aspekte stützt:

- Einrichtung schwarzer Kassen,
- Abgabe der Gelder ohne Zustimmung der Parteigremien,
- Schädigung der Partei.

Der Gutachter unterstreicht, dass ich zu keiner Zeit Gelder eigennützig verwendet habe. Das angenommene Geld sei an die Schatzmeisterei geleitet worden. Weiter äußert der Gutachter die Vermutung, die schwarzen Konten hätten in weiten Kreisen der CDU bekannt gewesen sein müssen. Anscheinend habe man sich aber wenig dafür interessiert. Die Art und Weise der Annahme und Weiterverwendung der Spenden sei rechtswidrig, aber nicht strafbar gewesen. Das Parteiengesetz, gegen das ich verstoßen habe, beinhalte bewusst keine strafrechtlichen Konsequenzen.
Meine Anwälte sehen durch dieses Gutachten den gegen mich erhobenen Vorwurf der Untreue widerlegt. Sie fordern die Staatsanwaltschaft auf, das Verfahren einzustellen.
Ich hoffe sehr, dass das überzeugende Gutachten auf die Bonner Staatsanwaltschaft eine entsprechende Wirkung hat.

Heute fahre ich zur Trauerfeier anlässlich der Beerdigung meines alten saarländischen Freundes Werner Zeyer. Wir kannten uns noch aus der Jungen Union. Der Sohn eines Eisenbahners und gelernte Jurist hatte sich sehr bald der Landespolitik zugewandt und wurde zu einer wichtigen Säule der saarländischen CDU, der auch als erfolgreicher Bundestagsabgeordneter als Motor des CDU-Landesverbandes galt und sich durch sein ausgleichendes Wesen und sein soziales Engagement auch beim politischen Gegner Respekt verschaffte. Die deutsch-französischen Beziehungen waren für Zeyer ein hohes Gut. Franz-Josef Röder, sein Vorgänger im Amt des Ministerpräsidenten, wurde Zeyers Leistung nie gerecht. Da ich mit beiden befreundet war, bemühte ich mich oft, Animositäten abzubauen. Leider ohne durchschlagenden Erfolg.

Unter den vielen Trauergästen befinden sich Menschen aus allen gesellschaftlichen Schichten. Gemeinsam mit ihnen nehme ich Abschied von Werner Zeyer, der mir in schwierigen Zeiten ein treuer Freund war.

Sonntag, 2. April 2000

Die *Welt am Sonntag* veröffentlicht einen langen, ungewöhnlich informativen Artikel über die Telefon-Abhörmethoden des Ministeriums für Staatssicherheit. Danach rangierte die CDU, namentlich der damalige Bundeskanzler und dessen unmittelbares Umfeld, bei den Abhöraktionen des MfS ganz oben. Ich persönlich hätte schon lange, bevor ich Regierungschef wurde, unter der besonderen Beobachtung der Stasi gestanden. Die »Handakte Kohl« sei auf höchster Ebene unter Verschluss gehalten worden. Was die Abwehrspezialisten mitschnitten, sei nicht nur gesammelt, sondern auch für gezielte Kampagnen genutzt worden.

Dann kam der Regierungswechsel von 1982 und die Stasi habe sich mit gezielten Indiskretionen zurückgehalten, weil die DDR auch von dem neuen deutschen Kanzler als zweiter deutscher Staat anerkannt werden wollte. Ungeachtet dessen sei ich weiterhin vorrangiges Zielobjekt des Geheimdienstes geblieben.

Die »Handakte Kohl« sei weiter angewachsen. Sämtliche Abhörinformationen seien für den Minister für Staatssicherheit Erich Mielke aufbereitet und dann dem Staatsratsvorsitzenden Erich Honecker zur Kenntnisnahme vorgelegt worden. Als sich dann die friedliche Wende in der DDR ankündigte, sei der Apparat der Menge an Informationen aus dem Bonner Regierungsapparat kaum noch Herr geworden. Selbst der »Handakte Kohl« seien in diesen Monaten nur noch sporadisch Papiere hinzugefügt worden.

Erich Mielkes und Markus Wolfs Desinformationsattacken hatte ich immer wieder zu spüren bekommen. Konkret erinnere ich mich noch an das Jahr 1976, als ein Telefonat zwischen dem damaligen CDU-Generalsekretär Kurt Biedenkopf und mir im *Stern* abgedruckt wurde. Heute wissen wir, dass dieses Telefonat aus der Ostberliner Fälscherwerkstatt stammte und sich die Hamburger Magazin-Macher einmal mehr als willige Werkzeuge des DDR-Geheimdienstes erwiesen. Als ich diesen Verdacht damals aussprach und das Ganze als teuflisches Zusammenspiel bestimmter Hamburger Druckerzeugnisse mit geheimdienstlichen Auftraggebern brandmarkte, wurde ich ausgelacht. Erst jetzt, mit der Freigabe der Stasi-Akten durch die Gauck-Behörde, wird bis ins Detail offenbar, mit welchen Mitteln und Methoden der DDR-Unterdrückungsapparat auch im Westen arbeitete. Heute zeigt sich, wie Recht ich auch in den folgenden Jahren mit meiner Vermutung hatte, im Fadenkreuz des Ministeriums für Staatssicherheit zu stehen, das mit seinen Desinformationskampagnen in Hamburger Redaktionsstuben auf breites Interesse stieß. Dass ich das auch so aussprach, trug mir viel Hass ein, den ich heute fast täglich zu spüren bekomme.

Montag, 3. April 2000

Heute ist mein 70. Geburtstag. Ich hätte mir im Leben nicht träumen lassen, dass ich diesen Tag einmal unter solchen Umständen begehen muss. Nach den Ereignissen der letzten Zeit ist eine große Feier ausgeschlossen. Ursprünglich war geplant – das war mit Wolfgang Schäuble so besprochen –, eine Feier in repräsentativem Rahmen in Berlin zu veranstalten. Diese Idee hatte ich während der letzten Wochen jedoch aufgegeben und mich lediglich dazu bereit erklärt, an einem vom CDU-Landesverband Rheinland-Pfalz mit meinem Kreisverband gemeinsam veranstalteten Empfang in Ludwigshafen teilzunehmen. Es meldeten sich viele Menschen aus allen Bereichen der Gesellschaft dazu an, weil sie diese Veranstaltung als einzige Möglichkeit sahen, mich an meinem 70. Geburtstag zu treffen. Von den mehreren Dutzend Kamerateams aus der Bundesrepublik und Europa ganz zu schweigen. Obwohl die Veranstalter sich redlich Mühe gaben, mir einen angemessenen Rahmen zu meinem Festtag zu organisieren, sprengte die Zahl der Anmeldungen einfach die Platzkapazitäten für eine würdige Zusammenkunft. Unter diesen Umständen wäre ein unwürdiges riesiges Durcheinander entstanden, das weder dem Jubilar noch seinen Gratulanten etwas gebracht hätte. Es ist schade, dass diese Veranstaltung nicht zustande kommt. Unser Landesverband und vor allem dessen Vorsitzender Christoph Böhr haben sich enorme Mühe gemacht, um einen würdigen Rahmen für meinen runden Geburtstag zu schaffen.

Christoph Böhr kenne ich seit vielen Jahren. Er war einer der erfolgreichsten Bundesvorsitzenden in der Geschichte der Jungen Union. Aus der jungen Politikergeneration in Deutschland ist er einer der gebildetsten und kenntnisreichsten Köpfe. Und er ist treu.

Besonders schade ist, dass der enorme Einsatz meiner Ludwigshafener Parteifreunde – an der Spitze unser Kreisvorsitzender Josef Keller und Kreisgeschäftsführer Hubert Benning – nicht

belohnt wurde. Die Führung der Ludwigshafener CDU hat sich in all den Auseinandersetzungen und Hetzkampagnen der letzten Monate als treue Freunde und gute Kameraden erwiesen.
Gemeinsam mit unseren engsten Freunden Fritz und Erich Ramstetter fahren Hannelore und ich ins benachbarte Elsass. Beide haben sich nicht nur in dieser schweren Zeit als wirkliche Freunde bewährt. Ihre tätige Hilfe und ihr freundschaftlich-geistliches Wort war uns oft Trost und Stütze. Nach einer ausgiebigen Wanderung kehren wir abends in unser elsässisches Lieblingsrestaurant in Niedersteinbach ein, in dem wir ohne großen Rummel gepflegt speisen. Der Start zu diesem Ausflug allerdings war eine einzige Zumutung. Journalisten und Kamerateams belagerten wieder einmal unser Haus in der Marbacher Straße, um herauszufinden, was der Jubilar an seinem 70. Geburtstag unternimmt und welche Persönlichkeit ihm die Ehre eines privaten Besuchs erweisen würde. Ab dem Moment, da wir aus der Garage fahren, werden wir von Fernsehteams begleitet und belästigt, bis es uns nach einigen Kilometern gelingt, die Verfolger abzuschütteln.
Es ist wirklich unverschämt und kaum zu ertragen, wie nicht einmal der kleinste Rest privater Existenz von diesen journalistischen Wegelagerern respektiert wird.

Eine Flut von Glückwünschen erreicht mich. Mein Büro zählt mehr als 6000 Geburtstagsgrüße. Die meisten alten Weggenossen aus dem In- und Ausland melden sich zu Wort, aber auch politische Gegner. Drei amerikanische Präsidenten sind darunter und fast alle europäischen Kollegen. Auch von Margaret Thatcher kommt ein ganz besonders herzlicher Brief. Viele Repräsentanten aus der früheren Sowjetunion und Russland mit Boris Jelzin an der Spitze gratulieren ebenfalls.
Für die CDU gratulieren Angela Merkel und Wolfgang Schäuble in einem gemeinsamen Schreiben. Bundespräsident, Kanzler und einige Bundesminister schicken mir Geburtstagsgrüße.
Von den 6000 Gratulanten kenne ich natürlich nur einen ganz

geringen Teil. In zahlreichen Briefen lese ich ausführliche Schilderungen von ungewöhnlichen Schicksalen, die die Zeitspanne auch meines Lebens umfassen. Sie stimmen mich sehr nachdenklich. Ich möchte gern alle Briefe persönlich beantworten – auch wenn das teilweise nur mit den gleichen Formulierungen möglich sein sollte, aber selbst dann habe ich noch Zweifel, ob es mir wirklich gelingen kann.

In der bedrückenden aktuellen Lage bewegt mich vor allem, wie sehr auch meine Familie, meine Freunde und Mitarbeiter betroffen sind. Täglich erleben sie, wie ich an den Pranger gestellt werde und geradezu über Nacht von einer Figur der Zeitgeschichte zur Unperson werde. Aber mein Lebensweg ist weitgehend identisch mit meinem politischen Weg. Ich bin jetzt seit über fünfzig Jahren Mitglied der CDU. Die Partei ist ein Teil nicht nur meines politischen Lebens. Sie ist meine Heimat. Darum habe ich Grund zur Dankbarkeit, wenn ich zurückblicke auf das Auf und Ab, auf Höhen und Tiefen, auf Siege und Niederlagen. Vor allem auch deshalb, weil ich in einen Abschnitt gewaltiger geschichtlicher Veränderungen hineingestellt wurde. Das war nicht mein Verdienst, aber mir wurden Chancen zum Mitgestalten geschenkt.

Heute werde »das System Kohl« an den Pranger gestellt, wenn ich mich ausnahmsweise einmal dieses Schlagwortes bedienen darf. Manche meiner Gegner verwenden damit ganz bewusst ein Schimpfwort der Nazis aus der Weimarer Republik, denn damals wurden demokratische Politiker als »Systempolitiker« denunziert. Die außerparlamentarische Opposition hierzulande führte diesen Ausdruck in den Sechzigerjahren dann in der Bundesrepublik ein. Und jetzt soll der Versuch unternommen werden, mich als Parteivorsitzenden und als Bundeskanzler systematisch herabzuwürdigen. Es wird ein Bild von mir gezeichnet, das mit der Wirklichkeit nichts zu tun hat. Denn was habe ich getan? Ich habe mich sowohl in meinem Amt als Bundeskanzler wie auch als Parteivorsitzender intensiv um die

Erledigung meiner Aufgaben bemüht. Ich kümmerte mich mit großem persönlichen Einsatz um die Partei. Das war die Grundlage für unseren Erfolg. Dabei traf ich viele Entscheidungen, darunter sicher auch Fehlentscheidungen. Vor allem musste ich viele Personalentscheidungen treffen, die für Einzelne große Folgen hatten. Dabei kam es natürlich auch zu Verletzungen, was mir manche nicht vergessen haben. Und viele, die Vorteile davon hatten, vergaßen dies auch nicht. Verwundert bin ich allerdings über diejenigen, die damals zu den Nutznießern des so genannten Systems Kohl gehörten und sich jetzt distanzieren. Es ist ja nicht so, dass ich mich in jenen Jahren nicht der öffentlichen Kritik gestellt hätte. Schließlich wurde ich in vier Bundestagswahlen als Kanzler und auf zwölf Parteitagen als Parteivorsitzender wiedergewählt. So viel zu den angeblich vordemokratischen Machtstrukturen, die man mir andichten will.

Wenn ich heute, an meinem Geburtstag, Rückschau halte, gestehe ich auch vor mir selbst ein, Fehler gemacht zu haben, die ich bedaure und bereue. Vor allem in der Spendensache habe ich Fehler gemacht, die ich gerne ungeschehen machen würde.

Wer so viele Jahre Verantwortung getragen hat, muss sich schon die Frage stellen, ob er den Menschen immer korrekt begegnet ist. Durch notwendige Personalentscheidungen hatte ich wichtige Funktionen zu vergeben. Oft habe ich im Nachhinein überlegt, ob meine Entscheidung richtig war.

Ich frage mich in diesen Tagen, welche Motive den Kampf gegen mich so erbittert sein lassen. Manchmal spüre ich geradezu blanken Hass. Hass gegen einen Mann, der mit dazu beigetragen hat, die Linke daran zu hindern, unser Land in eine andere Republik zu führen. Die Folgen wären schrecklich gewesen. Ich hoffe sehr, dass der Untersuchungsausschuss die Gelegenheit dafür bietet, diese Zusammenhänge öffentlich zu diskutieren. Wenn man die Äußerungen der rot-grünen Mitglieder dieses Untersuchungsausschusses liest, erkennt man das Ziel: eine ganze Epoche unserer Geschichte zu diffamieren. Denn natürlich wissen auch die Vertreter von Rot-Grün, dass die von mir ge-

führte Bundesregierung niemals käuflich war. Und selbst meine bittersten Feinde werfen mir schließlich nicht vor, dass ich mich persönlich bereichert hätte. Gemessen an den Lebensverhältnissen vieler führender Repräsentanten unserer Gesellschaft lebten und leben meine Frau und ich bescheiden.
Wenn ich heute einen Wunsch habe, dann den, dass ich die jetzige Situation mit Anstand und Würde hinter mich bringe. Das ist mein Wunsch. Ganz einfach mit Anstand und Würde die Jahre, die mir noch geschenkt sind, in Frieden leben zu können. Und dass alle, die an mich glauben und die mir vertrauen, wieder entdecken: der Helmut Kohl, der fällt nicht bei jedem Wind um. Auch nicht bei jedem Sturm.

Heute verschärft sich der Streit um den Umgang mit Stasi-Unterlagen im Zusammenhang mit der Spendenaffäre. Ich werde die Veröffentlichung von Telefon-Abhörprotokollen, die die Stasi über mich gesammelt hat, mit allen rechtlichen Mitteln zu verhindern suchen. Meine Anwälte habe ich bereits beauftragt, juristische Schritte zu prüfen und gegebenenfalls das Bundesverfassungsgericht anzurufen. Ich halte es für völlig inakzeptabel, dass Telefonprotokolle aus Archiven einer verbrecherischen Institution veröffentlicht werden, bei denen niemand weiß, wer sie erstellt hat und ob sie nicht gefälscht sind. Das ist ein Vorgang, der vom Bundesverfassungsgericht in Karlsruhe einmal grundsätzlich überprüft werden muss.
Es wäre wirklich unerträglich, wenn jetzt die Täter über die Opfer siegen und triumphieren sollten. Diese Abhördokumente sind mit verbrecherischen Mitteln gewonnen worden. Vor zehn Jahren hätte ich jeden für geisteskrank erklärt, der behauptet hätte, dass Stasi-Abhörprotokolle in der deutschen Politik – so wie es jetzt den Anschein hat – einmal eine Rolle spielen würden. Dass das jetzt geschehen soll, ist ein Vorgang, der das Klima in Deutschland enorm verändern wird. Die gesamte politische Führung ist davon betroffen, denn nicht nur ich, sondern auch Willy Brandt und Helmut Schmidt und andere sind abge-

hört worden. Ich habe mir nie Illusionen gemacht, dass in Bonn nicht abgehört wird. Auch andere Geheimdienste haben dies getan. Aber dass der alte DDR-Geheimdienst zehn Jahre nach dem Ende der teuflischen Machenschaften eines Erich Mielke und Markus Wolf noch zu einem solchen Erfolg in der deutschen Politik gelangt, ist unerträglich.
Die besonders Pfiffigen unter den rot-grünen Abgeordneten im Untersuchungsausschuss kommen jetzt auf die Idee, dass man doch wenigstens das in den Befragungen verwenden könne, was in den Nachrichten über die Stasi-Unterlagen berichtet wird, wenn man schon nicht auf das Stasi-Aktenmaterial selbst zugreifen könne. Man spürt sehr deutlich die Absicht, möglichst viel an Indiskretionen aus den Akten zu gewinnen, um neues Material gegen mich in die Hand zu bekommen. Da der Parlamentarische Untersuchungsausschuss außer Diffamierungen bisher nichts zu Tage gefördert hat und bis jetzt nichts Greifbares in Händen hält, ist die Motivation zur Nutzung der Stasi-Akten sehr klar. Dagegen werde ich mich zu wehren wissen.

Donnerstag, 6. April 2000

Die ehemaligen CDU-Generalsekretäre Heiner Geißler und Volker Rühe erklären vor dem Untersuchungsausschuss, dass sie während ihrer jeweiligen Amtszeit von illegalen Finanztransaktionen und unberechtigt gesammelten anonymen Spenden keine Kenntnis gehabt hätten.
Heiner Geißler will mich natürlich belasten. Er schildert zwei Fälle von Finanztransfers, die ihm während seiner Amtszeit (1977 bis 1989) aufgefallen sind. Diese Beispiele sind damals öffentlich diskutiert worden: in der Presse ebenso wie in der Partei.

In der Presse lese ich Berichte über das Porträt, das der Fernsehsender Phoenix über Wolfgang Schäuble produziert hat und heute Abend ausstrahlen wird. Wegen dringender anderer Verpflichtungen kann ich die Dokumentation selbst nicht sehen. Ich lese und höre jedoch, dass aus Schäubles Worten deutlich wird, gegen ihn sei eine abscheuliche Intrige eingefädelt worden. Mit kriminellen Elementen sei ein Kampf zur Vernichtung seiner Person geführt worden. Ich spüre den Hass gegen mich in seinen Äußerungen durchschlagen. Wieder tut es mir sehr Leid, dass es zwischen uns beiden so weit gekommen ist. Jetzt erhebt Wolfgang Schäuble sogar Vorwürfe gegen mich, die er nicht belegen kann und die falsch sind. Genauso wendet er sich gegen Brigitte Baumeister, die ehemalige Schatzmeisterin, deren Verhalten er als verachtenswert bezeichnet. Wodurch sein Hass auf Brigitte Baumeister entstanden ist, ist mir unerklärlich. Meines Wissens hat sie in ihrer wichtigen Funktion in Parlament und Partei immer versucht, Wolfgang Schäuble gerecht zu werden. Nach allem, was ich lese und höre, scheint mir Schäubles Fernsehinterview eine knallharte Abrechnung mit dem »Patriarchen« zu sein, wie er mich neuerdings bezeichnet. Er schildert seinen Sturz als die Geschichte eines Verrats. Als Essenz der Dokumentation wird festgehalten, dass von der politischen und persönlichen Verbindung zwischen ihm und mir nichts geblieben sei als abgrundtiefe Enttäuschung und Hass.

Freitag, 7. April 2000

Der Streit um die Verwendung von Stasi-Abhörprotokollen im Untersuchungsausschuss gewinnt deutlich an Schärfe. Joachim Gauck, Bundesbeauftragter für die Unterlagen des Staatssicherheitsdienstes der früheren DDR, rechtfertigt abermals seine Absicht, das Aktenmaterial an den Ausschuss herauszugeben. Der frühere Rostocker Pfarrer ist strikt dagegen, mit Unterlagen, die Aufschluss über mein Verhalten in der Spendenaffäre geben könnten, anders zu verfahren als üblich. Er halte sich an das Stasi-Unterlagengesetz. Das erlaube auch die Herausgabe von Unterlagen, wenn Ausschussmitglieder diese verlangen. Er würde willkürlich handeln, so Gauck, wenn er in meinem Fall eine Ausnahme machte. Gleichzeitig versichert er, dass er und seine Behörde ein großes Interesse daran hätten, dass die Rechtssicherheit des Bürgers Helmut Kohl gewahrt bleibe. Joachim Jacob, promovierter Jurist und Datenschutzbeauftragter des Bundes, widerspricht Gauck entschieden und bekräftigt seine Auffassung, dass der Parlamentarische Untersuchungsausschuss Abhörprotokolle des Staatssicherheitsdienstes der DDR nicht verwenden dürfe. Man dürfe nicht vergessen, dass das Stasi-Unterlagengesetz eine Norm zum Schutz der Opfer ist.

Schon seit Tagen werden in beiden großen Parteien des Bundestages Stimmen laut, die eine Verschärfung des Stasi-Unterlagengesetzes fordern. Im Zusammenhang mit den Abhöraktionen der Staatssicherheit sei ich eindeutig als Opfer zu betrachten und müsse den Schutz der Rechtsordnung genießen, so der innenpolitische Sprecher der SPD-Fraktion Dieter Wiefelspütz. Wenn die derzeitige Rechtslage diesen Schutz nicht gewährleisten könne, dann müsse über eine Gesetzesänderung nachgedacht werden. Das sehe ich ganz genauso und warte gelassen ab.

Besonders bemerkenswert ist ein Vortrag des früheren Präsidenten des Bundesverfassungsgerichts Ernst Benda, der sich leidenschaftlich gegen die Verwendung der Stasi-Protokolle im Untersuchungsausschuss ausspricht.

Sonntag, 9. April, bis Dienstag, 11. April 2000

Zum ersten Mal seit 1951 nehme ich an einem Bundesparteitag der CDU nicht teil. Während der drei Tage in Essen sollen die Weichen für einen inhaltlichen und personellen Neuanfang gestellt werden.

Ein halbes Jahrhundert lang – seit den Zeiten Konrad Adenauers, Ludwig Erhards, Kurt-Georg Kiesingers und ganz besonders seit 1973 in meiner Funktion als Parteivorsitzender und ab

1982 als Kanzler – habe ich als Delegierter, als Redner, Organisator und Gestalter in vielerlei Hinsicht die Geschichte der CDU und damit die Erfolgsgeschichte der Bundesrepublik mitgeschrieben. In den Parteitagsprotokollen ist das Auf und Ab unserer Partei und damit der Geschichte unseres Landes genau nachzulesen. Es war ein weiter und zum Teil auch beschwerlicher Weg, der von den großen politischen Erfolgen ebenso geprägt ist wie von den schmerzlichen Niederlagen in diesen Tagen. Ich bin stolz, dass ich so viele Jahre unseren Ideen und Idealen dienen konnte.

Die ohne Gegenkandidat angetretene designierte neue Vorsitzende Angela Merkel erhält mehr als 95 Prozent der Stimmen und übernimmt damit als erste Frau den Parteivorsitz.

Wolfgang Schäuble, auf dessen Unterstützung die Partei auch nach seinem Rücktritt nicht verzichten will, kommt mit dem zweitbesten Ergebnis von 78 Prozent ins Präsidium. Viele Parteimitglieder, so ist zu hören, erwarten, dass Wolfgang Schäuble und ich unseren Konflikt nicht zu Lasten der CDU austragen.

Damit bin ich sehr einverstanden, denn ich möchte alles dafür tun, dass der Graben zwischen uns nicht noch tiefer wird. Am liebsten würde ich ihn ganz zuschütten. Ich habe nie ein Interesse daran gehabt, Wolfgang Schäuble zu Fall zu bringen, und auch nie von ihm verlangt, er müsse wegen der Umstände um die Schreiber-Spende die Konsequenzen ziehen. Seinen Rücktritt hat er ganz alleine zu verantworten. Niemand unterstellt ihm, er habe das Spendengeld von Schreiber für sich persönlich verwendet. Das ist alles Unfug und hat mit mir nichts zu tun. Es kommt einer Lüge gleich, wenn behauptet wird, aus meinem unmittelbaren Umfeld seien Telefonate mit Karlheinz Schreiber in Kanada geführt worden, um eine minutiöse Kampagne zur politischen Vernichtung Wolfgang Schäubles als CDU-Parteivorsitzender zu planen. Nichts dergleichen trifft zu. Ich kenne jedenfalls keine derartigen mit kriminellen Elementen geplanten Intrigen, auf die Wolfgang Schäuble nach seinem Rücktritt immer wieder verweist. An Ränkespielen habe ich mich nie beteiligt. Und sich als Opfer eines Machtkampfs zwischen ihm und mir darzustellen, kann nur Ergebnis einer fehlgegangenen Ursachenforschung für Schäubles Scheitern als Partei- und Fraktionschef sein. Auch seine angeblich viel zu enge Verbundenheit mit meiner Kanzlerschaft kann ihm ja niemand zum Vorwurf machen, denn diese sechzehn Jahre sind – auch dank seines unermüdlichen Einsatzes und seines spürbaren politischen Einflusses – in weiten Phasen eine Erfolgsgeschichte für unser Land. Wenn Wolfgang wirklich der Überzeugung ist, sechzehn Jahre seines Lebens dem falschen Mann, nämlich mir, zu viel Loyalität entgegengebracht zu haben, dann finde ich dazu keine Worte.

In diesen Tagen werde ich oft gefragt, warum ich nicht zum Parteitag nach Essen komme. Die Antwort ist ganz einfach: In der gegenwärtigen Situation wäre meine bloße Präsenz – selbst wenn ich in der letzten Reihe säße – ein fortdauerndes Medienereignis. Bis zur Stunde hält die Belästigung durch Kamerateams vor unserem Haus in Ludwigshafen und vor unserer Berliner Wohnung unvermindert an. Wo immer ich hinkomme und Journalisten davon erfahren, stürzen sich Fernsehteams auf mich. Wenn ich dem Parteitag fernbleibe, hat das also nichts mit einer vermeintlichen Distanz zwischen mir und der Partei zu tun. Es bedeutet schon gar keine Trennung. Ich bin Parteisoldat und werde in der Mitte der Partei bleiben bis ans Ende meiner Tage.

Donnerstag, 13. April 2000

Wolfgang Schäuble sagt vor dem Untersuchungsausschuss aus, keine Anhaltspunkte dafür zu haben, dass irgendwelche Spenden, Provisionen oder finanziellen Vorteile das Regierungshandeln unter meiner Führung beeinflusst hätten. Außerdem berichtet er über zahlreiche Details, um seine Version von Schreibers 100 000-DM-Spende zu untermauern. Brigitte Baumeister gibt eine seiner Darstellung widersprechende Erklärung ab: Sie habe die Spende selber in Empfang genommen und anschließend den Umschlag an Schäuble weitergegeben. Dagegen wehrt sich Wolfgang Schäuble und nennt weitere Anhaltspunkte, die Brigitte Baumeisters Version der Spendengeschichte erschüttern sollen.

Ich verstehe diesen Streit nicht. Von der Sache her ist es doch völlig gleichgültig, ob Wolfgang Schäuble die Spende von Schreiber direkt erhalten hat oder ob Frau Baumeister die Spende für ihn bei Schreiber abgeholt hat. Ich finde es sehr schade, dass beide jetzt in eine solche öffentliche Auseinandersetzung geraten sind.

Die *Bild*-Zeitung veröffentlicht heute einen Brief von Walther Leisler Kiep an mich vom 27. April 1993. Damit soll der Eindruck erweckt werden, als hätte meine Entscheidung zur Lieferung von Spürpanzern nach Saudi-Arabien etwas mit einer angeblichen Einflussnahme von Karlheinz Schreiber zu tun.

Dieser Eindruck ist falsch. Ich erkläre schriftlich, dass die Entscheidung des Bundessicherheitsrats vom 27. Februar 1991 über die Genehmigung der Lieferung von Spürpanzern nach Saudi-Arabien ausschließlich nach außen-, sicherheits- und bündnispolitischen Erwägungen und in enger Abstimmung mit den Nato-Partnern getroffen wurde. Ebenso richtig ist und bleibt, dass ich meine politische Grundentscheidung zur Lieferung der Spürpanzer bereits mehr als fünf Monate früher bei einem Treffen mit dem damaligen US-Außenminister James Baker in meinem Ludwigshafener Privathaus am 15. September 1990 getroffen habe. Vor dem Hintergrund der Golfkrise war meine Position in dieser Sache ausschließlich von Erfordernissen der unabweisbaren Bündnisloyalität Deutschlands zur Unterstützung der Golfallianz und zur Verteidigung der bedrohten Länder dieser Region bestimmt. Ich unterstreiche noch einmal, dass alle anderen Interpretationen meiner Entscheidung jeder sachlichen Grundlage entbehren.

Dienstag, 11. April, bis Samstag, 29. April 2000

Auch in diesem Jahr verzichte ich nicht auf meine Fastenkur in Bad Hofgastein. Hannelore hält sich unterdessen in Bad Wiessee im Jägerwinkel am Tegernsee auf.
Der Urlaub tut mir richtig gut. Die vergangenen aufregenden Wochen haben viel Kraft gekostet und mich ziemlich kaputt gemacht. Die große Distanz zu den Berliner Aufgeregtheiten und der offenbar nie zu Ende gehenden Hektik ist ausgesprochen wohltuend. Ich habe viel Bewegung, weil ich täglich wandere, und genieße entspannende Gespräche mit meinen Besuchern. Es bleibt viel Zeit und Muße, über meine eigene schwierige Lebenssituation nachzudenken. Außerdem lese ich eine Reihe neuer Publikationen über den Zusammenbruch der DDR und die Jahre des Zusammenwachsens dessen, »was zusammengehört«, wie es Willy Brandt einmal treffend formulierte. Im Lauf der letzten zehn Jahre hat man selbst als Hauptakteur verschiedener politischer Entscheidungsprozesse manches Detail schon wieder vergessen. Ganz bewusst wird mir dieser Tage noch einmal das unglaubliche Tempo, mit dem sich damals alles vollzogen hat.

Am Vorabend meiner Rückreise telefoniere ich mit dem Präsidenten der EU-Kommission, Romano Prodi. Im Zusammenhang mit aktuellen Fragen der Europapolitik erinnert er mich an das Sonder-Gipfeltreffen des Europäischen Rats in Dublin vor zehn Jahren. Damals bekannten sich die zwölf Staats- und Regierungschefs zur deutschen Einheit. Verflogen waren die Sorgen und Ängste, die noch im Dezember 1989 in Straßburg deutlich zu spüren waren. Die »Deutschstunde« in Dublin wird zu einem großen Erfolg für Deutschland, hier stimmten alle Staats- und Regierungschefs der Europäischen Union endgültig der deutschen Einheit zu. Dieser Tag war im Ergebnis eine der größten Leistungen der deutschen Nachkriegsdiplomatie. Welten liegen zwischen jener Nacht im Dezember 1989 und diesem 28. April 1990. Damals hatte François Mitterrand in Straßburg den Vorsitz und es herrschte ein feindseliges Verhandlungsklima, weil es Befürchtungen gab, die Deutschen würden die europäische Gemeinschaft verlassen und sich vielleicht sogar aus der Nato zurückziehen. Um so mehr wäre dieses Jubiläum Grund genug für große Dankveranstaltungen. Aber diese Daten und Fakten sind schon fast in Vergessenheit geraten und interessieren heute nur noch Historiker. Kaum jemand erahnt noch, welch ungeheuer intensive Überzeugungsarbeit damals notwendig war, um zu diesem Ergebnis zu gelangen. Ich bin dankbar, dass wir unsere europäischen Nachbarn überzeugen konnten. Mitgewirkt daran haben vor allem Hans-Dietrich Genscher und Theo Waigel.

Freitag, 5. Mai 2000

Es ist wieder die *Süddeutsche Zeitung*, die eine weitere Lüge und Verleumdung in die Welt setzt. Wenn es gegen mich geht, ist diesem einstmals angesehenen Blatt jede Nachricht recht. Diesmal geht es um ein ungewöhnliches Ehepaar: Sie soll Mitarbeiterin des BND, ihr Mann Mitarbeiter des ungarischen Geheimdienstes gewesen sein. Aus dieser Quelle wird behauptet, dass nach der Wende in der DDR 500 Millionen DDR-Mark aus SED-Geldern nach Ungarn transferiert worden seien. Meine anonymen Spender habe es nach dieser Aussage gar nicht gegeben. Vielmehr solle es sich bei den angeblichen Spenden um gewaschenes SED-Geld handeln.
Das ist eine infame Lüge, und ich weise diese Meldung entschieden zurück. Weder die CDU noch ich selbst haben jemals aus dem Bereich der SED irgendeine Zuwendung erhalten. Diese Unterstellung ist völlig absurd und entbehrt jeglicher Grundla-

ge. Das Ganze ist ein weiterer Versuch, mein Ansehen herabzuwürdigen und mich zu diskreditieren und zu kriminalisieren. Natürlich melden sich auf Grund dieses Zeitungsberichts unverzüglich Stimmen aus dem rot-grünen Lager des Untersuchungsausschusses. Dort scheint man gut präpariert zu sein und fordert, dass dieser neuerliche Verdacht ebenfalls untersucht werden muss. Die Verleumdungen müssen unter die Leute gebracht werden. Dabei wäre es eigentlich so einfach, vom SPD-Bundestagsabgeordneten und Ausschussmitglied Peter Dankert Genaueres über das SED-Vermögen zu erfahren. Immerhin hat der Berliner Anwalt bei seinem Mandanten Alexander Schalck-Golodkowski richtig tiefen Einblick in die Arbeit des DDR-Devisenbeschaffers nehmen können. Und Schalck-Golodkowski war doch wirklich die beste Adresse, um Einzelheiten über das SED-Vermögen zu erfahren. Warum fragt eigentlich niemand Peter Dankert?

Dienstag, 9. Mai 2000

Die im Bundestag vertretenen Parteien wollen derzeit auf die Nutzung von Stasi-Abhörprotokollen im Untersuchungsausschuss verzichten. Die Fraktionsvorsitzenden sind mit ihrer Entscheidung der Haltung des Bundesdatenschutzbeauftragten gefolgt. Dagegen hatte Joachim Gauck ja erklärt, eine Verwendung der Stasi-Protokolle im Untersuchungsausschuss sowie die teilweise Herausgabe an Journalisten und Wissenschaftler sei zulässig. Ich berate mich mit meinen Anwälten. Wir sind uns im Klaren darüber, dass wir gegebenenfalls nur auf juristischem Weg zu einer rechtsstaatlich angemessenen Entscheidung kommen.

Mittwoch, 10. Mai 2000

Traditionelles Spargelessen der CDU/CSU-Bundestagsfraktion auf einem wieder aufgebauten Gutshof in Brandenburg, ganz in der Nähe von Berlin. Die große Mehrheit der Fraktion ist hocherfreut, dass ich endlich wieder dabei bin. Essen und Trinken sind ausgezeichnet, und in dieser Runde erlebe ich endlich einmal wieder einen entspannten und fröhlichen Abend.

Sonntag, 14. Mai 2000

Landtagswahl in Nordrhein-Westfalen. Die rot-grüne Koalitionsregierung wird bestätigt. Für die CDU ist der Wahlsieg, der noch vor einem Jahr zum Greifen nahe schien, in weite Ferne gerückt. Die Wiederholung des alten Wahlergebnisses zeigt zwar, dass die Union wieder Tritt gefasst hat, aber trotzdem hat die Finanzaffäre sie den Wahlsieg gekostet – und den berechenbaren Koalitionspartner FDP gleich mit. Dass Jürgen Rüttgers, der Landesvorsitzende und Spitzenkandidat, wenige Tage vor dem Wahlsonntag vor aller Augen ohne einen erklärten Bündnispartner dastand, hatte seine Chancen bei den sich erst zuallerletzt entscheidenden Wählern erheblich geschmälert. Jürgen Rüttgers hat – ähnlich wie Volker Rühe – die Zeche zahlen müssen. Das hat er nicht verdient und es tut mir Leid, zumal er als stellvertretender CDU-Bundesvorsitzender auch noch darauf achten musste, nicht in die Führungsdiskussion innerhalb der Partei hineingezogen zu werden. Bei den sehr schwierigen Verhältnissen an Rhein und Ruhr musste er hart kämpfen und erreichte offenbar immerhin die Mobilisierung der Stammwähler, wenn auch der nötige Zuwachs leider ausblieb.
Für mich persönlich hinterlässt der heutige Wahltag im bevölkerungsreichsten Bundesland, bei dem meine eigenen Fehler so negativ zu Buche schlagen, ein Gefühl der Bitterkeit.

Montag, 15. Mai 2000

Nach einem Bericht des *Spiegel* beschlagnahmte die Bundesanwaltschaft bei dem Bonner Journalisten Paul Limbach mehrere tausend Protokolle von Telefonaten westdeutscher Politiker. Die Stasi-Dossiers sollen Abschriften von dienstlichen wie privaten Telefonaten enthalten. Allerdings tauchten Telefonate, die ich geführt habe, nur selten in dem Bestand auf, heißt es weiter. Diese Lücke erklärt der Journalist Limbach damit, dass er mir schon im Herbst 1990 im Kanzleramt einen zwei bis drei Zentimeter starken Papierstapel von Telefonmitschnitten auf den Tisch gelegt habe – alles zu Telefonaten, die ich geführt habe.

Ich habe keinerlei Erinnerung, dass mir die Akten übergeben worden sind. Zwar zeigten mir immer mal wieder verschiedene Leute Abhörprotokolle, die möglicherweise auch mich betrafen, doch in meinem Besitz habe ich davon heute nichts. Ich erkundige mich bei meinen damaligen Mitarbeitern, die sich an den Vorgang ebenso wenig erinnern wie ich. Auch darum bin ich ganz sicher, dass die Papiere, die mir Paul Limbach damals offenbar übergab, ohne jegliche Bedeutung waren. Wäre das nicht der Fall gewesen, hätte ich mit Sicherheit reagiert.

Spekuliert wird, ob ich in den mir vor zehn Jahren überlassenen Stasi-Protokollen womöglich Belastendes oder Peinliches entdeckt und mich daher dazu entschlossen habe, eine eventuelle Herausgabe meiner Stasi-Akten mit allen juristischen Mitteln zu verhindern. Auch diese Annahme entbehrt jeglicher Grundlage. Ich weiß in der Tat nicht mehr als das, was an Gerüchten und Torheiten über die Stasi-Akten in den Medien verbreitet wird.

Donnerstag, 18. Mai 2000

Die Belagerung meiner Berliner Wohnung durch Fernsehteams nimmt noch erheblich zu. Sie ist wirklich unerträglich. Das ist ein neuer Höhepunkt im Psychoterror der elektronischen Medien, den ich im Moment erlebe. Ohne die geringste Möglichkeit, etwas dagegen zu unternehmen, muss ich mich ohnmächtig damit abfinden, was mir sehr schwer fällt. Nicht genug damit, dass wir davon betroffen sind, es ist auch eine unerträgliche Belästigung und Beeinträchtigung unserer Nachbarn und der Mitbewohner des Hauses.

In der heutigen Presse entdecke ich Bilder aus dem Palais Schaumburg. Genau heute vor zehn Jahren fand am ehrwürdigsten Ort der Bonner Politik, im alten Kabinettsaal des Palais Schaumburg, des alten Kanzleramts, die Unterzeichnung des Staatsvertrags über die Währungs-, Wirtschafts- und Sozialunion durch die Finanzminister Theo Waigel, Bundesrepublik, und Walter Romberg für die DDR-Regierung statt. Er trat zum 1. Juli 1990 in Kraft. Neben vielen Ministern aus beiden Staaten waren auch Ministerpräsident Lothar de Maizière und ich zugegen.

Dieser Tag war ein Meilenstein auf dem Weg zur deutschen Einheit. Mit dem unterzeichneten Vertrag sollte nun auch schleunigst die D-Mark in die DDR kommen. Noch immer habe ich den Satz eines Leipzigers im Ohr, der meinte, wenn die D-Mark nicht nach Leipzig kommt, dann gehen die Leipziger zur D-Mark. Das Ende ist bekannt: Die D-Mark kam nach Leipzig.

Gegen mancherlei Expertenmeinung entschieden wir uns für einen Kurs von 1:1, wohl wissend, dass dieser für die DDR-Bevölkerung außerordentlich günstige Kurs erhebliche Probleme mit sich bringen würde. Produktivität und gesamtökonomische Lage der DDR im Sommer 1990 hätten aus finanzpolitischer Sicht eigentlich eine andere Entscheidung erfordert. Allein aus der Gewissheit heraus, dass jede andere Entscheidung zu

enormen sozialen Eruptionen führen würde, haben wir uns sehenden Auges für diesen Umtauschkurs entschieden.
Selbst im Rückblick und bei Abwägung aller Risiken bin ich heute mehr denn je davon überzeugt, dass wir trotz aller erheblichen und verständlichen Vorbehalte die richtige Entscheidung getroffen haben. Die verantwortlichen Experten aus meinem Umfeld bewältigten ein enormes Arbeitspensum. Die Hauptlast der Verantwortung trugen Bundesfinanzminister Theo Waigel und der ehemalige Staatssekretär im Finanzministerium, Hans Tietmeyer, der unterdessen im Direktorium der Deutschen Bundesbank saß und drei Jahre später ihr Präsident wurde. Ihn hatte ich im März 1990 zu meinem persönlichen Berater für die Verhandlungen mit der DDR über die Wirtschafts- und Währungsgemeinschaft berufen. Im Bundeskanzleramt war mir vor allem Johannes Ludewig, der spätere Chef der Deutschen Bundesbahn, rund um die Uhr in allen Fragen der Wirtschafts- und Finanzpolitik ein wichtiger Ratgeber. Wenn jemand heute die Akten des Kanzleramts und des Finanzministeriums aus dieser Zeit liest, wird er wohl kaum erkennen können, was diese Männer und ihre Mitarbeiter geleistet haben. In dieser Hinsicht hat Burkhard Hirsch sicherlich nichts gefunden.

Im Plenum habe ich Theo Waigel getroffen. Wir haben über den historischen Tag vor zehn Jahren gesprochen und darüber, wie die, die jetzt alles besser wissen, uns damals keinen Rat gaben. Theo und seine Frau haben in diesen Monaten Hannelore und mich sowohl öffentlich als auch in persönlichen Gesprächen unterstützt. Er gehört zu denen, die sich als hilfreiche Freunde erwiesen haben.
In dieser für uns schwierigen Zeit waren besonders Edmund Stoiber und Michael Glos loyale und zuverlässige Freunde. Viele Kolleginnen und Kollegen aus CDU und CSU standen und stehen Hannelore und mir treu zur Seite.
Glücklicherweise vermitteln manche Stellungnahmen in der Öffentlichkeit nicht das wahre Bild. Hannelore und ich sind dank-

bar für die vielen Zeichen der Sympathie und Verbundenheit von so vielen Weggenossen, mit denen wir in vielen Jahren zusammengetroffen sind und zusammengearbeitet haben.

Sonntag, 28. Mai 2000

Das Wirtschaftsmagazin *Capital* behauptet, ich sei über dubiose DDR-Geschäfte mit Siemens-Technologie informiert gewesen. Ich hätte Fälle, bei denen das DDR-Embargo gebrochen worden sei, auf sich beruhen lassen und Siemens die Möglichkeit gegeben, Spuren zu verwischen.
Ich lasse auch diese Lüge dementieren. Die Zielsetzung dieser Meldung ist leicht zu ahnen: Mein Regierungshandeln soll mit angeblichen Millionenspenden von Siemens an die CDU und an mich in Verbindung gebracht werden. Mir ist von solchen Spenden der Firma Siemens nichts bekannt. Dies habe ich schon vor Wochen bei meiner Befragung durch die CDU-Wirtschaftsprüfer zum Ausdruck gebracht.
Trotzdem: Die unverschämte Meldung ist auf dem Nachrichtenmarkt und wird gierig konsumiert. Über den Wahrheitsgehalt machen sich die Medienleute kaum noch Gedanken. Meine Reaktion, mein eindeutiges Dementi wird nicht einmal überall zur Kenntnis genommen.

Freitag, 2. Juni 2000

Bill Clinton kommt nach der Verleihung des Aachener Karlspreises nach Berlin. Der amerikanische Präsident ist von Gerhard Schröder zu einem Treffen von Regierungschefs eingeladen worden, die sich einer besonders fortschrittlichen Politik verschrieben haben. Bill Clinton ist eine von dreizehn Persönlichkeiten, die heute in Berlin zu Gast sind. Bereits im Vorfeld dieses Besuches hat er mich wissen lassen, dass er mich unbedingt treffen möchte. Ich freue mich sehr, ihn zu sehen. In unserem intensiven und freundschaftlichen Gespräch geht es nicht nur um vergangene Zeiten, sondern auch um die Gegenwart. Er zeigt sich sehr interessiert, meine Meinung zu den gegen mich erhobenen Vorwürfen zu erfahren. Wie viele seiner Landsleute kann auch er die Vorgänge hier in Deutschland nicht verstehen. Nach dem sechzigminütigen Gespräch, das mehr als doppelt so lange dauerte, wie eigentlich geplant, verabreden wir, dass wir uns auch nach seinem Ausscheiden aus dem Amt bald wieder sehen werden.

Donnerstag, 8. Juni 2000

Heute sagen Juliane Weber und Michael Roik vor dem Untersuchungsausschuss aus. Diese Vorladung meiner engsten Mitarbeiter hat eine Vorgeschichte: Ursprünglich war neben Juliane Weber auch mein langjähriger Fahrer Eckhard Seeber geladen worden.

Als ich davon erfuhr, rief ich den Chef des Kanzleramts Frank-Walter Steinmeier an und bat ihn, den Bundeskanzler über meine Empörung zu informieren und ihm zu übermitteln, dass es ein unmöglicher Vorgang sei, engste Mitarbeiter von führenden Politikern vor einen Untersuchungsausschuss zu zitieren. Es sei völlig absurd, einen Fahrer im Untersuchungsausschuss darüber zu befragen und letztendlich auszuspionieren, welche Gespräche der ehemalige Bundeskanzler in seinem Beisein im Auto geführt habe. Gleichermaßen absurd sei die Absicht, Juliane Weber, meine engste Mitarbeiterin, vor den Untersuchungsausschuss zu laden, um von ihr irgend etwas über die Käuflichkeit von Regierungsentscheidungen oder über die Spendenpraxis der CDU zu erfahren.

Zur gleichen Zeit, als Juliane Weber von der rot-grünen Mehrheit vor den Ausschuss gezerrt wird, lobt Gerhard Schröder seine langjährige Büroleiterin in den höchsten Tönen und erklärt,

dass absolute Diskretion und Verschwiegenheit in dieser Funktion unerlässlich seien.
Kurze Zeit nach unserem Telefonat teilte mir Herr Steinmeier mit, dass man davon absehe, meinen Fahrer zu vernehmen. An seiner Stelle müsse jedoch mein Mitarbeiter Michael Roik vor den Ausschuss treten. Dass dieser erst 1995 ins Kanzleramt kam und als Leiter des Referats Öffentlichkeitsarbeit und zuletzt als Ständiger Vertreter des Leiters des Kanzlerbüros mit mir eng zusammenarbeitete, kann den Drahtziehern im Untersuchungsausschuss nicht unbekannt gewesen sein. Zuvor hatte Michael Roik seit 1984 mein Büro als Parteivorsitzender im Konrad-Adenauer-Haus geleitet. In dieser Funktion war er mein persönlicher Mitarbeiter, der nie mit Waffenlieferungen oder dergleichen, aber auch nie mit dem Finanzwesen der Partei beschäftigt war. Konkrete Fragen zum Untersuchungsgegenstand könnte Michael Roik also beim besten Willen nicht beantworten.

Die Vorladung von Juliane Weber war natürlich gezielt geplant und von der rot-grünen Mehrheit entsprechend vorbereitet. Genau so ist die Befragung im Ausschuss dann auch abgelaufen. Ausschussmitglieder der rot-grünen Koalition hatten nur eins im Sinn: Juliane Weber zu demütigen und mich damit zu treffen. Die Art und Weise, wie die Abgeordneten von SPD und Grünen, allen voran Hans-Christian Ströbele, diese Befragung nach übereinstimmendem Urteil vieler Beobachter gestalteten, macht deutlich, dass es zu keinem Zeitpunkt darum ging, Wesentliches zur Klärung der Sachverhalte beizutragen. Vielmehr ist die gesamte Befragung ausschließlich eine Demütigung Juliane Webers.
Von besonderer Unverfrorenheit war das Verhalten des grünen Bundestagsabgeordneten Hans-Christian Ströbele. Der war bekanntlich der Verteidiger des RAF-Anführers Andreas Baader und machte bundesweit Schlagzeilen, als er 1975 wegen Missbrauchs der Verteidigertätigkeit vom Stuttgarter Prozess ausgeschlossen und verhaftet wurde. 1982 verurteilte ihn das Berliner Landgericht wegen Unterstützung einer kriminellen Vereini-

gung zu zehn Monaten Haft auf Bewährung. Ausgerechnet dieser Mann also schwingt sich nun zum Aufklärer und selbsternannten Saubermann auf. Während der Vernehmung fragte er Juliane Weber unvermittelt, ob sie an einem bestimmten Tag im November 1999 mit einem Koffer auf dem Flugplatz Berlin-Schönefeld unterwegs gewesen sei und was sich in diesem Koffer befunden habe. Mit den Stichworten »Flugplatz« und »Koffer«, kombiniert mit Juliane Weber, sollte suggeriert werden, meine Mitarbeiterin habe Geld oder andere verdächtige Dinge transportiert. Frau Weber antwortete wahrheitsgemäß, sie sei noch nie in ihrem Leben auf dem Flughafen Schönefeld gewesen. Daraufhin reagierte Herr Ströbele mit der sehr inquisitorischen Frage: »Sie waren also nicht dort mit einem Koffer?« Antwort von Frau Weber: »Nein, ich war nicht dort.« Als Herr Ströbele die Frage zum dritten Mal stellte, bat ein Ausschussmitglied der CDU den Kollegen um eine Erklärung, was diese Frage solle und was ihn dabei bewege. Daraufhin erklärte Herr Ströbele, er ziehe jetzt die Frage zurück und werde am Nachmittag noch einmal auf sie zurückkommen.

In der Mittagspause wurde Ströbele von Journalisten umlagert und bedrängt, Näheres über den angeblichen Aufenthalt von Frau Weber und dem Koffer auf dem Flugplatz in Schönefeld zu erzählen. Ströbele formulierte seine Antwort vor den Fernsehkameras so, dass tatsächlich der Eindruck entstehen musste, Frau Weber sei in einer undurchsichtigen Angelegenheit für mich unterwegs gewesen. Im Verlauf des Nachmittags ist er dann nicht mehr darauf zurückgekommen. Auf Nachfragen eines CDU-Vertreters im Ausschuss, was nun mit dieser noch offenen Frage sei, antwortete Ströbele lapidar, er habe sich überlegt, diesem Punkt zu einem späteren Zeitpunkt nachzugehen. Ströbele muss genau gewusst haben, welches Lügen- und Verleumdungsgebäude durch sein penetrantes Herumhacken auf dieser Frage entsteht.

Dieser ganze Vorgang spricht für sich. Hier werden beispielhaft Denkweise und Absichten dieses Mannes sichtbar.

Juliane Weber und Michael Roik haben sich bravourös geschlagen. Ich weiß, dass beiden der Weg vor den Untersuchungsausschuss nicht leicht gefallen ist. Die Vorstellung, nach all den Jahren treuer Pflichterfüllung und größter Leistungsbereitschaft vor den Ausschuss gezerrt zu werden, war und ist für sie und ihre Ehepartner schwer erträglich.

Donnerstag, 15. Juni 2000

Der russische Staatspräsident Wladimir Putin hält sich in Berlin auf. Wir treffen uns zu einem offenen Gespräch, bei dem er herzliche Grüße seines Vorgängers Boris Jelzin überbringt.
Meine erste Begegnung mit dem Mann aus Leningrad hatte ich, während er noch der engste Mitarbeiter von Anatoli Sobtschak, des Bürgermeisters von St. Petersburg, war. Wladimir Putin ist ein Vertreter der jüngeren Generation. Er will einen neuen Abschnitt der russischen Politik einleiten und ist ein Garant dafür, dass die alten Verhältnisse der sowjetischen Politik nicht wiederkehren. Er hat ein ausgeprägtes Nationalbewusstsein, aber auch einen weiten politischen Horizont, und er weiß, dass die gute Zukunft Russlands in einer friedlichen weltpolitischen Entwicklung möglich ist. Er ist ein hochgebildeter Mann, der viel von Europa weiß. Und darin liegt eine große Chance, die von den Europäern und vor allem von uns Deutschen wahrgenommen werden sollte.
Der russische Präsident spricht so perfekt Deutsch, dass er selbst Dolmetscher damit zu verblüffen vermag. Während seiner KGB-Vergangenheit in der DDR hat er gemeinsam mit seiner Frau und seinen Kindern sehr viel von unserer Lebensart und Kultur kennen gelernt. Es ist schon ein glücklicher Umstand, mit einem russischen Präsidenten zusammenzusitzen, der unsere Sprache nicht nur versteht, sondern auch spricht. Daraus ergeben sich größere Verständigungsmöglichkeiten. Am Ende des Gesprächs lädt mich Wladimir Putin ganz herzlich zu einem baldigen Besuch nach Moskau ein.

Montag, 19. Juni 2000

Wegen groben Verstoßes gegen die Statuten der SPD wurde der geschäftsführende Gesellschafter der Essener WAZ-Gruppe, Erich Schumann, tatsächlich aus der Partei ausgeschlossen. Damit wird der frühere Anwalt Willy Brandts wegen seiner 800 000-DM-Spende im Rahmen meines Spendenaufrufs abgestraft. Sein »Verbrechen« besteht darin, dass er dem »Erzfeind« der Linken geholfen hat. Der 69-Jährige, Vorsitzender des drittgrößten deutschen Medienkonzerns, war 45 Jahre lang Mitglied der SPD und zuletzt einflussreicher Experte in der SPD-Medienkommission.

Zu dem Parteiausschluss kam es, obwohl Erich Schumann öffentlich begründet hat, warum er so viel Geld aus seinem Privatvermögen spendete: Als Motiv nannte er meine besonderen Verdienste um die Einigung Europas und die Wiedervereinigung Deutschlands.

Was die SPD mit diesem hochverdienten Sozialdemokraten macht, spottet jeder Beschreibung. Der Vorgang ist symptomatisch. Die Partei Willy Brandts muss sich schämen. Das Denken in Freund-Feind-Kategorien scheint über die Vernunft zu triumphieren. Das zeigen fast täglich auch die aggressiven Äußerungen des SPD-Generalsekretärs Franz Müntefering.

Donnerstag, 22. Juni 2000

Bei der täglichen Zeitungslektüre erinnere ich mich an ein wichtiges Jubiläum: Genau heute vor zehn Jahren stimmte der Bundesrat mit großer Mehrheit dem deutsch-deutschen Staatsvertrag zu, trotz starker Bedenken der SPD-geführten Bundesländer. Damit konnte der Staatsvertrag zur Schaffung der Wirtschafts-, Währungs- und Sozialunion zum 1. Juli 1990 in Kraft treten. Das war der Endpunkt intensiver Bemühungen – ein glücklicher Tag.

Heute droht dieses große Ereignis, das mich damals sehr berührt hat, in Vergessenheit zu geraten. Vergessen wird offenbar auch, dass die saarländische Landesregierung, vertreten durch Ministerpräsident Oskar Lafontaine, und die niedersächsische Landesregierung, vertreten durch Ministerpräsident Gerhard Schröder, im Bundesrat als Einzige gegen diesen Vertrag stimmten, der eine Magna Charta der gesamtdeutschen Existenz ist. Oskar Lafontaine, zuletzt Bundesfinanzminister und SPD-Vorsitzender, hat sich ins Saarland zurückgezogen, und Gerhard Schröder wurde Bundeskanzler. Die Wähler wollten das so. Aber ich will nicht vergessen, wie es damals wirklich war.

Freitag, 23. Juni 2000

Heute reise ich nach Dachau zum Trauergottesdienst für Christiane Herzog, die Gattin des früheren Bundespräsidenten. Hannelore ist krank und kann nicht mit dabei sein, was ich sehr bedaure, denn beide Frauen waren eng befreundet. Es ist der Abschied von einer großen und starken Frau, wie es der Gemeindepfarrer beim Trauergottesdienst formuliert. Christiane Herzog hatte so viel Herzenswärme. Sie trug wesentlich zur erfolgreichen Amtsführung ihres Mannes bei, setzte Maßstäbe als Gattin des Bundespräsidenten, als Frau an der Seite eines Spitzenpolitikers und wurde im In- und Ausland wegen ihrer zupackenden Art und ihres sozialen Engagements hoch geschätzt und gut verstanden. Als Pfarrerstochter war sie tief im christlichen Glauben verwurzelt und praktizierte lebendige Toleranz anderen Religionen gegenüber. Ich spüre, wie sehr ihr Tod Roman Herzog trifft.

In diesen Tag der Trauer um Christiane Herzog und des Mitgefühls für meinen Freund und Weggefährten Roman Herzog und seine Familie platzen Berichte der *Berliner Zeitung* und der *Berliner Morgenpost.* Danach fand Burkhard Hirsch, der Sonder-

ermittler der Bundesregierung, auf der Suche nach aus dem Kanzleramt angeblich verschwundenen Akten Unterlagen aus dem Jahr 1995, in denen sich eine Visitenkarte des Waffenlobbyisten Karlheinz Schreiber befand. Ich hätte auf dieser Visitenkarte vermerkt: »Wer ist das?«
Mit diesen Presseveröffentlichungen soll der Eindruck erweckt werden, dass ich in einer Beziehung zu Herrn Schreiber gestanden hätte. Genau das Gegenteil ist der Fall: Mein Vermerk auf der Visitenkarte unterstreicht noch einmal die Richtigkeit früherer Erklärungen von mir, dass Herr Schreiber keinen Einfluss auf Entscheidungen bezüglich der Lieferung von Spürpanzern in den Jahren 1990/91 gehabt hatte, da ich Herrn Schreiber zu diesem Zeitpunkt gar nicht kannte.
Es bleibt dabei, dass es keinerlei Beweise und Belege für den Vorwurf gibt, die ehemalige Bundesregierung unter meiner Führung sei bestechlich gewesen.

Samstag, 24. Juni 2000

Meine Anwälte haben Einblick in die Akten der Bonner Staatsanwaltschaft genommen. Dabei entdecken sie zwei Kopien einer anonymen Anzeige, die am 28. Februar 2000 zur Durchsuchung der CDU-Landesgeschäftsstelle in Mainz geführt hat. Erst jetzt, nachdem ich die beiden fast gleichlautenden Schreiben gelesen habe, kann ich den ganzen Umfang des politischen Skandals ermessen. Dass man allein auf Grund einer derartigen anonymen Anzeige, ohne weitere Recherchen, eine Hausdurchsuchung beantragt und auch noch einen Richter findet, der sie genehmigt, ist nicht zu fassen. Jeder, dem ich diese Dokumente zum Lesen gebe, ist genauso empört wie ich.
Offensichtlich sind beide Briefe von dem- oder derselben Schreiber/in verfasst worden. Ein Brief wurde ans Kanzleramt, der andere an die Staatsanwaltschaft Bonn geschickt. Symptomatisch für die Denkweise des Absenders ist, dass er an Klaus Wirtgen

Jan 2000.

294

Herrn Wittger Bitte lesen.

Sehr geehrter Herr Wittger, zur Spendenaffäre Kohl folgendes:

In einer Zeit, da der Herr Gerster in Mainz, Rhl.-Pfalz den Parteivorsitz der CDU innehatte, ohne sonstiges Mandat, also auch ohne Einkommen, hat Herr Kohl aus seiner schwarzen Kasse Herrn Gerster unterhalten. (bis zu seinem Versorgungsposten in Israel.)

Der unvergessliche Herr Geißler wurde ebenfalls mit 600.000 DM unter Bezahlung durch Herrn Kohl (ein Verbindungsgeld) ruhig gestellt.

Nach der Niederlage von Herrn Kohl (letzte Bundestagswahl) wurden 3 PKW voll Akten aus dem Bundeskanzleramt beim Landesverband der CDU in Mainz eingelagert. (durch Kohlfahrer genannt Ecker)

Kurz vor Weihnachten 99 wurden o.g. Akten (immer abends nach Büroschluss sehr spät) von Herrn Kohl u. Herrn Feldhaus persönlich gesichtet und einige entnommen.

Inwieweit jetzt noch relevante Akten (auch keine) vorhanden sind kann nur durch eine Untersuchung seitens der Staatsanwaltschaft festgestellt werden.

Ein Beobachter u. Insider.

(Gleiche Text an Staatsanwaltschaft Bonn)

Jan. 2000

Herrn Wirtgen …

Sehr geehrter Herr Wirtgen, zur Spendenaffäre Kohl folgendes:
In einer Zeit, da Herr Gerster in Mainz, Rhl.-Pfalz den Parteivorsitz der CDU innehatte, ohne sonstiges Mandat, also auch ohne Einkommen, hat Herr Kohl aus seiner schwarzen Kasse Herrn Gerster entlohnt. (bis zu seinem Versorgungsposten in Israel.)
Der unangenehme Herr Geißler wurde ebenfalls mit 600.000 DM unter Zuzahlung durch Herrn Kohl mit Überbrückungsgeld ruhig gestellt.
Nach der Niederlage von Herrn Kohl (letzte Bundestagswahl) wurden 3 PKW voll Akten aus dem Bundeskanzleramt beim Landesverband der CDU in Mainz eingelagert. (Durch Kohlfahrer genannt »Eggi«
Kurz vor Weihnachten 99 wurden o.g. Akten (immer abends - nach Büroschluss sehr spät) von Herrn Kohl u. Herrn Terlinden persönlich gefilzt und Dinge entnommen.
Inwieweit jetzt noch schwarze Akten (auch Leuna) vorhanden sind kann nur durch eine Untersuchung seitens der Staatsanwaltschaft festgestellt werden.

Ein Beobachter u. Insider.

(Gleich Text an Staatsanwaltschaft Bonn)

Jan. 2000.

245

An Staatsanwaltschaft Bonn,

Betr. Spendensache Herrn Kohl -CDU-

Melde aus meinem Wissen folgendes:

1) In seiner Zeit, da Herr Geißler in Mainz/Rhl.-Pfalz den Parteivorsitz der CDU hatte, kein sonstiges Mandat, also auch kein Einkommen; hat Herr Kohl Herrn Geißler monatlich aus seiner Kasse entlohnt (für seinen Versorgungsposten in Israel).

2. Der ausgeschiedene Herr Geißler wurde ebenfalls mit einem ungewöhnlichen Übergangsgeld von 600.000 DM aus der Versorgung gezahlt. (Auszahlung d. Herrn Kohl).

3) Nach der Niederlage von Herrn Kohl (letzte Bundestagswahl) wurden 3 LKW voll Akten aus dem Bundeskanzleramt beim Landesverband der CDU in Mainz eingelagert. (durch den Fahrer genannt „Eggi")
Kurz vor Weihnachten 99 wurden o.g. Akten (immer abends oder spät) nach Besichtigung u. Bereinigung von Herrn Kohl und Herrn Terlinden persönlich geführt, nach Bonn zurückgesendet.

Insoweit gibt noch relevante Akten (auch Abr. Zeiten) noch vorhanden und können nur durch eine Untersuchung Ihrerseits festgestellt werden.

Ihr Insider u. Beobachter.

A StA Wanger
Kg 19/1

Jan. 2000

An Staatsanwaltschaft Bonn,

betr. Spendensache Herrn Kohl – CDU –

Hierzu aus unserem Wissen folgendes:
1.) In dieser Zeit, da Herr Gerster in Mainz/Rhl.-Pfalz
den Parteivorsitz der CDU hatte ohne sonstiges Mandat,
also auch kein Einkommen; hat Herr Kohl Herrn Gerster
monatlich aus seiner Kasse entlohnt (Einen sicheren Versorgungs-
posten in Israel).
2.) Der unangenehme Herr Geißler wurde ebenfalls mit einem »Unge-
wöhnlichen« Übergangsgeld von 600.000,- DM in die Versenkung gestürzt.
(Bezahlung d. Herrn Kohl).
3.) Nach der Niederlage von Herrn Kohl (letzte Bundestagswahl) wurden
3 PKW voll Akten aus dem Bundeskanzleramt beim Landesverband
der CDU in Mainz eingelagert. (Durch den Fahrer genannt »Eggi«)
Kurz vor Weihnachten 99 wurden o.g. Akten (immer abends sehr spät)
nach Büroschluss u. Büroreinigung von Herrn Kohl und Herrn Terlinden
persönlich gefilzt, bzw. Dinge entwendet.
Inwieweit jetzt noch relevante Akten (auch betr. Leuna) noch
vorhanden sind kann nur durch eine Untersuchung Ihrerseits
festgestellt werden.

Ein Insider u. Beobachter.

schreibt, den er im Kanzleramt vermutet. Wirtgen war langjähriger Bonner *Spiegel*-Korrespondent und schreibt heute für den Verlag Gruner und Jahr.
Um drei Vorwürfe geht es bei der anonymen Anzeige:

1. Ich hätte Johannes Gerster während seiner Zeit als CDU-Landesvorsitzender aus einer schwarzen Kasse belohnt, bevor er als Repräsentant der Konrad-Adenauer-Stiftung nach Israel gegangen sei. Das ist völliger Unsinn.
2. Eine besonders absurde Behauptung ist, dass Heiner Geißler von mir unter Zuzahlung von 600 000 DM mit einem Überbrückungsgeld ruhig gestellt worden sei. Aufschlussreich ist, dass lediglich ein Teil der anonymen Anzeige in der Presse veröffentlicht wurde. In den Medien fehlt der Hinweis auf Geißler, da die Abwegigkeit der Vorstellung, ich hätte versucht, Geißler ruhig zu stellen, für jedermann erkennbar ist.
3. Ein weiterer Hauptpunkt der Anzeige ist die Unterstellung, ich hätte gemeinsam mit meinem Fahrer Eckhard Seeber nach der Bundestagswahl 1998, aber erst vor Weihnachten 1999 drei Pkws voller Akten aus dem Bundeskanzleramt weggeschafft und beim Landesverband der CDU in Mainz eingelagert. Infolge dieser Behauptung wurde die Mainzer Landesgeschäftsstelle auf Anordnung der Staatsanwaltschaft Bonn durchsucht – ohne jeden Erfolg.

In der Anzeige wird ferner behauptet, ich hätte diese Akten, gemeinsam mit Hans Terlinden, persönlich »gefilzt« – wie der anonyme Denunziant sich unter Hinweis auf schwarze Akten aus Leuna auszudrücken beliebt, die sich angeblich darunter befunden haben sollen. Jedes weitere Wort dazu ist wohl überflüssig.

Bleibt noch nachzutragen, dass die Aktivitäten der Bonner Staatsanwaltschaft in diesem Zusammenhang offensichtlich besonders von der Leiterin des Referats Verfassungsrecht beim Bundeskanzleramt, Frau Dr. Sudhoff, gefördert wurden. Diese

Juristin soll nach Schröders Amtsübernahme als Neuerwerbung aus Hessen ins Kanzleramt gekommen sein. Offensichtlich mischt sie kräftig mit bei dem großen Spiel, wenn es gegen mich geht. Sie ist in Aktion getreten, als es um die Tätigkeit des Sonderermittlers Burkhard Hirsch ging. Sie hat – ganz im Sinn der politischen Führung des Kanzleramts – die Staatsanwaltschaft darauf hingewiesen, wer Eckhard Seeber ist: Nach einem Vermerk der Staatsanwaltschaft über einen Anruf von Frau Dr. Sudhoff vom 26. Januar 2000 hat sie die Aufmerksamkeit der Bonner Behörde auf meinen langjährigen Fahrer gelenkt.

Wäre damals die Veröffentlichung im *Spiegel* nicht gewesen, hätten Deutschland und die Weltöffentlichkeit das unwürdige Schauspiel miterlebt, wie ich, der sechzehn Jahre deutscher Bundeskanzler war und der bis heute großes internationales Ansehen genießt, durch eine Hausdurchsuchung an den Pranger gestellt werde, als sei ich ein Gangster. Dass eine solche Bloßstellung beabsichtigt war, steht außer Frage. Jeder normal denkende Mensch, der diese Anzeige liest, wird erkennen, dass die Anschuldigungen von A bis Z totaler Unsinn sind. Es handelt sich um eine an Dreistigkeit durch nichts zu überbietende Denunziation.

Ich hoffe, noch in naher Zukunft den möglichen Auftraggeber dieser Infamie in Erfahrung zu bringen.

Montag, 26. Juni 2000

Vorab berichtet die Presse über den Abschlussbericht von Burkhard Hirsch, aus dem hervorgeht, dass nach der Wahlniederlage 1998 in noch größerem Stil als bisher vermutet brisante Datenbestände im Kanzleramt vernichtet worden sein sollen. Insgesamt seien etwa zwei Drittel des gesamten auf Computer gespeicherten Datenbestands vernichtet oder beiseite geschafft worden, darunter umfangreiche Originaldokumente zur Privatisierung von Leuna. Auch seien Aktenvorgänge manipuliert worden, unter anderem zu Spürpanzerlieferungen an Saudi-Arabien und dem Verkauf von Eisenbahnerwohnungen. Beide Vorgänge spielen in der Parteispendenaffäre eine wichtige Rolle. Weiter sollen nahezu alle Unterlagen über die Veräußerung von Bundeseigentum und über Subventionsentscheidungen in den neuen Bundesländern fehlen. Im Rahmen von Hirschs Tätigkeit seien eine gelöschte Festplatte und hundert Sicherungsdatenträger gefunden worden, mit deren Hilfe Daten teilweise hätten rekonstruiert werden können. Hirschs Ergebnisse seien auf 61 Seiten zusammengefasst.

Nachdem die Presse aus dem Hirsch-Bericht genüsslich vorab zitieren konnte, sollen nun die Parlamentarier im Untersuchungsausschuss den Bericht zum Studium vorgelegt bekommen. Ich habe diesen Bericht bis zur Stunde allerdings noch nicht erhalten.

Meine erste Reaktion auf die Medienberichte: Ich verlange zum wiederholten Male, dass die Bundesregierung Anzeige gegen unbekannt erstattet und sich die Staatsanwaltschaft und ein ordentliches Gericht mit dem Verschwinden der Akten beschäftigen. Ich bin sicher, dass ein solches rechtsstaatliches Verfahren – im Gegensatz zur Meinung von Herrn Hirsch – zu ganz anderen Ergebnissen kommen wird. Zu befürchten ist allerdings, dass das tatsächliche Ergebnis des Verfahrens dann kaum eine angemessene Veröffentlichung finden wird.

Für mich kann ich mit Bestimmtheit sagen, dass mit meinem Wissen oder gar auf meine Anordnung hin niemals Akten vernichtet wurden. Gleiches gilt für meinen damaligen Kanzleramtschef Friedrich Bohl. Ich hege auch nicht den geringsten Zweifel daran, dass sich die führenden Beamten, mit denen ich fast täglich zu tun hatte, genauso ordnungsgemäß verhielten. Es gibt ja auch gar kein überzeugendes Motiv für die Aktenvernichtung. Schlamperei allerdings ist auch im Kanzleramt mit seiner umfangreichen Bürokratie nicht ganz auszuschließen. Und wenn im Hirsch-Bericht ausdrücklich das Fehlen von Akten im Zusammenhang mit der Lieferung von Spürpanzern an

Saudi-Arabien kritisiert wird, ist das kein Wunder und schon gar kein Grund für schlimme Unterstellungen und böse Ahnungen. Denn ich weiß sehr genau, dass über den für die Lieferung der Spürpanzer entscheidenden Zeitabschnitt bei mir keine Akten zu diesem Vorgang entstanden, weil ich diese Entscheidung ganz persönlich traf.
Im Zusammenhang mit der Lieferung von Panzern an Saudi-Arabien muss man wissen, dass die saudische Regierung immer wieder erklärte, schon die Vorgängerregierung habe die Lieferung zugesagt – und damals handelte es sich um den Leo II und nicht um den Spürpanzer, der keine Kampffähigkeit besitzt. Mein Vorgänger Helmut Schmidt hat diese Behauptung der Saudis immer bestritten.

Dienstag, 27. Juni 2000

In der ersten Rede eines französischen Staatspräsidenten vor dem Deutschen Bundestag seit 1983 postuliert Jacques Chirac das Zustandekommen einer europäischen Verfassung. Chirac ist konkreter als der deutsche Außenminister, wenn er beispielsweise eine »Pioniergruppe« fordert, die schon im kommenden Jahr Verbesserungen bei der Koordinierung der Wirtschaftspolitik, der Stärkung der gemeinsamen Sicherheits- und Verteidigungspolitik und bei der Bekämpfung der Kriminalität in Angriff nehmen soll. Weiter schlägt er die Einrichtung eines Sekretariats vor, das diese Arbeit koordinieren soll. Gleichzeitig fordert der französische Präsident eine klare Abgrenzung der Kompetenzen zwischen Europäischer Union und ihren Mitgliedstaaten und spricht sich gegen einen europäischen Superstaat aus.
Indem Chirac seine Vision für eine künftige Entwicklung der EU formuliert, vertritt er die klassischen französischen Positionen: Er macht ganz deutlich, dass er keinen europäischen Zentralstaat wünscht. Insofern tritt er – ohne diese Begriffe zu verwenden – sehr nachdrücklich für einen föderalen Aufbau der Euro-

päischen Union ein. Ich halte seine Meinung für ausgesprochen klug. Ohne eine föderale Struktur wird es keine funktionsfähige Europäische Union geben. Wenn man in Brüssel den Versuch unternimmt, über alles und jedes zu regieren und damit einen europäischen Zentralstaat anstrebt, wird die EU zerbrechen. Ich bin sicher, dass auf dem Weg einer föderalen Entwicklung die Kompetenzen dort bleiben müssen, wo sie den Bürgern am nächsten sind: im Rathaus und in der Regionalpolitik, das heisst in der Landespolitik, in den nationalen Regierungen und Parlamenten. Die Europäische Union muss hier die Rahmenbedingungen abstecken und überall dort, wo aus zwingenden Gründen in Europa gemeinsame Bestimmungen und Bedingungen und Entscheidungen nötig sind, diese garantieren.
Mit weiten Teilen seiner Rede bin ich sehr einverstanden. Sie entspricht in ihrer Substanz dem Ergebnis vieler gemeinsamer Gespräche in den vergangenen Jahren.
Chirac würdigt am Schluss seiner Ansprache die deutsch-französische Freundschaft, und zwar in der Reihenfolge aller Kanzler und Präsidenten von Adenauer und de Gaulle über Schmidt und Giscard bis zu Mitterrand und mir. Dabei findet er freundliche Worte für mein Engagement in der Europapolitik und bei der Ausgestaltung der deutsch-französischen Beziehungen.
Am Abend vor seiner Abreise treffen wir uns zu einem Gespräch. Jacques Chirac lädt mich erneut zu einem Besuch nach Paris ein. Ich nehme die Einladung meines Freundes gerne an, werde die Reise jedoch erst dann planen, wenn ich die Belastungen und Arbeiten im Zusammenhang mit der Spendenaffäre hinter mich gebracht habe.

Mittwoch, 28. Juni 2000

Burkhard Hirsch tritt heute vor dem Untersuchungsausschuss auf, wo er seinen Bericht über die angeblich verschwundenen Akten vorlegt.

Pünktlich zur atmosphärischen Einstimmung auf meinen eigenen Befragungstermin, der für morgen vorgesehen ist, sind vor wenigen Tagen erste so genannte Ergebnisse seines Berichts, der bis dahin eigentlich nur dem Bundeskanzleramt hätte bekannt sein dürfen, Journalisten zugespielt worden. So kursieren Meldungen über angeblich verschwundene, verschlampte oder gar vernichtete »Akten aus Kohls Kanzleramt«. Computerdaten seien in nächtlichen Geheimaktionen »kurz vor Kohls Ausscheiden aus dem Amt« systematisch und rechtswidrig gelöscht worden. Das Ziel auch dieser Kampagne ist offensichtlich. Es handelt sich um einen weiteren Versuch, mich zu kriminalisieren.

Da mir dieses Gutachten vorenthalten wird, kann ich nicht beurteilen, was Herr Hirsch zusammengetragen hat. Eines weiß ich allerdings: dass ich mir nicht vorstellen kann, dass ein Verantwortlicher aus meiner Umgebung eine Anordnung zur Vernichtung von Akten gegeben haben könnte.

Donnerstag, 29. Juni 2000

Sieben Monate ist es her, dass ich im Deutschen Bundestag die Bereitschaft erklärt habe, mich zu den gegen mich erhobenen Vorwürfen vor dem bereits damals angekündigten Untersuchungsausschuss zu äußern.

Heute erst, an diesem Vormittag, habe ich erstmals Gelegenheit, vor diesem Gremium Stellung zu nehmen und meine Position im Zusammenhang deutlich zu machen.

Wie in den Tagen zuvor stehen Trauben von Kameraleuten und Redakteuren vor dem Haus, als ich meine Berliner Wohnung verlasse, und umringen mich in Erwartung einer Stellungnahme. Ein Stichwort, das die Journalisten mir immer wieder zuwerfen, ist der wenige Tage zuvor in Auszügen bekannt gewordene so genannte Hirsch-Bericht. So fragt mich an diesem Morgen zum wiederholten Mal ein bestimmter Journalist auf besonders provozierende und aggressive Weise: »Herr Kohl, wie können Sie es mit Ihrem Gewissen vereinbaren, Akten zu vernichten?«

Von meiner Wohnung aus fahre ich zunächst noch kurz ins Büro. Nach einigen Telefonaten geht es dann gemeinsam mit meinem Anwalt Dr. Stephan Holthoff-Pförtner weiter zur Katholischen Akademie, dem Tagungsort des Ausschusses in der Hannoverschen Straße im alten Ost-Berlin.

Auch mein Anwalt war kurz zuvor Gegenstand der besonderen Art Berliner Nachrichtenschöpfung geworden: Er hatte drei Kollegen aus seiner Kanzlei gebeten, an diesem Tag die Befragung mit zu protokollieren und Anwaltsakten bei Bedarf bereitzuhalten. Aus der ordnungsgemäßen Anmeldung seiner Mitarbeiter bei dem Ausschuss machte dessen Vorsitzender, der SPD-Bundestagsabgeordnete Volker Neumann, die Topmeldung auf einer eigens vor dem Termin einberufenen Pressekonferenz. Und die lautete: Kohl kommt nicht nur mit Holthoff-Pförtner, sondern wird jetzt von mehreren Anwälten vertreten.

Die Katholische Akademie ist nur wenige Autominuten von meinem Büro Unter den Linden entfernt. Natürlich weiß ich, dass mich bei meinem Eintreffen ein riesiges Medienaufgebot erwartet. Natürlich ist mir die Bedeutung dieses Tages bewusst: Wochenlang habe ich mich auf diesen Termin vorbereitet. Ich rief mir Abläufe in Erinnerung, stellte den bekannt gewordenen Vorwürfen – beispielsweise in Sachen Leuna oder in Bezug auf die Spürpanzer für Saudi-Arabien – mir zugängliche Aufzeichnungen aus Presseveröffentlichungen und Büchern sowie Dokumenten gegenüber. Ich sprach mit politischen Weggefährten, sah mir vom Bundeskanzleramt zur Verfügung gestellte Akten ein, beriet mich in vielen Stunden mit meinen Anwälten juristisch und mit meinen engsten Mitarbeitern politisch. Mir besonders wichtige Anmerkungen und Positionsbestimmungen fasste ich für den Ausschuss in einer dreizehnseitigen Eingangserklärung zusammen.

Ich weiß, dass meine politischen Gegner, aber auch die Bonner

Staatsanwaltschaft, jede meiner Äußerungen mit Argusaugen und gespitzten Ohren verfolgen. Ich weiß aber auch, dass mancher von mir enttäuschte Bürger oder andere, die bislang noch mit ihrem Urteil abwarten, und viele Anhänger und Freunde meinem Auftritt teils besorgt, teils erwartungsvoll entgegensehen. So bin ich an diesem Morgen angespannt und konzentriert, aber auch fest entschlossen, offensiv und unmissverständlich meine Haltung darzulegen. Ich will zu dem stehen, was ich falsch gemacht habe und schon mehrfach bedauert habe. Jede Kritik dazu habe ich ohne Larmoyanz zu akzeptieren. Ich will aber ebenso meine politische Ansicht über die Untersuchungsgegenstände des Ausschusses, die politische Zielsetzung der rot-grünen Ausschussmehrheit, die Praxis der Ausschussarbeit und die publizistische Begleitmusik vermitteln. An dieser Zielsetzung orientierte sich meine Eingangserklärung, die ich hier vollständig im Wortlaut zitieren will:

»Am 2. Dezember 1999 hat der Deutsche Bundestag diesen Untersuchungsausschuss eingesetzt. Heute wird mir nach fast sieben Monaten erstmals die Möglichkeit gegeben, mich zu den Vorwürfen der Bestechlichkeit und Vorteilsnahme vor diesem parlamentarischen Gremium zu äußern.
Sinn dieses Ausschusses ist es, zu überprüfen, ob die von mir geführte Regierung käuflich war. Bereits am 24. November 1999 hatte ich vor dem Deutschen Bundestag meine Bereitschaft zu einer baldigen Zeugenaussage erklärt. Nunmehr sind sieben Monate vergangen.
Nach dem Beschluss des Deutschen Bundestages zur Einsetzung des Untersuchungsausschusses soll geklärt werden, ich zitiere, ›inwieweit Spenden, Provisionen, andere finanzielle Zuwendungen oder Vorteile indirekt oder direkt an

1. Mitglieder und Amtsträger der ehemaligen CDU/CSU- und FDP-getragenen Bundesregierung und deren nachgeordnete Behörden,
2. die die damalige Bundesregierung tragenden Parteien

und/oder Fraktionen und deren Funktionsträger oder deren Beauftragte oder

3. sonstige Institutionen geflossen sind bzw. gewährt wurden, die dazu geeignet waren, politische Entscheidungsprozesse dieser Bundesregierung und/oder deren nachgeordneten Behörden zu beeinflussen bzw. die tatsächliche politische Entscheidungsprozesse beeinflusst haben‹.

Dieser Ausschuss soll dabei im einzelnen klären,

- ob im Zusammenhang mit dem Verkauf deutscher Panzerfahrzeuge vom Typ Fuchs an Saudi-Arabien,
- bei der Privatisierung bzw. dem Neubau der Ölraffinerie Leuna und der Veräußerung des Minol-Tankstellennetzes,
- bei der Lieferung von Flugzeugen durch die deutsche Airbus GmbH an kanadische und thailändische Fluggesellschaften oder
- bei der Lieferung von MBB-Hubschraubern an die kanadische Küstenwache finanzielle Zuwendungen an Mitglieder der Bundesregierung geflossen sind.

Um es in meinen Worten zu sagen, ist es Auftrag des Ausschusses zu klären, ob die Bundesregierung käuflich oder bestechlich gewesen ist.
Dieser Untersuchungsausschuss soll darüber hinaus untersuchen, ob gegen Amts- und Dienstpflichten verstoßen wurde, ob durch ungerechtfertigte Zahlungen die öffentliche Hand belastet wurde sowie welche Personen von solchen Vorteilsgewährungen Kenntnis hatten.
Dieser Untersuchungsauftrag ist dann am 18. Februar 2000 um die Frage erweitert worden, ob konkrete tatsächliche Anhaltspunkte bestehen, inwieweit Parteien ihren Verpflichtungen zur öffentlichen Rechenschaftsle-

gung über die Herkunft und Verwendung ihrer Mittel und ihrer Vermögen nicht nachgekommen sind.

Zu diesem letzten Punkt stelle ich fest:

Bereits am 16. Dezember 1999 habe ich in einem ZDF-Interview erklärt, dass ich nach meiner Schätzung in den Jahren 1993 bis 1998 etwa 1,5 bis 2 Millionen DM an Spenden in bar entgegengenommen habe, die nicht ordnungsgemäß als Spenden verbucht worden sind.
Ich habe dafür die volle politische Verantwortung übernommen. Ich habe damals gegenüber der Öffentlichkeit diesen Fehler eingestanden und mein Bedauern darüber zum Ausdruck gebracht.
Seitdem habe ich Erfahrungen gemacht, die ich vorher für unmöglich gehalten habe. In einem Akt beispielloser Diffamierung wird versucht, durch Falschmeldungen, Unterstellungen und Verdrehungen mich zu kriminalisieren.
Ich kann nur vermuten, dass ich auch mit der Absicht fast sieben Monate nicht vor diesen Untersuchungsausschuss vorgeladen worden bin, um sechzehn Jahre meiner Kanzlerschaft – sechzehn gute und erfolgreiche Jahre für Deutschland – in den Dreck zu ziehen.
In den letzten Monaten wurde jedes Mittel der Skandalierung meiner Person genutzt, um dieses Ziel zu erreichen:

- Es wurde am 22. Januar 2000 in den Nachrichtensendungen eines öffentlich-rechtlichen Fernsehsenders der vollkommen unhaltbare Vorwurf erhoben, dass mir der damalige Staatspräsident Frankreichs, François Mitterrand, im Zusammenhang mit dem Engagement von Elf-Aquitaine in Leuna 30 Millionen DM für den Wahlkampf zukommen ließ. Bis zum heutigen Tag war der WDR nicht in der Lage, nur einen einzigen Beweis für die verleumderischen Behauptungen zu erbringen.

- Ohne jegliche Beweise wurde am 5. Mai 2000 die nächste Lügengeschichte publiziert. Eine in München erscheinende Tageszeitung veröffentlichte an prominenter Stelle die Behauptung, dass ich Gelder aus dem nach Ungarn verbrachten SED-Vermögen von 500 Millionen DM erhalten hätte.
- Ein Wirtschaftsmagazin machte Ende Mai mit der Schlagzeile auf: Siemens zahlte an die CDU neun Millionen Mark, weil Helmut Kohl bei dubiosen DDR-Deals ein Auge zudrückte. Dass dies eine unbewiesene Behauptung und verleumderische Unterstellung ist, räumte der Autor gegenüber der dpa ein: ›Ob Kohl informiert war, konnte Müller [der Autor] allerdings nicht mit Sicherheit sagen.‹

Nichts von all den Meldungen und Unterstellungen stimmt. Diese Vorgänge haben nur ein Ziel, die Kriminalisierung meiner Person.
Die Aufstellung von Unwahrheiten ließe sich noch weiter ergänzen. Um Aufklärung ist es dabei nicht gegangen. Diese Beispiele belegen aber, dass in jeder nur denkbaren Art und Weise in den letzten sieben Monaten versucht worden ist, mir und der CDU Schaden zuzufügen.
Diese Verleumdungen, die als Falschmeldungen, Unterstellungen und Verdrehungen in die Welt gesetzt worden sind, hatten das Ziel, die Leistungen und Erfolge meiner sechzehnjährigen Kanzlerschaft zu diskreditieren.
Mir ist unvergesslich, dass einer der Anführer der Journalisten eines der großen Magazine in Hamburg in einer Redaktionskonferenz im Januar 1983 sagte, wir müssten schlechte Journalisten sein, wenn wir den Kohl nicht in sechs Monaten runtergeschrieben haben.

Ein Untersuchungsgegenstand des Ausschusses ist es, die Lieferung von Spürpanzern ›Fuchs‹ an Saudi-Arabien zu überprüfen. Es soll dabei der Frage nachgegangen werden, ob damit finanzielle Zuwendungen an Mitglieder der Bundesregierung verbunden waren.
Ich habe mich bei meiner Entscheidung im Jahr 1990/1991 allein durch politische Notwendigkeiten und Entscheidungen leiten lassen. Das ist auch aus dem politischen und zeithistorischen Zusammenhang klar erkennbar.
Da sich offenbar nur wenige die Mühe gemacht haben, den historischen und politischen Rahmen, in dem die damaligen Entscheidungen standen, nachzuvollziehen, muss ich hier vor dem Ausschuss noch einmal die Gesamtzusammenhänge herstellen.
Einige scheinen völlig vergessen zu haben, dass die Lieferung der Spürpanzer an Saudi-Arabien vor dem Hintergrund des Golfkrieges stattgefunden hat. Am 2. August 1990 überfiel Saddam Hussein Kuwait.
Es folgten internationale Koalitionsgespräche, um eine möglichst breit gefächerte Allianz gegen den Diktator Saddam Hussein zusammenzubringen. Schließlich begann am 17. Januar 1991 dic Operation ›Wüstensturm‹, mit der die Golf-Allianz gegen den Irak vorging. Der Ausgang des Krieges ist bekannt.
Das war aber nur ein kleiner Ausschnitt der Ereignisse im Jahr 1990/1991. Dieses Jahr war das erfolgreichste meiner Kanzlerschaft, aber auch das Jahr mit der größten Arbeitsbelastung für mich. Ich habe allein neunzig Veranstaltungen bei den Wahlkämpfen des Jahres 1990 mit ca. 2,1 Millionen Zuhörern bestritten.
Am 18. März 1990 fanden die ersten freien Wahlen zur Volkskammer der DDR statt. Im Januar beziehungsweise

Mai wurde im Saarland und in Niedersachsen gewählt. Am 14. Oktober 1990 waren in den fünf neuen Bundesländern erstmals Landtagswahlen, und parallel dazu fanden in Bayern Landtagswahlen statt.
Am 2. Dezember folgte die erste gesamtdeutsche Bundestagswahl.
Es war das Jahr der Deutschen Einheit, die gegen internationale und gegen nationale Widerstände durchgesetzt werden musste. Es ist heute fast vergessen, dass weite Teile von SPD und Grünen mit Unterstützung weiter Teile des Führungspersonals der deutschen Medien die Vereinigung Deutschlands massiv bekämpften.
In dem SPD/SED-Grundsatzpapier vom August 1987 wurde der Verfassungsauftrag, die deutsche Einheit zu vollenden, aufgegeben. Es war Willy Brandt im Jahr 1988, der davon sprach, dass ›die Wiedervereinigung eine Lebenslüge der zweiten deutschen Republik‹ sei. Gerhard Schröder sagte am 12. Juni 1989 – noch ein halbes Jahr vor Öffnung der Mauer –, dass ›nach vierzig Jahren Bundesrepublik man eine neue Generation in Deutschland nicht über die Chancen einer Wiedervereinigung belügen sollte‹.
Zitate aus dem Lager der Grünen will ich Ihnen ersparen; ebenso eine Schilderung der Verbrüderungsszenen zwischen dem DGB und dem FDGB.
Gegen diese massiven Widerstände in der Bundesrepublik Deutschland musste die Deutsche Einheit durchgesetzt werden.
International mussten die Vorbehalte und Widerstände der Sowjetunion, aber auch anderer Staaten gegen eine Wiedervereinigung ausgeräumt werden. Die Zwei-plus-Vier-Gespräche mussten rechtzeitig zum Abschluss geführt werden, weil sie Voraussetzung für die Wiedervereinigung am 3. Oktober 1990 waren.
Dabei war von größter Wichtigkeit, dass eine Reihe von

Kriegsgegnern des Zweiten Weltkriegs eine abschließende Friedenskonferenz durchsetzen wollten. Dies zu verhindern, stand ganz oben auf meiner politischen Tagesordnung. Denn wenn es zu einer solchen Konferenz gekommen wäre, wäre der Prozess der Herstellung eines vereinigten Deutschland über Jahre aufgehalten und damit letztlich verhindert worden.

Es war auch von entscheidender Bedeutung, dass wir parallel zu dem allen den europäischen Einigungsprozess weiter vorangetrieben haben.

Dies war ein wichtiges Signal an unsere europäischen Partner und Freunde, vor allem auch an Frankreich, dass sie sich weiterhin auf Deutschland als Teil der Europäischen Gemeinschaft verlassen konnten. Wir haben bereits in dieser Zeit wesentliche Teile des Maastrichter Vertrages geplant und abgesprochen.

Das Ansehen Deutschlands in der Welt ist gerade in diesem historischen Augenblick maßgeblich geprägt und gefestigt worden. Die Grundlagen für unsere heutige Rolle in der Welt als zuverlässiger Partner und geachtetes Land wurden damals entscheidend mitgeformt. Wir profitieren bis in diese Tage hinein von den damaligen Richtungsentscheidungen. Wir bewiesen unsere Fähigkeit und Bereitschaft, in eine neue Rolle in der Welt hineinzuwachsen und sie zu übernehmen.

Das ist der Rahmen, das ist der Hintergrund, vor dem der Überfall von Saddam Hussein auf Kuwait am 2. August 1990 gesehen werden muss und vor allem auch die Forderung, dass sich auch die Deutschen an dem Kampf gegen den Diktator beteiligen.

Mit dem Abschluss der Zwei-plus-Vier-Verhandlungen in Moskau wurde der Weg zur Deutschen Einheit endgültig frei gemacht. In diesen Tagen kam der amerikanische Außenminister, Jim Baker, am 15. September 1990 zu mir nach Ludwigshafen zu Besuch.

Zu diesem Zeitpunkt lief bereits eine internationale Kampagne vor allem in den USA und in Israel gegen Deutschland und die Bundesregierung. Man warf uns vor, dass wir alle Vorteile aus der Wiedervereinigung in Anspruch genommen hätten. Aber jetzt seien wir nicht bereit, einen Beitrag zur internationalen Golf-Allianz gegen den Diktator Saddam Hussein zu leisten. Vor allem unser Freund Präsident George Bush sah sich in den USA großen Angriffen ausgesetzt.
Am 10. September 1990, um dies an einem Beispiel deutlich zu machen, schrieb die einflussreiche *New York Times*:

> ›Die Westdeutschen waren jahrzehntelang Nutznießer amerikanischer Politik inklusive militärischem Schutz. Jetzt haben sie fadenscheinige Entschuldigungen parat, um sich vor den angemessenen Kosten für den Schutzschild zu drücken, den die Amerikaner in Saudi-Arabien für die deutsche Ölversorgung zur Verfügung stellen.
> Dieses beschämende Lehrstück … macht die von offizieller Seite erwähnte Dankbarkeit von Bundeskanzler Kohl für die amerikanische Unterstützung der deutschen Wiedervereinigung zunichte. Das also ist Dankbarkeit.‹

Von allen Seiten wurde gefordert, dass sich Deutschland mit Soldaten an der Golf-Allianz beteiligen sollte. Ich wollte dies nicht und hatte große Mühe, unsere Haltung unseren Verbündeten deutlich zu machen.
Ich wollte es auch deswegen nicht, weil die Frage des Einsatzes deutscher Soldaten am Golf bereits zum Wahlkampfthema gemacht worden war. SPD und Grüne hatten eine breit angelegte Kampagne gestartet und auf Transparenten – ich sehe es noch wie gestern – geschrie-

ben: ›Kohl schickt unsere Söhne für die Ölscheichs in den Wüstentod‹. Dies war zwar alles gelogen, verfehlte aber seine Wirkung nicht. Es war dazu geeignet, sowohl bei den Wahlen in den neuen Bundesländern als auch bei der Bundestagswahl und bei dem sich anschließenden Wahlkampf in Hessen zu einem zentralen Thema zu werden.
Bei der Landtagswahl in Hessen brach die Stimmung für die CDU ein. Die Hetzkampagne von SPD und Grünen hatte Erfolg. Die CDU/FDP-Regierung verlor die Wahl.
Die Drohung Saddam Husseins, Israel mit Scud-Raketen, bestückt mit chemischen und biologischen Waffen, zu bombardieren, erzeugte weltweit und vor allem in Israel große Angst. Diese Drohung wurde äußerst ernst genommen. Als Saddam Hussein Israel tatsächlich mit Scud-Raketen im Januar und Februar 1991 angriff, gab es dramatische Reaktionen der Angst.
In dieser Situation haben wir damals vereinbart, dass Außenminister Hans-Dietrich Genscher nach Israel reist, um in dieser Lage den Bürgern Israels unsere Solidarität und unsere Bereitschaft zur Hilfe zu signalisieren. Erschwert wurde unsere Lage dadurch, dass Vorwürfe laut wurden, dass biologische und chemische Waffen für den Irak durch Mithilfe deutscher Unternehmer produziert worden seien.
Am Ende unserer Gespräche und Verhandlungen mit Israel kam es dann am 28. und 29. Januar 1991 beim Besuch einer israelischen Delegation in Bonn zu einer Vereinbarung mit Israel. Diese Vereinbarung besagte, dass neben anderem Material auch Spürpanzer der Marke Fuchs, zwei U-Boote und Patriot-Raketen an Israel geliefert werden sollten. Für mich war sehr wichtig, dass wir die Lieferung der zwei U-Boote, dies war ein besonders wichtiger Wunsch gewesen, zusagen konnten.
Am 15. September 1990 kam der amerikanische Außenminister Baker zu mir nach Ludwigshafen. Mir war vor

diesem Gespräch auch nach meinen Telefonaten mit Präsident Bush und anderen, auch europäischen Gesprächspartnern klar, dass jede nur denkbare materielle und finanzielle Hilfe für die Golf-Allianz von größter Bedeutung für die Bundesregierung war.
Minister Baker und ich hatten zunächst ein intensives Vier-Augen-Gespräch geführt, dem sich ein Gespräch mit den engsten Mitarbeitern anschloss. Im Verlauf des Vier-Augen-Gespräches erklärte ich Baker, warum die Bundesregierung nicht in der Lage war, Soldaten für die Golf-Allianz zu entsenden. Ich erläuterte dem amerikanischen Außenminister die innenpolitische Lage mitten im Wahlkampf, insbesondere die Kampagne des politischen Gegners. Ich sagte ihm auch, dass ich gewillt sei, alle Staaten der Golf-Allianz zu unterstützen. Und in diesem Zusammenhang fügte ich hinzu, dass ich die Lieferung von Spürpanzern an Saudi-Arabien durchsetzen werde.
Ich hatte für meine Haltung im Wesentlichen zwei Gründe: Zum einen gab es die konkrete Gefährdung der Staaten der Golf-Region, die in der Allianz gegen Saddam Hussein zusammenwirkten. In all diesen Ländern wurden die Drohungen Saddam Husseins sehr ernst genommen. Zum zweiten begrüßte ich es außerordentlich, dass jetzt nach Jahrzehnten erstmals Saudi-Arabien und Israel in einer gemeinsamen Allianz zusammenstanden und gemeinsam die Aggression Saddam Husseins abwehren wollten. Es war für mich sehr wichtig, dieses Zusammenwirken der Vernunft aktiv zu stützen.
Es gab aber noch einen weiteren wichtigen Grund, die Lieferung von Spürpanzern nach Saudi-Arabien zu unterstützen. Nach meiner Wahl zum Bundeskanzler 1982 wurde ich von der Führung Saudi-Arabiens darauf hingewiesen, dass angeblich Bundeskanzler Schmidt die Lieferung von Leopard-II-Panzern an Saudi-Arabien versprochen habe. Bundeskanzler Helmut Schmidt hat eine sol-

che Zusage immer bestritten. Es gab im Kanzleramt keine Akten zu diesem Vorgang.
In diesen Zusammenhang gehört auch, dass ich mich nach meiner Wahl zum Bundeskanzler immer wieder dem Vorschlag und Drängen von Franz Josef Strauß in vielen Diskussionen und streitigen Auseinandersetzungen ausgesetzt sah, der den Leo II nach Saudi-Arabien liefern wollte.
Ich wollte dies auf keinen Fall.
Ich sah jetzt eine gute Chance, mit der Lieferung der Fuchs-Spürpanzer, deren defensiver Charakter außer Zweifel steht, einen Wunsch Saudi-Arabiens in einer für mich gut zu vertretenden Weise zu erfüllen.
In diesem Zusammenhang ist es notwendig, darauf hinzuweisen, was der Fuchs-Panzer für ein Gerät ist. Bundesverteidigungsminister Rudolf Scharping hat dies im Zusammenhang mit der aktuellen Diskussion über die Lieferung dieses Spürpanzers an die Vereinigten Arabischen Emirate erläutert. Am 16. März 2000 erklärte er im Fernsehen: ›Ich kann Ihnen aber etwas sagen zu dem ‚Fuchs'. Das einzige, was an diesem Gerät ein Panzer ist, ist sein sehr leichter Schutz gegen leichten Beschuss ... Wie das [gemeint ist die Unterdrückung von Menschenrechten] mit einem Gerät geschehen soll, das die Wirkung atomarer, biologischer oder chemischer Waffen aufspüren soll, hat mir bisher noch niemand erklärt.‹
Nach der Besprechung mit dem amerikanischen Außenminister am 15. September 1990 habe ich meinen Entschluss, diese Spürpanzer nach Saudi-Arabien zu liefern, bewusst nicht veröffentlicht. Ich wollte sie zu diesem Zeitpunkt nicht zum Gegenstand von Erörterungen in der Bundesregierung machen. Denn mir war klar, dass es in einzelnen Ressorts der Bundesregierung Widerstand gegen die Lieferung des ›Fuchs‹ geben würde.
Das Verteidigungsministerium wollte die ›Fuchs‹-Panzer

nicht abgeben. Das Finanzministerium wollte die dann notwendige Neubeschaffung nicht bezahlen. Das Außenministerium hat grundsätzliche Überlegungen für die Ablehnung dieses Wunsches angeführt.

Bei einer Erörterung dieser Frage auch im engsten Kreis in der Bundesregierung wäre sie – nach meinen Erfahrungen mit Indiskretionen – zu einem Wahlkampfthema geworden.

Ich sah mich jeden Tag bei den Wahlversammlungen mit Hetzparolen – wie ich bereits erläutert habe – konfrontiert. Diese zogen sich von den Wahlkämpfen in den neuen Bundesländern im September/Oktober 1990 über die Bundestagswahl im Dezember 1990 bis zu einem Höhepunkt der Kampagne von SPD und Grünen bei der Hessenwahl im Jahr 1991 hin.

Ich habe in diesem Zusammenhang noch Erinnerungen an Pastoren in vollem Ornat, die gegen unsere Unterstützung der Golf-Allianz polemisierten, obwohl wir keine deutschen Soldaten entsandt hatten.

Ich war dabei ganz sicher, dass sich meine Politik und meine Vorstellungen durchsetzen werden. Dabei setzte ich, wie alle Beobachter, auf einen Wahlsieg der CDU/CSU-und-FDP-Koalition am 2. Dezember 1990. Wir gewannen die Wahl. Am 17. Januar 1991 fand meine Wiederwahl zum Bundeskanzler statt. Ich habe dann sehr rasch nach der Bildung der Bundesregierung gehandelt.

Und am 27. Februar 1991 trat der Bundessicherheitsrat zusammen und genehmigte die gegenüber dem amerikanischen Außenminister Baker am 15. September 1990 mitgeteilte Lieferung der Spürpanzer nach Saudi-Arabien.

Auf Grund dieser Tatsachen kann jeder erkennen, dass meine Entscheidung ausschließlich nach außen- und sicherheitspolitischen Erwägungen erfolgt ist.

Ich habe keinerlei Kenntnisse von Einflussnahmen oder

Bestechungen bei dieser Entscheidung. Ich habe mein Wort, das ich im September 1990 gegeben habe, gehalten. Genauso wie ich mein Wort gehalten habe im Jahr 1982, dass ich mich im Jahr 1983 in einer Bundestagswahl stellen werde. Und genauso wie ich mein Versprechen gehalten habe, den Nato-Doppelbeschluss durchzusetzen.

Leuna/Elf-Aquitaine

Ein weiterer Untersuchungsauftrag betrifft die Privatisierung von Leuna. Wenn man der Diskussion in den letzten Monaten gefolgt ist, kann man zu dem Eindruck gelangen, als habe es sich um eine profitable Raffinerie gehandelt, bei der die Investoren Schlange gestanden hätten. Das beweist nur, wie wenige die wirkliche Lage gekannt haben und sich darum gekümmert haben. Deswegen ist es auch bei diesem Thema unerlässlich, noch einmal den Gesamtzusammenhang der Entscheidungen für den Erhalt von Leuna zu erläutern.

Im Frühjahr 1990, während des Wahlkampfes zu den ersten freien Wahlen in der DDR, kam ich zum ersten Mal in das Chemiedreieck Halle/Leuna/Bitterfeld. Bei einer kurzen Besichtigung des damals größten Chemieunternehmens der DDR wurde mir schnell klar, dass dieser Betrieb in dieser Form nicht erhalten werden kann. Die Leuna-Werke waren eines der größten Kombinate der DDR mit rund 27 000 Beschäftigten.

Die Fabrikanlagen waren völlig veraltet und in einem beklagenswerten Zustand. Hinzu kamen gewaltige Umweltprobleme, die die gesamte Region in Mitleidenschaft zogen.

Für mich stand fest: Der Zusammenbruch des Unternehmens war mit dem Ende der DDR absehbar. Zu diesem Ergebnis kommt auch ein Bericht der Treuhandanstalt, den Sie in den Unterlagen des Kanzleramtes gefunden und sicherlich eingehend studiert haben. Für die Region hätte das Ende der Chemieindustrie katastrophale Folgen für die Zukunft gehabt.

Obwohl die Chemieindustrie der zweitwichtigste Industriezweig der DDR war, war ihr Produktionsanteil gesamtdeutsch gesehen eher gering. Der westdeutschen Chemieindustrie wäre es deshalb leicht möglich gewesen, die dortige Produktion in ihren eigenen Werken zusätzlich abzuwickeln. Innerhalb der Wirtschaft der damaligen Bundesrepublik gab es daher starke Tendenzen, Leuna als Standort zu schließen und keine zusätzliche Konkurrenz entstehen zu lassen.

Nach meiner Überzeugung war Leuna jedoch ein wichtiger und erhaltenswerter vierter Chemieindustriestandort neben den anderen großen Standorten Ludwigshafen, Hoechst und Leverkusen. Für den Erhalt Leunas sprachen seine Tradition als Chemiestandort, die große Zahl hochqualifizierter Arbeitnehmer sowie die hohe Akzeptanz gegenüber der Chemieindustrie in der Bevölkerung. Vor allem hatten wir alle die Hoffnung, dass ein Neubau einer Raffinerie Sogwirkung für weitere Investoren nicht nur in der Region haben würde.

Heute wissen wir, dass unsere Überlegungen richtig waren. Heute sind mit der Raffinerie 2500 Arbeitsplätze verbunden, davon über 550 direkt in der Raffinerie und rund 2000 in über dreißig Tochterunternehmen.

Außerdem zog der Raffinerieneubau erhebliche Investitionen, insbesondere von mittelständischen Unternehmen von über 10 Milliarden DM, nach sich. Dadurch fanden insgesamt mehr als 9000 Menschen aus der Region Arbeit. Ich selbst erfahre bis zum heutigen Tag viel Dank für mein damaliges Engagement. Ich möchte den Damen und Herren des Untersuchungsausschusses empfehlen – unter fachkundiger Anleitung des ehemaligen Vorsitzenden der

IG Chemie, Hermann Rappe –, bei einer Exkursion ›vor Ort‹ sich selbst ein Bild von den Erfolgen meiner Politik zu machen.

Schon bald nach meinem ersten Besuch in Leuna hatte ich Weisung gegeben, mit Nachdruck nach möglichen Investoren zu suchen. Unterstützt wurde ich damals ganz besonders von der IG Chemie. Ich bin schon erstaunt, dass es heute kein Wort des Bekenntnisses von dem früheren Vorsitzenden der IG Chemie und damaligen SPD-Bundestagsabgeordneten Hermann Rappe und seiner Gewerkschaft dazu gibt.

Die Suche nach Investoren und die entsprechenden Verhandlungen waren Sache der Treuhandanstalt. Die jeweiligen Bundesministerien und die zuständige Abteilung im Bundeskanzleramt unterstützten die Treuhand nach Kräften. Schon bald zeigte sich, dass es angesichts der heruntergewirtschafteten Industrieanlagen sehr schwierig sein würde, einen Investor für Leuna zu finden.

Am Ende zeigte sich, dass nur ein einziges Unternehmen sich wirklich engagieren wollte, nämlich der französische Konzern Elf-Aquitaine.

Es war deshalb für mich als Bundeskanzler selbstverständlich, dass ich mich im Rahmen meiner regelmäßigen Kontakte und Gespräche mit meinem Freund, dem damaligen Staatspräsidenten der Französischen Republik, François Mitterrand, für dieses Vorhaben politisch stark machte. In gleicher Weise führte ich auch Gespräche mit den französischen Premierministern Juppé und Balladur. Ich plädierte nachdrücklich dafür, dass Elf-Aquitaine in Leuna investiert.

Mitte Januar 1992 kam es zu einem Vorvertrag mit dem Konsortium Elf/Thyssen. Danach gab es eine sehr schwierige Phase, in der darauf hingewiesen wurde, dass es Überkapazitäten auf dem Weltmarkt im Raffineriegeschäft gab und man deshalb Leuna nicht brauche.

Nach dem Wechsel an der Unternehmensspitze von Elf, im Spätsommer 1993 wurde Jaffré Präsident von Elf-Aquitaine, drohte ein Rückzug von Elf-Aquitaine aus Leuna. Elf suchte nach neuen Partnern für ihr Engagement, um die gestiegenen Investitionskosten – ursprünglich waren 4,3 Milliarden DM angesetzt, letztendlich wurden 5 Milliarden DM investiert – aufbringen zu können. In dieser Zeit habe ich noch einmal meine Unterstützung für das Engagement von Elf bei der französischen Regierung intensiviert.

Bei meinen Gesprächen mit Mitterrand haben wir nie über Einzelheiten der konkreten Umsetzung gesprochen. Aber ich war mit Mitterrand darin einig, dass ein Engagement eines großen französischen Unternehmens in den neuen Bundesländern gleich in mehrfacher Hinsicht von großer – auch psychologischer – Bedeutung sein würde.

Heute kann festgestellt werden, dass unser damaliges Engagement richtig war. Das Chemiedreieck Halle/Leuna/Bitterfeld ist heute wieder ein attraktiver Investitionsstandort mit zukunftssicheren Arbeitsplätzen für die Menschen in der Region.

Die neue Raffinerie hat die erhoffte Signalwirkung erfüllt und wichtige Impulse für die Region und die Arbeitsplätze gegeben.

Hier ist ein Stück blühende Landschaft entstanden.

Um es noch einmal klar zu sagen: Ich habe zu keinem Zeitpunkt Geld erhalten und auch keinerlei Kenntnisse von anrüchigen Finanzmachenschaften im Zusammenhang mit dem Engagement des damaligen französischen Staatskonzerns Elf-Aquitaine in Leuna gehabt. Ich stehe uneingeschränkt zu meinem politischen Engagement in Sachen Leuna und bin noch heute meinem Freund François Mitterrand für seine Unterstützung dankbar. Ich halte die in diesem Zusammenhang gegen François Mitterrand erhobenen Vorwürfe für besonders gemein und geschmacklos. Zumal sich der Tote nicht zur Wehr setzen kann.

Thema Airbus

Zu der Frage des Untersuchungsauftrages II.3, die Lieferung von Flugzeugen durch die deutsche Airbus GmbH an kanadische und thailändische Fluggesellschaften Ende der Achtziger-/Anfang der Neunzigerjahre kann ich keine Angaben machen. Konkrete Erinnerungen dazu habe ich nicht. Der erhobene Vorwurf ist mir völlig unverständlich. Ich hatte damit nichts zu tun.

MBB-Hubschrauber

Auch zum Thema II.4 des Untersuchungsauftrages betreffend die Lieferung von MBB-Hubschraubern an die kanadische Küstenwache in der zweiten Hälfte der Achtzigerjahre kann ich keine Angaben machen, da mir auch dieser Vorwurf vollkommen unverständlich ist.
Ich hoffe und erwarte, dass ich angesichts der erhobenen Behauptungen durch die Ausschussmehrheit Tatsachen erfahre, wie es zu solchen Vorwürfen kommen konnte.

Thema: Privatisierung von Eisenbahnerwohnungen

In den letzten Wochen ist auch hier im Untersuchungsausschuss das Thema der Privatisierung der so genannten Eisenbahnerwohnungen zum Untersuchungsgegenstand gemacht worden. Auch dabei wurde wieder mit Unterstellungen und Falschangaben gearbeitet. Deswegen ist es unerlässlich, dass ich auch dazu meine Erinnerungen dem Ausschuss vortrage.
Das Ausschreibungsverfahren für die Übernahme der Eisenbahnerwohnungen begann am Ende des Jahres 1997.

Als dieses Thema erstmals im Kabinett diskutiert wurde, habe ich sofort darauf hingewiesen, dass es sensibel behandelt werden müsste, da viele Menschen, die mit der Bundesbahn beruflich verbunden sind, als Mieter in diesen Wohnungen in einer besonderen Weise betroffen sein würden.
Vor der eigentlichen Entscheidung im Juni 1998 kam es dann zu einem Gespräch zwischen den zuständigen Ministern, Herrn Wissmann und Herrn Waigel, und mir. Die Ausschreibung hatte ergeben, dass eine japanische Gruppe um die Numora-Bank rund 1 Milliarde DM mehr bot als ein deutsches Bieterkonsortium. Ich habe in diesem Gespräch sofort deutlich gemacht, dass ich es für unvorstellbar halte, die Wohnungen deutscher Eisenbahner an ein japanisches Unternehmen zu verkaufen.
Ich war dabei in völliger Übereinstimmung mit den Ministerpräsidenten und Landesregierungen von Nordrhein-Westfalen, Niedersachsen, Hessen und dem Saarland. Der heutige Ministerpräsident von Nordrhein-Westfalen, Herr Clement, intervenierte schriftlich zusammen mit Minister Vesper für das deutsche Konsortium. In einem Schreiben vom 29. Mai 1998 sprach sich auch der damalige Leiter der Niedersächsischen Staatskanzlei, Herr Steinmeier, gegenüber Minister Wissmann dafür aus, den regionalen Bietern den Zuschlag zu geben.
Ich kannte niemanden des deutschen Bieterkonsortiums, bei dem die Niedersächsische Landesentwicklungsgesellschaft Konsortialführer war. Zu diesem Konsortium gehörte auch die Familie Ehlerding.
Ich habe die Familie Ehlerding erst wenige Tage vor der Bundestagswahl 1998, im September, in Hamburg kennen gelernt. Ich war dort bei einer Großkundgebung auf dem Gänsemarkt. Im Anschluss an die Großkundgebung fand im Hotel Alster ein Essen statt, zu dem die Hamburger Partei Spender eingeladen hatte. Bei diesem Essen

wurde mir mit anderen Spendern die Familie Ehlerding vorgestellt. Und ich habe mich bei den Spendern selbstverständlich für ihre Unterstützung bedankt.
Auch in diesem Fall lässt sich in keiner Weise der Vorwurf der Bestechlichkeit oder der Vorteilsnahme ableiten. Die Spenden für die CDU stehen in keinem Zusammenhang mit der Entscheidung bezüglich der Eisenbahnerwohnungen.

Der Vorwurf der Käuflichkeit und Bestechlichkeit unserer Politik im Zusammenhang mit den über mich an die CDU gelangten Spenden ist absurd, und das wissen auch alle. Ich bin in meinem ganzen politischen Leben nie käuflich gewesen.
Ich habe für die CDU Gelder in bar entgegengenommen. Die Entgegennahme in bar erfolgte, weil die Spender anonym bleiben wollten. Wenn dies nicht gewährleistet gewesen wäre, hätten die Spender der CDU das Geld nicht zur Verfügung gestellt.
Sie wissen, Anfang des Jahres habe ich eine Reihe von Persönlichkeiten gebeten, an die CDU zu spenden, um einen ihr drohenden möglichen Schaden ausgleichen zu können. Diese Spender waren zum Teil erheblichen Anfeindungen, Beleidigungen und Drohungen ausgesetzt.
Eine amtierende Ministerpräsidentin hat sogar zum Boykott der Waren eines Spenders aufgerufen, ohne dass jemand aus ihrer eigenen Partei diesem Boykottaufruf ernsthaft entgegengetreten ist.
Die SPD hat nunmehr einen anderen Spender, den hoch angesehenen Verleger Erich Schumann, der 45 Jahre Mitglied der SPD war und seine Partei in all diesen Jahren ideell und materiell enorm unterstützt hat, aus der Partei ausgeschlossen. Man wirft ihm vor, dass er mir über Parteigrenzen hinweg helfen wollte, Schaden zu begrenzen.

Wenn man Herrn Schumann in diesem Zusammenhang ehrloses Verhalten vorwirft, zeigt das die ganze Erbärmlichkeit.
Was hier geschehen ist und noch geschieht, ist einer der beschämendsten Vorgänge in der Politik der Geschichte der Bundesrepublik Deutschland der letzten Jahre, wenn nicht gar der letzten Jahrzehnte. Angesichts dieser Vorkommnisse und Erfahrungen kann man nur ahnen, was mit den damaligen Spendern geschehen wäre, wenn ich deren Namen genannt hätte.
Bei diesen Spendern, deren Namen ich weiterhin nicht nenne, handelt es sich ausnahmslos um deutsche Staatsbürger, die nach meiner Kenntnis in keiner Weise mit Regierungshandeln zu tun hatten.
Die Spender versicherten mir, dass sie den jeweiligen Betrag ordnungsgemäß versteuert hatten.
Keinem Geldgeber wurde irgendeine Bescheinigung oder ein anderes Schriftstück über die Spende zur Verfügung gestellt. Sie hatten somit keinerlei Möglichkeit, die Gelder in irgendeiner Form steuerlich abzusetzen.
Sämtliche in bar erhaltenen Beträge habe ich nach 1992 dem Hauptabteilungsleiter für Finanzen, Personal und Verwaltung der Bundesgeschäftsstelle der CDU, Herrn Terlinden, und vor 1993 dem Generalbevollmächtigten der Schatzmeisterei, Herrn Dr. Lüthje, übergeben.
Mit der weiteren technischen Abwicklung habe ich mich nicht befasst.
Was die Höhe der von mir in bar angenommenen Gelder angeht, so habe ich diese in meiner Erklärung im Fernsehen vom 16. Dezember 1999 mit 1,5 bis 2 Millionen DM für den Zeitraum von 1993 bis 1998 angegeben.
Bei meiner Aussage im Fernsehen handelte es sich sowohl in zeitlicher Hinsicht als auch der Höhe nach um eine erste Schätzung. Es handelt sich um den Zeitraum, den die Wirtschaftsprüfer Ernst & Young zunächst untersuchten

und für den nach dem Parteiengesetz die Rechnungsunterlagen noch aufzubewahren sind.
Wenn man von diesen 1,5 bis 2 Millionen DM ausgeht, so sind dies weniger als 0,5 Prozent der Gesamteinnahmen der CDU Deutschlands. Diese betrugen in den Jahren 1993 bis 1998 ca. 440 Millionen DM.
Für den Zeitraum von 1989 bis 1992 gibt es nach meiner Kenntnis keine Unterlagen mehr. Ich kann dazu auch keine näheren Angaben mehr machen.
Ich war fünfundzwanzig Jahre Bundesvorsitzender der CDU Deutschlands. Auf dreizehn Bundesparteitagen bin ich in geheimer Wahl mit hervorragenden Ergebnissen gewählt worden.
Das wäre ohne eine offene und ehrliche Unterstützung der bis zu tausend Delegierten des CDU-Bundesparteitages nicht möglich gewesen.
Die Vorwürfe, die im Zusammenhang mit den Spenden im Hinblick auf einen ›Stimmenkauf‹ von Delegierten des CDU-Bundesparteitages gegen mich erhoben worden sind, sind völlig abwegig.
Das Amt des Bundesvorsitzenden habe ich – anders als beispielsweise die Generalsekretäre – immer ehrenamtlich ausgeübt.
Im Übrigen lege ich Wert auf die Feststellung, dass auch meine Frau in all den Jahren eine große Anzahl von Veranstaltungen in der CDU und deren Vereinigungen mit einer ausgezeichneten Besucherbeteiligung absolviert hat und dies alles ehrenamtlich getan hat.
Ich habe im Zeitpunkt meines Handelns nicht im Entferntesten an die Möglichkeit gedacht, der CDU wirtschaftlich oder in sonstiger Weise Schaden zufügen zu können. Im Gegenteil, ich wollte der CDU immer helfen.
Ziel meines Handelns war es, die Chancenungleichheit mit der SPD zu verringern. Nach meinen Beobachtungen und Erfahrungen haben sich die materiellen Ausgangsla-

gen in den Jahren immer mehr zugunsten der SPD verschoben.

Die Sozialdemokraten haben – und dies ist völlig legitim – für den durch die Nazis zugefügten Schaden eine Wiedergutmachungsleistung von über 70 Millionen DM erhalten. Sie konnten diese Mittel gewinnbringend anlegen.

Sie haben darüber hinaus im Pressebereich Verlagsbeteiligungen erworben und die ›Deutsche Druck- und Verlagsgesellschaft mbH‹ (DDVG) gegründet. Außerdem haben die Sozialdemokraten erhebliche Unterstützung im Bankenbereich erfahren. Dies hat Tradition. Früher gab es die Bank für Gemeinwirtschaft, es gab die segensreiche Einrichtung der Naphtali-Stiftung; heute wird diese Aufgabe, wie man in der Zeitung lesen kann, durch die WestLB wahrgenommen. Ich erinnere nur an die Unterstützung im Wahlkampf in Brandenburg für Herrn Stolpe. Sie erinnern sich sicher auch gerne an die Unterstützung für Wahlkampfreisen der SPD-Spitze.

Ein besonderes Kapitel ist die Unterstützung durch den DGB, der in den letzten Jahren trotz seiner Verpflichtung zur parteipolitischen Neutralität jegliche Hemmungen verloren hat, wenn es um Wahlkampfunterstützung der SPD ging.

Wie ich schon sagte, war der Grund meines Handelns, die Chancenungleichheit mit der SPD zu verringern.

Ich bedaure heute, Spenden in bar entgegengenommen zu haben, und übernehme hierfür auch die volle Verantwortung. Ich habe dies als Fehler eingesehen und entschuldige mich hierfür.

Als mir klar wurde, dass die Gefahr besteht, dass in Höhe der ungeklärten Bareinzahlungen die CDU einen Betrag an das Präsidium des Deutschen Bundestages abführen muss und sie darüber hinaus noch den Anspruch auf staatliche Mittel in Höhe des Zweifachen dieses Betrages verliert, habe ich versucht, Spenden zu akquirieren, mit

denen der drohende Schaden ausgeglichen werden kann. Mittlerweile sind über 8 Millionen DM zusammengekommen, die auch bereits der Schatzmeisterei der CDU zur Verfügung gestellt wurden.
Damit hat die CDU erfreulicherweise bereits weit mehr erhalten, als ihr durch mein Verhalten an Schaden drohen könnte.
Ich hoffe, dass sich auch weiterhin viele Spender finden, die die CDU in dieser schwierigen Zeit unterstützen. Auch meine Frau und ich haben, wie Sie sicherlich wissen, einen für uns nicht unerheblichen Betrag in Höhe von insgesamt 700 000 DM geleistet.
Da ich davon ausgehe, dass Sie viele Fragen an mich haben werden, gehe ich in meiner Eingangserklärung jetzt nicht weiter auf Einzelheiten ein.
Die Namen der einzelnen Geldgeber werde ich jedoch auch heute nicht nennen.
Wie Sie wissen, ist bei der Bonner Staatsanwaltschaft ein Ermittlungsverfahren gegen mich anhängig.
Zu diesem Verfahren und allem, was mittelbar oder unmittelbar mit diesem Verfahren zusammenhängt, möchte ich mich hier nicht weiter äußern.
Der Grund dafür ist wohl jedermann verständlich. Um es ganz unmissverständlich auszudrücken: Ich habe volles Verständnis dafür, dass die Staatsanwaltschaft Bonn hier im Saal pflichtgetreu anwesend ist. Ich habe nichts zu verbergen, aber ich kann nicht beurteilen, wie das, was ich zu dem Gegenstand des Verfahrens sage, von der Staatsanwaltschaft bewertet wird.
Für Fragen, die nicht mittelbar oder unmittelbar mit dem Gegenstand des Ermittlungsverfahrens zusammenhängen, stehe ich Ihnen nunmehr gerne zur Verfügung.«

So weit meine Eingangserklärung, die ich hier deshalb vollständig zitiere, weil dieser wichtige Bericht über Abläufe und Tatsachen in weiten Teilen der Medien kaum beachtet wurde.
Wenn man sich vergegenwärtigt, dass der Untersuchungsausschuss vor mehr als einem halben Jahr eingesetzt wurde, um anhand der Themen Spürpanzer, Leuna, Airbus und Hubschrauber die Frage der Käuflichkeit oder Bestechlichkeit der Bundesregierung unter meiner Führung zu prüfen, ist die Situation in doppelter Weise paradox und absurd. Nicht nur, dass es sieben Monate gedauert hat, bis derjenige, der über Monate Zielscheibe aller möglichen und unmöglichen Vorwürfe war, endlich selbst gehört wird. Es hat auch sieben Monate gedauert, bis durch meine Eingangserklärung erstmals überhaupt jemand umfassend in der Sache und im politischen Zusammenhang zu den Hauptthemen Spürpanzer und Leuna-Privatisierung Stellung nimmt.
Selbst dies ist bis zum Beginn der Sitzung unklar, da die Ausschussmehrheit sich vorher darauf verständigt und auch öffentlich bekannt gemacht hat, sich an diesem Tag nur mit dem Komplex Spenden zu befassen. Aus diesem Grund habe ich mein Eingangsstatement zweigeteilt: Der eine Teil enthält eine politische Einleitung sowie Feststellungen zu sämtlichen Untersuchungsgegenständen mit Ausnahme der Spendenthematik. Der zweite Teil befasst sich ausschließlich mit dem Spendenkomplex. Beide Teile sind für die Medienvertreter zuvor in meinem Büro vervielfältigt worden. Falls ich also nur zum Thema Spenden ein Eingangsstatement abgeben darf, kann so zumindest dieser Teil verteilt werden.
Schließlich kann ich doch meine dreizehn Seiten starke Erklärung komplett vortragen, wenngleich der Ausschussvorsitzende Volker Neumann unmittelbar danach erklärt, dass die Ausschussmehrheit in der Befragung nur das Thema Spenden erörtern will. Herr Neumann begründet dies damit, dass man zu den eigentlichen Sachthemen und der Frage, ob bei Regierungsentscheidungen Käuflichkeit oder Bestechlichkeit eine Rolle ge-

spielt haben, noch nicht sämtliches Aktenmaterial habe sichten und bewerten können.
Mir scheint das ein vorgeschobenes Argument zu sein: Tatsächlich dürfte auch die rot-grüne Ausschussmehrheit keinen Zweifel daran haben, dass meine Entscheidungen als Regierungschef ausschließlich nach politischen Erwägungen erfolgten. Niemand glaubt im Ernst, dass ich käuflich war und mich persönlich bereichert hätte.
Wenn ich hier immer von der rot-grünen Ausschussmehrheit schreibe, ist das nicht ganz korrekt. In Wahrheit sind diese Damen und Herren nämlich nicht die eigentlichen Akteure. Was in diesen Monaten geschieht, wurde in der Partei- und Fraktionsführung mitgeplant und abgesegnet. Die regelmäßigen Begleitkommentare der Herren Müntefering, Struck und Schlauch beweisen das. Wer in dieser Aufzählung Namen vermisst, mag sie selbst hinzufügen.
Jetzt will sich die Ausschussmehrheit auf das Spendenthema konzentrieren. Hier sieht man das größte Inszenierungspotenzial zur politischen Stimmungsmache gegen mich, meine Familie und meine Mitarbeiter.
Der Verlauf der Befragung zeigt, dass auch die Ausschussmehrheit nicht erwartet, zum Spendenkomplex wirklich Neues zu erfahren. Es ist etwa 11 Uhr an diesem Morgen, als nach meinen einleitenden Bemerkungen zunächst der Vorsitzende Neumann und dann sein Kollege Hofmann eine rund zwei Stunden dauernde Befragung beginnen und auch Antworten zur Sache erhalten. Lediglich bei Fragen, die das staatsanwaltschaftliche Ermittlungsverfahren gegen mich berühren, mache ich keine weiter gehenden Angaben. Auch die Fortsetzung der Befragung am Nachmittag verläuft zunächst unaufgeregt. Wenn es für mich etwas Bemerkenswertes gibt, dann die Tatsache, dass die Vertreter von SPD und Grünen kritische Anmerkungen meinerseits im Zusammenhang mit dem Verhalten führender Sozialdemokraten zur deutschen Einheit, meinen Hinweis auf die enormen Vermögenswerte der SPD oder die Frage nach den leeren Akten-

schränken in der hessischen Staatskanzlei nach der Wahlniederlage des heutigen Finanzministers widerspruchslos hinnehmen. Das gilt auch für die Frage, wie beispielsweise so genanntes Beweismaterial aus dem Hirsch-Bericht öffentlich bekannt werden kann, bevor das Bundeskanzleramt diese Unterlagen dem Ausschuss offiziell überhaupt zur Verfügung stellt.

Letzteres berührt übrigens ein grundsätzliches Problem: Häufig sah ich mich in den vergangenen Monaten mit Vorwürfen und Fragen konfrontiert, deren Ausgangspunkt Materialien aus Behördenbeständen oder aus anderen Quellen ist. Dieses Material wird zwar Journalisten und Vertretern der rot-grünen Ausschussmehrheit zugespielt, mir aber vorenthalten. Häufig hätte mir allein die Kenntnis dieses Materials ausgereicht, damit verknüpfte Unterstellungen sofort als gegenstandslos zurückzuweisen.

Dass es der rot-grünen Mehrheit im Untersuchungsausschuss an diesem Tag in Wahrheit nicht um Sachaufklärung, sondern um die Inszenierung eines Spektakels geht, zeigt ein Vorgang, der schließlich zum abrupten und vorzeitigen Abschluss meiner Befragung führt. Ausgangspunkt hierfür war ein am 9. Juni 2000 getroffener Beschluss, Juliane Webers Kalender früherer Jahre einzusehen. Da es aber auch rein gar nichts zu verbergen gab, hatte Frau Weber auch ihren aktuellen Kalender aus dem Jahr 2000 dem Ausschuss ausgehändigt. Und genau wegen dieses Kalenders kommt es dann zum künstlich herbeigeführten Eklat: Der Ausschussvorsitzende Neumann fragt, ob ich mit Mitgliedern dieses Ausschusses meinen heutigen Auftritt vorbereitet habe. Hierzu nennt er bestimmte Daten aus dem Kalender von Frau Weber, an denen ich mich mit CDU/CSU-Mitgliedern des Untersuchungsausschusses getroffen hatte. Einzelne Daten werden wie bei einem Kreuzverhör abgefragt. Als ich endlich die Möglichkeit bekomme, meine Gründe darzulegen, mache ich deutlich, dass diese Treffen die einzige Gelegenheit boten, mich verlässlich und aus erster Hand über die Verfahrensprozeduren, Befragungstermine, die Reihenfolge der Zeugenbefragungen,

die Abfolge der Themenbehandlung und Ähnliches zu informieren. Gleichzeitig unterstreiche ich, dass ich diese Art und Weise, mich zu informieren, für absolut legitim halte. Nur so konnte ich mir einen Überblick über die Vorgehensweise des Ausschusses verschaffen, hinter dem immerhin im Unterschied zu meinen bescheidenen Möglichkeiten ein mächtiger Apparat aus Regierungsstellen, Mitarbeitern der Ausschussmehrheit und Teilen der Medien steht.
Meine Begegnungen mit einigen CDU-Ausschussmitgliedern haben weder die Kollegen noch ich als Geheimnis behandelt. Hätten wir diese Treffen tatsächlich geheimhalten wollen, wären solche Termine ganz sicher nicht im Kalender von Juliane Weber eingetragen worden.
Man muss andererseits wissen, dass bestimmte Mitglieder des Untersuchungsausschusses sich mit Journalisten zusammensetzen, dass sie ihnen Dokumente zur Verfügung stellen und dass Leitartikel in bestimmten Zeitungen eindeutig auf Herrschaftswissen beruhen, das aus dem Ausschuss stammt. Zu diesem Bild passt, dass die erwähnten Terminkalender meiner engsten Mitarbeiterin, die dem Untersuchungsausschuss zur vertraulichen Auswertung überlassen worden waren, vor Rückgabe kopiert und einem breiten Kreis von Journalisten zur Verfügung gestellt wurden. Diese Herrschaften predigen den Datenschutz und denken im Traum nicht daran, die einfachsten rechtsstaatlichen Prinzipien einzuhalten und ihrerseits den Datenschutz zu respektieren.
Das Sinnen und Trachten der Ausschussmehrheit besteht vornehmlich darin, mich, mein Umfeld, meine Politik und meine Partei herabzusetzen. Dazu ist ihr jedes Mittel recht.

Nachdem die öffentliche Sitzung auf Antrag der SPD-Mitglieder für eine nicht öffentliche Beratung unterbrochen worden ist, vertagt der Ausschussvorsitzende die Fortsetzung meiner Befragung wenig später auf den 6. Juli 2000.
Die anschließenden Statements der Vertreter von SPD und Grü-

nen vor der Presse machen dann deutlich, wer für diesen Tag tatsächlich ein Drehbuch vorbereitet hatte: Empörung über mein Treffen mit Unionsvertretern aus dem Ausschuss ist das Hauptthema der öffentlichen Erklärungen. Die entsprechenden Eintragungen im Kalender von Frau Weber sind unterdessen in Überblicksform druckreif zusammengefasst und noch während der Ausschusssitzung vervielfältigt und an alle Journalisten verteilt worden. Hier hätte der unerschrockene Vorkämpfer für den persönlichen Datenschutz, der Sonderermittler Burkhard Hirsch, einschreiten müssen. Zumindest hätte er hier einen wirklichen Grund gehabt, sich öffentlich zu erregen.
Die in meinen Augen völlig überzogene und unverständliche Kritik an meinen Gesprächen mit den Abgeordnetenkollegen geht so weit, dass die Fraktionsführung der Union aufgefordert wird, diejenigen ihrer Ausschussmitglieder, die mit mir zusammengetroffen sind, aus dem Gremium zurückzuziehen. Diese Rückzugsforderung richtet sich vor allem an den Obmann der Union im Ausschuss, meinen Kollegen Andreas Schmidt. Ein Sturm im Wasserglas nach einem Drehbuch, das an diesem Tag die beabsichtigte Wirkung erzielt: Volker Neumann und seine Ausschussmehrheit haben ein Thema, mit dem sie am Ende dieser Befragungsrunde von der eigentlichen Nachricht des Tages ablenken können. Und die lautet, dass ich mich in der Hauptsache meiner Befragung in keinem Punkt korrigieren musste. Mein Eingeständnis vom 16. Dezember 1999 zum Thema Spenden habe ich in keinem einzigen Punkt zu verändern. Ich habe weder etwas zurückzunehmen noch zu ergänzen. Der Versuch, gegen Unionsmitglieder des Ausschusses und gegen mich Stimmung zu machen, muss darum letztlich ins Leere laufen und zählt zum wenig beeindruckenden Ergebnis dieses Tages.

Nach Ende der Sitzung stelle ich mich den Journalisten im viel zu engen Foyer des Sitzungssaales. Von allen Seiten eingezwängt und eingeklemmt von Kameras entstehen hier Fernsehbilder, die nicht gerade zu meinem Vorteil sind. Ein geordnetes

Frage- und Antwortspiel ist praktisch unmöglich. Hinzu kommt eine enorme Lärmkulisse. In dieser Hinsicht bin ich nun wirklich viel gewohnt, doch diese Verhältnisse sind haarsträubend. Die unruhige, ja hektische Atmosphäre überträgt sich nach einem Tag vieler Fragen, die ich im Ausschuss zu beantworten hatte, auch auf mich. Konzentrierte Antworten sind in dieser Situation fast unmöglich. Grundsätzlich darf ich mich ja nicht über Journalistenfragen beschweren, auch Provozierendes muss ich akzeptieren, selbst wenn es noch so schwer fällt. Ich war erregt und zornig, und das konnte man auch am Abend im Fernsehen deutlich sehen.
Dennoch: Meine Vorbereitung auf die Fragen des Ausschusses hatte sich gelohnt. Ich blieb sachlich und ließ mich im Ausschuss selbst nicht provozieren. Wo es möglich war, hatte ich die Fragen ausführlich und im Respekt vor diesem parlamentarischen Gremium beantwortet, aber auch in der Gewissheit, die mir wichtigen politischen Aspekte der Untersuchungsgegenstände und des Umgangs mit ihnen durch die Ausschussmehrheit von SPD und Grünen klar benannt zu haben.
Alles in allem sehe ich der Fortsetzung der Befragung in einer Woche ruhig und gelassen entgegen.

Samstag, 1. Juli 2000

Das Programm des chinesischen Ministerpräsidenten Zhu Rongji bei seinem Deutschlandbesuch ist dicht gedrängt. Doch auf eine Begegnung mit mir will der Gast aus Peking ebenso wenig verzichten wie schon die Staatsoberhäupter der USA, Russlands und Frankreichs. Wir sind zu einem Frühstück verabredet. Bei meinem letzten Besuch in China im August letzten Jahres lud er uns abends zu einem Essen ein, bei dem wir über alle wichtigen Themen offen sprechen konnten. Damals wie heute zeigt er sich besonders an der Entwicklung der Europäischen Union interessiert und hofft, wie alle Mitglieder der chinesischen Führung, dass nach dem Untergang der bipolaren Welt die EU ein eigenes Gewicht zur Entwicklung der multipolaren Welt beiträgt. In Peking sieht man das als Gegengewicht zu der immer befürchteten Vorherrschaft der Amerikaner.

Zhus Verabredung mit mir ist aus seiner Sicht eine ganz eindeutige Demonstration der Freundschaft in meiner schwierigen Situation. Ebenso empfinde ich das für Montag geplante Treffen mit UN-Generalsekretär Kofi Annan.

Der chinesische Ministerpräsident ist über die aktuellen politischen Themen in Deutschland und Europa bestens informiert. Am Ende unseres Treffens sprechen wir über die schwierige Zeit der deutschen Vereinigung. Er ist offensichtlich von seinen Mitarbeitern gut informiert und auf die heutigen Jahrestage hingewiesen worden: das Ende der Personenkontrollen an der innerdeutschen Grenze vor zehn Jahren und das Inkrafttreten der deutsch-deutschen Währungs-, Wirtschafts- und Sozialunion am 1. Juli 1990. Ich erzähle, welche Probleme es bereitete, D-Mark-Banknoten in riesigen Mengen nach Ost-Berlin zu schaffen, um das Geld vom Keller des ZK-Gebäudes aus über die gesamte DDR zu verteilen. Dann die Ausgabe der ersten D-Mark-Scheine und wie sich Tausende Bürger vor den Bankschaltern drängten, das Knallen der Sektkorken, das Feiern von D-Mark-Partys überall in der DDR. In meiner Fernsehansprache damals hatte ich erklärt, die Deutschen in der Bundesrepublik und der DDR seien jetzt unauflöslich miteinander verbunden. Sie seien es zunächst durch eine gemeinsame Währung, durch die gemeinsame Ordnung der sozialen Marktwirtschaft. Sie würden es bald auch wieder in einem freien und vereinten Staat sein.

Mit Beginn der Währungs-, Wirtschafts- und Sozialunion flossen binnen Jahresfrist 100 Milliarden DM in den östlichen Teil Deutschlands. Das war jede vierte Mark des Bundeshaushalts. Im Nachhinein eine unvorstellbare Leistung der Steuerzahler. Und wie viele Bedenkenträger wollten uns damals davon abhalten! Wo waren eigentlich die klugen Vorschläge all jener, die sonst zu jedem politischen Vorhaben ihre Kommentare und besserwisserischen Einschätzungen vorbringen? Manche von ihnen waren auf einem ganz anderen Trip: Sie wollten den DDR-Sozialismus reformieren, sie liebäugelten mit einem »dritten Weg« zwischen Sozialismus und Kapitalismus. Nichts als Träumereien an deutschen Kaminen, an die sich heute so wenige erinnern wollen.

Heute lese ich, dass Chefermittler Burkhard Hirsch frühere Mitarbeiter aus dem Bundeskanzleramt verdächtigt, Absprachen mit mir getroffen zu haben. Für ihn ist es wohl ein Verdachtsmoment, dass ich auch heute noch gelegentlich frühere Mitarbeiter treffe, wenn sie sich in Berlin aufhalten.
Für mich ist das völlig normal. Ich weiß nicht, ob frühere Mitarbeiter von Herrn Hirsch das Bedürfnis haben, ihn zu besuchen. Mich besuchen häufig frühere Mitarbeiter, auch solche aus meiner Mainzer Zeit.

Donnerstag, 6. Juli 2000

Für heute Nachmittag ist die Fortsetzung der Befragung vor dem Untersuchungsausschuss des Deutschen Bundestags geplant. Ich hatte dem Vorsitzenden des Ausschusses angeboten, dem Gremium mehrere Tage zur Verfügung zu stehen, um im Zusammenhang auf die Fragen der Ausschussmitglieder antworten zu können. Doch anstatt von diesem Angebot Gebrauch zu machen, ist meine Befragung erst für den frühen Nachmittag angesetzt worden. Die rot-grüne Mehrheit hat also nicht nur meine Aussage über mehrere Monate hinausgezögert, sondern plante auch von Anfang an nur eine begrenzte Zeit für meine Befragung ein.

Unterdessen ist der Ausschuss von der Katholischen Akademie in der Ost-Berliner Hannoverschen Straße ins Schöneberger

Rathaus nach West-Berlin umgezogen. Es war schon eine Zumutung, unter welch miserablen Bedingungen die Ausschussmitglieder, die Zeugen und Medienvertreter in der Katholischen Akademie ihrem Auftrag nachgehen mussten. Mir ist völlig unverständlich, warum der Parlamentspräsident in einer Stadt wie Berlin nicht in der Lage war, angemessene Räumlichkeiten zu finden. Das führte dazu, dass zahlreiche Medienvertreter beim ersten Termin vor einer Woche abgewiesen worden waren und von ihrem Recht, an der öffentlichen Sitzung teilzunehmen, keinen Gebrauch hatten machen können. Proteste von Journalisten hatten dann den Umzug ins Schöneberger Rathaus zur Folge.

In diesem Rathaus wirkte einst Willy Brandt als Regierender Bürgermeister von Berlin. Von hier aus erlebte er den Bau der Berliner Mauer. Zu seinen Zielen in all den Jahren, in denen er politische Verantwortung in Berlin und in der Bundesrepublik trug, gehörte die Überwindung der Teilung Berlins und Deutschlands. Dieses Ziel hatten führende Sozialdemokraten in den Achtzigerjahren aufgegeben. Sie forderten die Anerkennung der DDR-Staatsbürgerschaft, und die SPD-Ministerpräsidenten stellten in den Jahren 1988 und 1989 die Zahlungen für die Zentrale Erfassungsstelle für DDR-Unrecht in Salzgitter ein. Mit der Unterschrift des Parteivorstands unter das SED/SPD-Grundwertepapier im Jahre 1987 wurde das Verfassungsziel, die Einheit Deutschlands in Freiheit zu vollenden, endgültig aufgegeben. Damit hatten Sozialdemokraten einen Grundsatz verraten, der zu den Gründungsgesetzen der zweiten Deutschen Republik gehört.

Willy Brandt war einer jener Männer in der deutschen Politik, die bei aller Schärfe der politischen Auseinandersetzung Achtung und Anstand vor dem politischen Gegner wahrten. Als Bundeskanzler hätte Brandt die Art und Weise, wie mit mir umgegangen wird und wie fortdauernd ungerechtfertigte Verdächtigungen gegenüber dem anderen politischen Lager geschürt werden, mit Sicherheit abgelehnt. Auch in dieser Hinsicht haben sich die Repräsentanten der deutschen Sozialdemokratie von einer Position abgewandt, die zum parlamentarischen Grundkonsens gehört.

Aber zurück zu meinem zweiten Auftritt vor dem Untersuchungsausschuss. Aus einer Agenturmeldung hatte ich am Tag zuvor erfahren, dass ich diesmal auch zum Hirsch-Bericht befragt werden sollte. Mein Anwalt hatte daraufhin beim Chef des Bundeskanzleramts darum gebeten, mir endlich diesen Bericht zur Verfügung zu stellen. Doch das geschah nicht.
Es ist schon eine unglaubliche und unerträgliche Situation, dass alle über den so genannten Hirsch-Bericht sprechen und viele auch in seinem Besitz sind, während ich heute vor dem Ausschuss zu diesem Bericht Stellung nehmen soll, ohne dass er mir vorliegt. So etwas wäre früher undenkbar gewesen. Ich bin also bei meiner Aussage allein auf Presseberichte angewiesen, ohne zu wissen, ob sie zutreffend sind und der Wahrheit entsprechen.
Aus Presseberichten und aus Gesprächen mit Journalisten weiß ich jetzt, dass der Chef des Kanzleramts Frank-Walter Steinmeier bereits am 13. Oktober 1999 seine Mitarbeiter angewiesen hatte, zu überprüfen, welche Leuna/Minol-Akten dem Kanzleramt vorliegen. Man plante offensichtlich bereits zu diesem Zeitpunkt, einen parlamentarischen Untersuchungsausschuss einzusetzen. Damals gab es das Thema Parteispenden noch nicht. Trotzdem war man bereits dabei, Material für einen Untersuchungsausschuss zusammenzutragen. Ich bin sicher, dass diese Aktivitäten nicht zuletzt auch damit zu tun hatten, dass die rotgrüne Bundesregierung zu diesem Zeitpunkt, im Herbst 1999, katastrophale Umfragewerte hatte. 1999 hatte die SPD alle wichtigen Wahlen verloren.
Ein ganz anderes Thema, das bei meiner Vernehmung auftaucht, ist die Vorlage einer Visitenkarte des in Kanada lebenden Kaufmanns Karlheinz Schreiber, der im Mittelpunkt von Ermittlungen der Staatsanwaltschaft Augsburg steht.
Schreiber wird immer wieder im Zusammenhang mit der Liefe-

rung von Spürpanzern aus Deutschland nach Saudi-Arabien genannt. In Teilen der Medien wird mit Unterstützung der rot-grünen Ausschussmehrheit wieder und wieder der Versuch unternommen, mich mit Herrn Schreiber in Verbindung zu bringen. Ich habe das immer dementiert – Herr Schreiber übrigens auch.

Aus den Akten des Kanzleramtes taucht jetzt plötzlich eine Visitenkarte von Herrn Schreiber aus dem Juli 1995 im Untersuchungsausschuss auf. Darauf steht in meiner Handschrift der Vermerk: »Wer ist das?« und die Bitte um Auskunft an den zuständigen Ministerialdirektor Sieghart Nehring. Aus diesem Dokument und dem zeitlichen Zusammenhang geht eindeutig hervor, dass ich im Jahr 1991, als die Spürpanzer geliefert wurden, Herrn Schreiber nicht kannte.

Im Verlauf der Sitzung beklage ich, dass mir immer noch nicht der so genannte Hirsch-Bericht zur Verfügung gestellt wurde, obwohl er ein zentrales Thema der öffentlichen Diskussion ist. Bei der Befragung durch SPD- und FDP-Vertreter im Ausschuss, die mich auf den Hirsch-Bericht ansprechen, stelle ich ausführlich die Methoden des Kanzleramts dar, wie ich sie jetzt erfahren habe. Ich weise darauf hin, dass dort eine eingegangene anonyme Anzeige, deren Unseriosität auf den ersten Blick erkennbar war, an die Staatsanwaltschaft übergeben wurde – natürlich in der Hoffnung, dass aus diesem armseligen Zettel ein Hausdurchsuchungsbefehl erwachsen möge. Genau so hatte ich mir das gedacht, als meine Anwälte mir am 24. Juni 2000 Kopien der anonymen Anzeigen zukommen ließen, die sie in den Akten der Bonner Staatsanwaltschaft entdeckt hatten.

Außerdem kritisiere ich, dass wichtige Beweisstücke nicht im Original vorgelegt werden und dass mir Unterlagen vorenthalten werden, die nicht nur dem Untersuchungsausschuss, sondern sogar bereits der Presse vorliegen.

In einer Sitzungspause gehe ich mit diesen Erkenntnissen in eine vor dem Sitzungssaal improvisierte Pressekonferenz und erläutere vor laufenden Kameras die Inszenierung der Affäre durch das Bundeskanzleramt. Die Journalisten kommen nicht umhin, darüber zu berichten. Es ist die einzige Meldung vom Untersuchungsausschuss, die an diesem Tag einen Neuigkeitswert hat.

Meine Befragung wird am Abend fortgesetzt. Immer wieder wird aus Briefen und Papieren zitiert, die Lüthje, Weyrauch oder die CDU-Bundesgeschäftsstelle betreffen. Fragen zur Leuna-Privatisierung oder zur Lieferung der Spürpanzer nach Saudi-Arabien stellt die Ausschussmehrheit nicht. Im Lauf der Sitzung beginnen sich die Fragen immer mehr im Kreis zu drehen. Schließlich muss Ernst-Dieter Rossmann von der SPD öffentlich erklären: »Offensichtlich bin ich müder als Sie!« Damit ist das Ende der Befragung eingeleitet. Die Sitzung wird kurz vor 23 Uhr geschlossen, ohne dass auch nur ein einziger Beleg angeführt worden wäre, aus dem sich die Bestechlichkeit der Bundesregierung unter meiner Leitung hätte ergeben können. Die rot-grüne Ausschussmehrheit ist mit ihrer Intrige an diesem Tag gescheitert. Im Anschluss an die Sitzung wird von Abgeordneten der Ausschussmehrheit kolportiert, dass meine nächste Befragung erst Ende November/Anfang Dezember sein würde. Aus diesem Zeitplan heraus kann jedermann leicht erkennen, dass es das Ziel von SPD und Grünen ist, diesen Untersuchungsausschuss bis in die Nähe der Bundestagswahl im Jahr 2002 hinauszuziehen.

Sonntag, 9. Juli 2000

Unter der Überschrift »Aktenloser Übergang« hatte der Staatsminister für Kultur im Kanzleramt, Michael Naumann, in der jüngsten Ausgabe der *Zeit* geschrieben, dass Akten der von seinem Vorgänger, dem ehemaligen Staatsminister im Kanzleramt Anton Pfeifer, mitbetreuten Kulturangelegenheiten »vernichtet oder abgeschleppt« worden seien. »Als gelte es, alle Spuren am

Tatort zu vertuschen – jeden Fingerabdruck der Machtausübung, jedes Zeugnis von Beamtenfleiß und politischer Verantwortung …«, hatte Naumann formuliert. Verschwunden seien auch die Unterlagen des Büros Pfeifer zur Debatte über das Berliner Holocaust-Mahnmal. »Da gibt es nichts, die Herren haben nur telefoniert«, schrieb Naumann, dem diese Erkenntnis über die Arbeitsweise der Vorgängerregierung angeblich von einem eingeweihten Spitzenbeamten als Antwort auf seine Bitte um Vorlage dieser Akten mitgeteilt worden sei.

In der *Welt am Sonntag* lese ich heute, dass sich alle angeblich verschwundenen Akten in der Registratur des Bundeskanzleramts befinden sollen, sofern sie nicht in der Registratur des für diese Angelegenheit zuständigen Bundesinnenministeriums liegen. Ein hoher Kanzleramtsbeamter habe ebenso wie der Chef des Kanzleramts zugegeben, dass Herr Naumann überhaupt nicht in der Registratur des Bundeskanzleramts gesucht habe. Naumanns Beitrag beziehe sich ausschließlich auf das Dienstzimmer seines Vorgängers, das leergeräumt vorgefunden worden sei.

Ich empfinde es als hemmungslos und rücksichtslos, wie Herr Naumann das Ansehen meines Freundes Anton Pfeifer zu beschädigen versucht. Dieser hatte in vielen Jahren seiner Tätigkeit als Abgeordneter, als Staatssekretär und Staatsminister im Kanzleramt enorm viel geleistet und für die Kulturarbeit in Deutschland mehr getan, als Herr Naumann überhaupt überblicken kann. Dieser Vorgang ist typisch: Der rot-grüne Zug fährt weiter in Richtung Kriminalisierung und Verleumdung von Helmut Kohl und seinen Leuten. Herr Naumann will auch dabei sein, in diesem Zug, und beteiligt sich an einer kaum zu überbietenden Verleumdungskampagne. Die Richtigstellung durch den Chef des Kanzleramts bedeutet eine große Blamage für Herrn Naumann. Ganz offenbar saß er im falschen Zug.

Dienstag, 11. Juli 2000

Das Amtsgericht Berlin-Tiergarten hat entschieden: Der Untersuchungsausschuss darf Hans Terlinden nicht in Beugehaft nehmen lassen, um seine Aussage vor dem Ausschuss zu erzwingen. Diese Entscheidung wird selbstverständlich von der Mehrheit des Ausschusses in der nächsthöheren Instanz angefochten. Doch zunächst freut mich dieser Beschluss sehr.
Die Drohung mit Beugehaft ist typisch für die Ausschussmehrheit. Da gegen mich ähnliche Drohungen ausgestoßen wurden, werde ich den Fortgang dieser Geschichte auch deshalb mit ganz besonderem Interesse verfolgen.

Die französischen Zeitungen *Le Monde* und *Le Parisien* behaupten unter Berufung auf einen früheren leitenden Mitarbeiter von Elf-Aquitaine, es habe im Jahr 1992 Zahlungen des Mineralölkonzerns an die CDU gegeben. Der seinerzeitige Präsident Mitterrand habe diese Zahlungen abgesegnet.
Derartige Behauptungen waren erstmals bereits am 22. Januar dieses Jahres aufgestellt worden. Sie sind frei erfunden oder erlogen. In Verbindung mit dem Engagement von Elf-Aquitaine in Leuna gab es zwischen Mitterrand und mir zu keinem Zeitpunkt Gespräche über Geld oder irgendwelche Transaktionen. Mit aller Entschiedenheit weise ich diese erneuten verleumderischen Behauptungen zurück.

Heute, am 11. Juli, ist es exakt zehn Jahre her, dass ich mich, begleitet von Außenminister Genscher und Finanzminister Waigel, in Moskau und im Kaukasus zu Gesprächen mit dem sowjetischen Präsidenten Michail Gorbatschow aufhielt. Es war jener Tag, der zu Recht als entscheidender Durchbruch auf dem Weg zur deutschen Einheit betrachtet wird. Am Ende unserer Gespräche war klar, dass die Sowjetunion der Wiedervereinigung Deutschlands zustimmen würde.

Im Mittelpunkt unserer zweitägigen Beratungen hatten Fragen der Nato-Mitgliedschaft und der Mitgliedschaft des vereinten Deutschlands in der Europäischen Gemeinschaft gestanden. Von entscheidender Bedeutung bei unseren Erörterungen war die zukünftige Entwicklung der Beziehungen zwischen der Sowjetunion und Deutschland und nicht zuletzt unsere Bereitschaft, die Sowjetunion wirtschaftlich zu unterstützen. Als Ergebnis dieser schwierigen Gespräche gab Gorbatschow sein Einverständnis für die volle Souveränität Deutschlands und sicherte dem wiedervereinigten Staat die Freiheit zu, über seine Bündniszugehörigkeit zu entscheiden.

Die anhaltenden Diskussionen in diesen Tagen über die damaligen Möglichkeiten auf dem Weg zur deutschen Einheit halte ich für ziemlich absurd und vor allem für sehr undankbar gegenüber unseren Freunden in Washington und Moskau. Man kann gar nicht oft genug betonen, dass es vor allem Michail Gorbatschow und genauso George Bush waren, die das Tor zur deutschen Einheit aufstießen. Ohne die Abrüstungsverhandlungen dieser beiden und ohne ihren Beitrag wären beispielsweise die europäischen Partner den Weg zur deutschen Vereinigung so nicht mitgegangen, vor allem nicht Margaret Thatcher. Die große Frage jener Tage war: Werden die Deutschen und Helmut Kohl um den Preis des Austritts aus der Nato und der Zerstörung der Europäischen Gemeinschaft die deutsche Einheit in Moskau erkaufen? Michail Gorbatschow wollte es nicht, und ich hätte es auch niemals getan.

Was mich jetzt beim Blick zurück sehr beschäftigt, sind die Gespräche im Kaukasus und die menschliche Atmosphäre. Diese besondere Stimmung vor zehn Jahren war vor allem durch den Besuch in Gorbatschows Heimat entstanden, wo er uns all die Orte zeigte, die die Anfänge seiner politischen Karriere geprägt hatten.

Sonntag, 16. Juli 2000

SPD-Generalsekretär Franz Müntefering spricht sich gegen meine Teilnahme an den Feiern zum zehnten Jahrestag der Wiedervereinigung am 3. Oktober in Dresden aus. Seine Äußerungen sind armselig.
Früher hatte ich einen völlig anderen Eindruck von ihm. Ich hatte ihn als kämpferischen Sozialdemokraten gesehen, mit dem ich während meiner Zeit als Bundeskanzler sehr gut vernünftige Gespräche führen konnte. Es kommt mir so vor, als ob er die Macht nicht verkraftet.
Es ist gut, dass Müntefering seine Meinung so offen äußert. Die Reaktion in der deutschen Öffentlichkeit ist entsprechend.

Die sächsische Staatskanzlei Dresden bestätigt heute die Festredner für die Feierlichkeiten zum zehnten Jahrestag der Wiedervereinigung. Sachsen hat derzeit den Vorsitz im Bundesrat inne und richtet deshalb diesmal den Nationalfeiertag aus. Wegen des zehnten Jahrestages hat die diesjährige Feier eine ganz besondere Bedeutung. Nach den Planungen der sächsischen Landesregierung unter Führung von Kurt Biedenkopf sollen bei der zentralen Feierstunde Bundespräsident Johannes Rau, der frühere Ministerpräsident Lothar de Maizière und Kurt Biedenkopf selbst die Ansprachen halten. Als ausländischer Gast hat Präsident Jacques Chirac sein Kommen zugesagt.
Ich hatte nichts anderes erwartet. Kurt Biedenkopf hatte mir zuvor einen handgeschriebenen Brief geschickt, in dem er mich unter Würdigung meiner Verdienste in der freundlichsten Weise einlud, als Gast in der ersten Reihe an dieser Festveranstaltung teilzunehmen. Diesen Brief will ich nach meiner Rückkehr aus dem Urlaub beantworten. Es ist für mich völlig klar, dass ich seiner Einladung auf keinen Fall nachkommen werde. Interessanterweise hat er mir zusätzlich eine gedruckte Einladung zukommen lassen, die jedoch keine Angaben über die Redner enthält. Auch in seinem persönlichen Brief an mich hatte Kurt

Biedenkopf mir nicht mitgeteilt, wer die Redner zum zehnten Jahrestag der deutschen Vereinigung sein werden.
Die Hauptplaner dieser Festveranstaltung – Bundespräsident Rau, Bundesratspräsident Biedenkopf, Bundestagspräsident Thierse und Bundeskanzler Schröder, die derzeit wichtigsten Repräsentanten der Verfassungsorgane der Bundesrepublik Deutschland – bekunden keinerlei Interesse daran, mich als Redner einzuladen. Alle vier Politiker haben ihre eigenen Gründe. In einem Punkt sind sie sich jedoch einig: möglichst Sorge dafür zu tragen, dass man von Helmut Kohl im Zusammenhang mit der deutschen Einheit nicht mehr allzu häufig redet. So stolpern sie in eine voraussehbar peinliche Situation hinein – mit dem Ergebnis, dass diese Entscheidung im In- und Ausland sicher noch viele Jahre lang Erstaunen erregen wird.
In vielen Briefen, die ich bekomme, wird Unverständnis und Befremden vor allem über das Verhalten Kurt Biedenkopfs und der anderen Verantwortlichen zum Ausdruck gebracht.
Ich freue mich darüber, dass Frankreichs Staatspräsident Jacques Chirac in Dresden sprechen wird. Vor zehn Jahren war Chirac Bürgermeister von Paris. Schon damals gehörte er zu den Franzosen, die im Gegensatz zu manch anderen Zeitgenossen sehr früh begriffen hatten, dass der Weg zur deutschen Einheit unumkehrbar war. Chirac stand zu dem Recht der Deutschen auf Selbstbestimmung. Ich bin sicher, dass er am 3. Oktober 2000 eine Rede halten wird, die dem historischen Ereignis angemessen ist.

Mittwoch, 19. Juli 2000

Wegen der Aktenvernichtung im Kanzleramt hat die rot-grüne Bundesregierung bei der Bonner Staatsanwaltschaft Strafantrag gegen unbekannt gestellt. Es bestehe der Verdacht des Verwahrungsbruchs. Ich begrüße diese Strafanzeige, die ich schon seit geraumer Zeit gefordert hatte, nachdrücklich. Ich bin fest über-

zeugt, dass am Ende der Ermittlungen viele Unterstellungen und voreilige Behauptungen zurückgenommen werden müssen. Im Moment allerdings entsteht für das breite Publikum der Eindruck, dass in der Ära Kohl Akten vernichtet wurden. Fernsehjournalisten fragen mich, wohin ich die Tausende von Akten verschwinden ließ. Solche und andere Unverschämtheiten resultieren aus der zögerlichen Haltung des Kanzleramts, ohne Zeitverzug alles zu unternehmen, um den bösen Verdacht aus der Welt zu schaffen, meine Mitarbeiter und ich hätten irgendwelche Spuren krimineller Taten beseitigt.
Ich persönlich habe mit irgendeiner Aktenvernichtung nicht das Geringste zu tun. Das Gleiche gilt für Friedrich Bohl. Der seinerzeitige Chef des Kanzleramts weiß sich in angemessener Weise zu wehren.

Ich bin ja jetzt in der sonderbaren Lage, dass ich als krimineller Aktenvernichter gelte. Ausgerechnet ich, der sich über viele Jahre hinweg anhören musste, er hätte überhaupt nichts mit Akten im Sinn, würde keine Akten lesen und sich nicht um Akten kümmern. Ich habe keine Erklärung für das Verschwinden von Akten. Da angeblich vor allem Akten aus dem Bereich der Außen- und Sicherheitspolitik sowie der Wirtschaftspolitik fehlen, bin ich überzeugt, dass die dafür verantwortlichen Mitarbeiter keinerlei Akten beseitigt haben. Denn die Abteilungsleiter Wirtschaft waren Johannes Ludewig und später Sieghart Nehring, und beide gehören zu den qualifiziertesten Beamten, die im Kanzleramt ihren Dienst versahen. Sie sind über jeden Zweifel erhaben. Gleiches gilt für die Leiter der Abteilung Außen- und Sicherheitspolitik, nämlich für – in der Reihenfolge ihrer Amtszeit – Horst Teltschik, Peter Hartmann und Joachim Bitterlich.
Ich selbst habe mich nie darum gekümmert, ob Akten bei meinen Vorgängern verschwunden waren. Die ersten Erfahrungen machte ich 1969, als ich Peter Altmeier im Amt des rheinland-pfälzischen Ministerpräsidenten ablöste. Damals habe ich überhaupt keine Akten übernommen. Die jüngsten Beispiele sind in

Hessen und im Saarland zu finden. Bei den Regierungswechseln dort sollen große Lücken in den Aktenbeständen vorgefunden worden sein.
Ich habe nach meiner Amtsübernahme 1982 nie nach Akten meiner Vorgänger Helmut Schmidt und Willy Brandt geforscht. Das wäre mir nie in den Sinn gekommen.
Was jetzt in Bezug auf angeblich verschwundene Kanzleramtsakten veranstaltet wird, das hat es so noch nie gegeben. Nur ein Beispiel: Sonderermittler Burkhard Hirsch befragte einen Beamten aus dem Bundeskanzleramt, der seit Jahren die Vorbereitung und Abwicklung von Auslandsreisen des Bundeskanzlers verantwortet. Hirsch wollte wissen, warum ich anlässlich eines offiziellen Staatsbesuchs in Österreich Mitte der Neunzigerjahre mit meiner Frau und dem österreichischen Bundeskanzler Franz Vranitzky unter anderem einige Programmpunkte am Neusiedler See hatte. Dazu gehörte auch ein kurzer Besuch in einer großen Ferienanlage, bei deren Errichtung ein bekannter Investor Bankrott gemacht hatte. Gerettet wurde das Millionenprojekt schließlich durch einen angesehenen deutschen Unternehmer, der die Ferienanlage übernahm und vollendete und der sie heute betreibt. Dieser tüchtige Unternehmer gilt als Spender für die CDU, eine Tatsache, die er nie verheimlicht hat. Das weckte wohl Hirschs Argwohn, ob nicht vielleicht doch ein Zusammenhang besteht zwischen meinem Besuch in der gelungenen Hotelanlage und den anonymen CDU-Spendern. Tatsache ist, dass der Landeshauptmann vom Burgenland und Bundeskanzler Vranitzky den Besuch am Neusiedler See von sich aus vorgeschlagen hatten.
Für uns gab es allerdings noch einen viel wichtigeren Grund, an diesen wunderschönen See zu fahren, der Hannelore und mir in bester Erinnerung ist. Denn vor beinahe fünfzig Jahren haben wir uns hier verlobt. Doch das dürfte ein Argument sein, das sich für Herrn Hirsch als juristisch nicht fassbar darstellt.

Bundestagspräsident Wolfgang Thierse gibt bekannt, dass die CDU 6,5 Millionen DM als Wiedergutmachung für die anonymen Spendengelder zu zahlen hat, die ich für die Partei eingenommen und für Parteiarbeit verwendet hatte, die aber nicht ordnungsgemäß in die Rechenschaftsberichte aufgenommen worden waren. Diese Strafe ist durch meine Spendenaktion, die über acht Millionen DM brachte, mehr als ausgeglichen.

Donnerstag, 20. Juli 2000

Heute zieht die Presse Bilanz der ersten hundert Tage von Angela Merkel in ihrem Amt als Parteivorsitzende. Die Kommentare fallen nicht besonders freundlich aus. Die Kritik an der neuen CDU-Führung ist massiv. Besonders heftig wird das Hin und Her bei der Abstimmung über die Steuerreform im Bundesrat diskutiert. Da ich mich in dieser Frage nicht einmischen wollte, konnte ich auch nicht auf den zu erwartenden Schachzug von Herrn Schröder hinweisen. Denn zu allen Zeiten haben Bundesregierungen in schwierigen Situationen versucht, bei einer wichtigen Abstimmung mit den Bundesländern Mehrheiten zu erreichen. Die Unverfrorenheit allerdings, mit der Herr Schröder Stimmenkauf betrieben hat, ist bemerkenswert. Doch der Erfolg hat ihm leider Recht gegeben. Es war vorauszusehen, dass sich gerade in den Bundesländern, die die größten finanziellen Probleme haben, die CDU-Führungen sehr schwer tun würden, eine Regierungskoalition aufs Spiel zu setzen.

Heute am 20. Juli vor 56 Jahren war ich mit zwei Freunden im Neckartal, wo wir unsere Zelte aufgebaut hatten. Wir waren vierzehn Jahre alt. Als ich auf einen Bauernhof kam, um Milch zu holen, hörte ich aus dem sehr laut gestellten Volksempfänger die Nachricht vom Attentat auf den Führer und einen Kommentar zu der »verabscheuenswürdigen Tat einer Clique von Verrätern«, wie es damals hieß. Noch heute klingt mir die aufgeregte

Stimme des Radiosprechers im Ohr. Seit damals beschäftige ich mich mit dem Widerstand in einer Diktatur. Alle wichtigen Publikationen über den 20. Juli 1944 habe ich gelesen. Schon als Student kaufte ich mir von meinem kargen Geld Literatur zu diesem Thema. Ich hüte diese Bücher bis heute wie einen besonderen Schatz. Später lernte ich eine Reihe von Hinterbliebenen der Widerstandskämpfer kennen, insbesondere aus dem Kreisauer Kreis, jener Widerstandsgruppe, die ihren Namen vom Familiengut Kreisau der Grafen Moltke im niederschlesischen Kreis Schweidnitz erhielt. Als Bundeskanzler durfte ich beim Aufbau der Kreisauer Begegnungsstätte zwischen Polen und Deutschen mitwirken. Und eine der ganz großen Stunden meines Lebens war der Gottesdienst auf dem Gutshof Kreisau während meines Polenbesuchs nach dem Fall der Mauer.
Ich lese gerade eine Neuerscheinung über die Kriegsverluste der deutschen Wehrmacht. Dabei wird mir wieder einmal klar, welch unendliches Leid den Menschen erspart geblieben wäre, wenn das Attentat vom 20. Juli 1944 gelungen wäre: In der Zeit zwischen dem 20. Juli 1944 und dem Tag der deutschen Kapitulation am 8. Mai 1945 sind mehr deutsche Soldaten gefallen als zwischen dem Kriegsausbruch am 1. September 1939 und dem Tag des Attentats am 20. Juli 1944.

Gregor Gysi, Vorsitzender der PDS-Bundestagsgruppe, setzt sich heute in einem Interview nachdrücklich dafür ein, dass ich am zehnten Jahrestag der deutschen Einheit am 3. Oktober 2000 in Dresden sprechen soll. Man müsse bei Jubiläen immer die Leute fragen, die etwas mit der Sache zu tun gehabt hätten, meint Gysi.
Nach meinem Ausscheiden aus dem Bundeskanzleramt habe ich gelegentlich eine Tasse Kaffee mit ihm getrunken. Ich halte ihn für einen hoch begabten, intelligenten Mann, der blitzschnell schaltet und sein rhetorisches Talent geschickt einzusetzen versteht. Ich fand bei unseren sehr offenen Gesprächen besonders interessant, wie er die letzten Jahre in der Ära Honecker bis zum

Fall der Mauer erlebte. Damals verfügte er über beste Hintergrundinformationen über Vorgänge in der DDR, von denen wir bis heute zum Teil keine Ahnung haben. Unsere Gespräche haben so manchem Zeitgenossen missfallen, und meine Freunde unter den Bürgerrechtlern taten sich sehr schwer, meine Begegnungen mit dem Kommunisten zu akzeptieren. Da ich aber von Anfang an immer an der Seite der DDR-Bürgerrechtler stand, sah ich keinen Grund, die Gespräche mit einem Mann wie Gregor Gysi nicht zu führen.

Freitag, 21. Juli 2000

Der *Stern* veröffentlicht Einzelheiten aus Juliane Webers Terminkalender. Das ist ein besonderes journalistisches Schurkenstück, ganz *Stern*-gemäß. Dem Untersuchungsausschuss war Juliane Webers Terminkalender natürlich unter der Voraussetzung übergeben worden, dass diese vertraulichen Unterlagen ausschließlich für den Ausschuss bestimmt waren. Ich vermute, dass die gleichen Leute, die bei jeder Gelegenheit meine Kriminalisierung betreiben, vor nichts mehr zurückschrecken und jetzt den Terminkalender an die Presse weiterreichen. Der *Stern* macht daraus in der ihm eigenen Manier eine Story: möglichst verletzend, möglichst herabsetzend.

Unterdessen sind Gespräche zwischen der Bonner Staatsanwaltschaft und meinen Anwälten in Gang gekommen. Im Moment ist noch nicht abzusehen, wie sich die Ermittlungen weiter entwickeln. Die Bonner Staatsanwälte sind weisungsgebunden gegenüber dem Generalstaatsanwalt in Köln, und der ist weisungsgebunden gegenüber dem Justizministerium in Düsseldorf, genauer: gegenüber der Landesregierung von Nordrhein-Westfalen. Was man dort vorhat, lässt sich schwer einschätzen.

Donnerstag, 27. Juli 2000

Die Gauck-Behörde, die seit dem Ende der DDR die Hinterlassenschaft des Ministeriums für Staatssicherheit verwaltet, will mir noch in diesem Sommer die Akten zur Einsicht vorlegen, die der Geheimdienst über mich gesammelt hat. Ich werde mir das noch gut überlegen, weil ich erhebliche Bedenken gegen das Verfahren der Bundesbehörde habe. Schließlich bin ich kein Täter des Mielke-Ministeriums, dessen Verbrechen aufgedeckt gehören, sondern ein Opfer dieser verbrecherischen Umtriebe. Ich gehe immer noch davon aus, dass die Gauck-Behörde als wichtigsten Auftrag die Interessen der Opfer zu vertreten hat. Für die SED stand ich in der Liste der Klassenfeinde ganz oben. Ich stand im Mittelpunkt der Beobachtung durch Stasi-Täter. Da halte ich es für selbstverständlich, dass der so genannte Opferschutz auch für mich gelten muss, selbst wenn ich eine »Person der Zeitgeschichte« bin.

Der Ausschluss des Verlegers der *WAZ*-Gruppe, Erich Schumann, aus der SPD ist rechtskräftig. Die Partei Kurt Schumachers und Willy Brandts, die Partei der Toleranz gegenüber Andersdenkenden hat Erich Schumann endgültig hinausgeworfen. Nach beinahe fünfzigjähriger Mitgliedschaft in der SPD wird ein Mann, der jahrzehntelang treu zu seiner sozialdemokratischen Überzeugung stand, von Eiferern verfolgt und aus seiner Partei ausgeschlossen, obwohl er nie mit seiner sozialdemokratischen Überzeugung gebrochen hat. Zu alldem schweigen Gerhard Schröder, Franz Müntefering und Wolfgang Clement.

Dienstag, 1. August 2000

Das Augsburger Landgericht gibt bekannt, dass die Anklage der Staatsanwaltschaft gegen Karlheinz Schreiber und gegen zwei ehemalige Thyssen-Manager in vollem Umfang zugelassen wird. Die Anklage gegen Walther Leisler Kiep, den langjährigen CDU-Schatzmeister, wird nur insoweit zugelassen, als ihm Steuerhinterziehung in eigener Sache vorgeworfen wird. Die Hauptverhandlung soll in der ersten Hälfte des kommenden Jahres beginnen.

Schreiber wird in der Anklage Steuerhinterziehung, Bestechung, Beihilfe zum Betrug sowie zweifache Beihilfe zur Untreue vorgeworfen. Im Zuge der Ermittlungen wegen des Spürpanzergeschäfts mit Saudi-Arabien war die Augsburger Staatsanwaltschaft darauf gestoßen, dass Schreiber 1991 in der Schweiz Walther Leisler Kiep und Horst Weyrauch eine Million DM übergeben hatte. Damit begann der Spendenskandal.

Nun wird darüber diskutiert, ob ich eventuell als Zeuge geladen werden soll. Dagegen habe ich überhaupt nichts einzuwenden, um so weniger, als ich mit der ganzen Sache nichts zu tun habe. Aber allein die Tatsache, dass die Frage überhaupt erörtert wird, führt zu weiteren Schlagzeilen und Berichten in den Medien. So werde ich erneut in eine Affäre hineingezogen, mit der ich auch nach Meinung des Augsburger Gerichts nichts zu tun habe. Wiederum eine gute Gelegenheit, mich zu kriminalisieren.

Donnerstag, 3. August 2000

Uwe Lüthje offenbart sich heute dem *Stern*, so wie er es zuvor schon bei der *Süddeutschen Zeitung* getan hatte. Es ist offensichtlich, dass die alten Seilschaften *Spiegel – Stern – Süddeutsche Zeitung* funktionieren. Ich habe nichts anderes erwartet. Der frühere CDU-Generalbevollmächtigte holt zu einem Rundumschlag aus.

Unterdessen beschließt der parlamentarische Untersuchungsausschuss, ihm eine Reihe schriftlicher Fragen zu stellen, weil Lüthje aus gesundheitlichen Gründen nicht in der Lage ist, persönlich vor dem Ausschuss zu erscheinen. Ich bin sehr gespannt, wie diese schriftlichen Äußerungen ausfallen werden.

Freitag, 4. August 2000

Die *Süddeutsche Zeitung* veröffentlicht in großer Aufmachung Ausschnitte aus den Vernehmungsprotokollen des Sonderermittlers Burkhard Hirsch. Diese neuen Veröffentlichungen beeindrucken mich überhaupt nicht. Ich bin ganz sicher, dass die gerichtlichen Ermittlungen ergeben werden, dass Hirschs Behauptungen in größtem Umfang falsch sind. Seine Feststellung, kurz vor Amtsantritt der neuen Regierung sollen im Kanzleramt rund zwei Drittel der gesamten Aktenbestände vernichtet worden sein, ist völlig absurd.

Sonntag, 13. August 2000

Das ZDF informiert in seinem *Bericht aus Berlin* über die Antworten, die Uwe Lüthje auf die schriftlichen Fragen des Untersuchungsausschusses gegeben hat. Ein neuer Höhepunkt der »Durchstecherei«, wie man in meiner pfälzischen Heimat ein solches Vorgehen nennt. Diesmal gehöre ich ausnahmsweise einmal zu den Nutznießern der fragwürdigen, über Journalisten vermittelten Informationspolitik bestimmter Kreise in Berlin. Der Vorgang ist bemerkenswert und symptomatisch: Lüthjes Anwalt hatte am 10. August die Antworten seines Mandanten abgeschickt. Sie gingen am 11. August beim Untersuchungsausschuss ein, und bereits zwei Tage später berichtet das ZDF eingehend über den Inhalt der schriftlichen Antworten aus der Feder des ehemaligen CDU-Generalbevollmächtigten. Leider informiert das ZDF nicht über das Anschreiben seines Anwalts. Dieses Anschreiben ist aber sehr wichtig zum Verständnis von Lüthjes schriftlichen Aussagen.

Der Anwalt weist zunächst auf das laufende Ermittlungsverfahren wegen Beihilfe zur Steuerhinterziehung hin und gibt zu bedenken, dass einige Fragen auf Vorgänge abzielen, die fast zwanzig Jahre zurückliegen. Außerdem schreibt er, sein Mandant besitze keinerlei schriftliche Unterlagen – nicht einmal mehr die Terminkalender –, weil sie von der Staatsanwaltschaft beschlagnahmt worden seien. Wörtlich heißt es dann im Schreiben von Lüthjes Anwalt:

> »Mein Mandant ist deshalb gezwungen, alle Fragen aus dem Gedächtnis zu beantworten. Es ist sehr verständlich – und das soll nicht als die sonst in der Öffentlichkeit so bezeichnete Erinnerungslücke zu bestimmten Punkten angesehen werden –, dass nicht mehr alle Fakten im Zusammenhang mit den damaligen Vorgängen erinnerlich sind. Ebenso ist es möglich, dass hinsichtlich bestimmter Zeiträume beziehungsweise konkret angegebener Daten Fehleinschätzungen unterlaufen. Gerade hinsichtlich der Daten musste mein Mandant sich in einem Punkt bereits in der Vergangenheit berichtigen.
>
> So hat mein Mandant mich ausdrücklich gebeten, darauf hinzuweisen, dass alle von ihm gemachten Angaben unter diesem Erinnerungsvorbehalt stehen. Dazu kommt noch die Ihnen bekannte schwere Erkrankung meines Mandanten. Diese Erkrankung in Verbindung mit den zum Teil absolut ungerechten falschen und diskriminierenden Darstellungen in der Öffentlichkeit gegenüber meinem Mandanten, die sein Ehrgefühl auf das Äußerste verletzt haben, lassen es durchaus aus der Sicht des Unterzeichnenden dann als möglich erscheinen, dass Rechtfertigungsgedanken Tatsachen verwischen.«

Wer diesen Text liest, den Uwe Lüthjes Rechtsanwalt ganz offiziell an den Untersuchungsausschuss sandte, weiß seine schriftlichen Aussagen besser einzuordnen und zu bewerten.
Für mich ist die jüngste Erfahrung mit Uwe Lüthje sehr deprimierend. Im Gegensatz zu Horst Weyrauch, den ich praktisch nicht kannte und den ich nach dessen eigenen Aussagen in vielen Jahren nur vier- bis fünfmal sah, verlief die Zusammenarbeit mit Uwe Lüthje lange Jahre gut. Weder über Horst Weyrauch und noch viel weniger über Uwe Lüthje habe ich jemals ein negatives Urteil gehört. Nie hatte ich selbst einen schlechten Eindruck von ihm. Beide standen sie in der Partei und deren Umfeld in hohem Ansehen. Uwe Lüthje konnte als Kassenverwalter innerhalb des Adenauer-Hauses schon mal anecken, weil er sich stets gegen Ausgaben wehrte und immer den Verdacht hatte – zur Zeit Heiner Geißlers übrigens zu Recht –, dass diejenigen, die Geld ausgeben, nicht darüber nachdenken, dass man Geld erst mal einnehmen muss. Gelegentlich reagierte er auch jähzornig. Aber das störte mich nie. Ich hatte volles Vertrauen zu ihm gehabt und hatte bis Ende Januar dieses Jahres auch keinen Grund, misstrauisch zu sein.
Was Uwe Lüthje in diesen Tagen zu Papier brachte und nun öffentlich kundtut, ist mir erst verständlich, seit ich den Brief seines Anwalts gelesen habe. Seine Behauptung beispielsweise, er habe seinerzeit im Zusammenhang mit der Flick-Affäre eine Falschaussage zu meinen Gunsten gemacht, entspricht nicht der Wahrheit. Ich hatte ihn niemals zu einem solchen Tun angehalten oder angestiftet.
Zu der seit Monaten auch im Untersuchungsausschuss diskutierten Frage, inwieweit ich Kenntnis von Konten oder einem Safe in der Schweiz hatte, bestätigt Uwe Lüthje, dass ich von der Existenz des Safes wusste, was ich in meinen eigenen Aussagen auch immer wieder betont habe.
Besonders wichtig ist seine Aussage zur Aufteilung des Kontos, das er gemeinsam mit Kiep und Weyrauch bei der Schweizer Bankgesellschaft eingerichtet hatte. Lüthje stellt zunächst fest,

dass sich auf dem Konto 1,5 Millionen Schweizer Franken befanden. Weiter schreibt er, dass dieses Konto aufgeteilt worden sei zwischen ihm, Weyrauch und Kiep. Wichtig an dieser Aussage ist, dass Lüthje jetzt in seinen Ausführungen sehr ausführlich darauf eingeht, wie die Entschädigung für die Anwälte und die Kosten während des Flick-Prozesses beglichen wurden. Er verweist völlig zu Recht darauf, dass ich in den Achtzigerjahren angesichts der erheblichen Kosten, die durch die Prozesse gegen ihn und Kiep vor dem Landgericht in Düsseldorf entstanden waren, entschieden hatte, dass die Partei sämtliche Kosten übernehmen müsse. Diese Position habe ich immer vertreten. Also wurden die gesamten Kosten im Zusammenhang mit dem Prozess von der Partei übernommen. Korrekterweise berichtet Lüthje auch, dass Kiep auf meine Anweisung hin in eigener Regie die finanzielle Abdeckung der Prozesskosten erledigte.

Diese ausführlichen Anmerkungen Lüthjes ergeben natürlich heute einen besonderen Sinn. Im Zusammenhang mit der Aufteilung des Betrags von 1,5 Millionen Schweizer Franken tauchte die Frage auf, die auch in der Presse diskutiert wurde, inwieweit dieser Vorgang den Tatbestand der Unterschlagung erfüllt. Lüthjes jetzige Ausführungen zielen darauf ab, dass die Auflösung und Aufteilung des Kontos der Stiftung Norfolk in der Schweiz beziehungsweise in Liechtenstein als Abschlusszahlung für Kiep, Weyrauch und Lüthje für die Achtzigerjahre gegolten haben soll. Ein Akt der Untreue oder der Unterschlagung könne gar nicht vorliegen, da die Zahlungen durch meine seinerzeitige Empfehlung, die Prozesskosten würden von der Partei getragen, abgedeckt gewesen seien.

Uwe Lüthje berichtet auch, dass er im März 1992 zusammen mit Weyrauch im Büro von Ex-Schatzmeister Kiep in Frankfurt über die Aufteilung der Millionensumme gesprochen habe. Dabei meinte Kiep, die jetzt auszuzahlende Summe sei eine Entschädigung für die Schwierigkeiten und persönlichen Beeinträchtigungen, die man während des Flick-Prozesses durchleben musste. In diesem Zusammenhang wird auch erwähnt, dass Lüthje wegen der damaligen Anklageerhebung die Position als Hauptgeschäftsführer der Industrie- und Handelskammer Dortmund ausschlagen musste.

In einer früheren Erklärung hatte Lüthje gegenüber der CDU erklärt, bei diesem Gespräch sei vereinbart worden, dass Kiep mich über diesen Vorgang informieren werde. Dann aber hat Lüthje festgestellt, dass mich Kiep nicht informiert habe. Daraufhin hat er versucht, mich auf dem Düsseldorfer Parteitag über diese Vorgänge in Kenntnis zu setzen. In seiner neuerlichen schriftlichen Aussage behauptet er nun, mich auf dem Düsseldorfer Parteitag im Oktober 1992 tatsächlich darüber informiert zu haben, nachdem ich ihn angesprochen hatte. Diese Aussage ist nur insofern richtig, als ich mich an ein Gespräch erinnern kann, das aber keineswegs die Geldverteilung unter den Dreien zum Inhalt hatte, sondern sich um die Frage drehte, ob alles erledigt sei, was die Amtsübergabe an die neue Schatzmeisterin betrifft. Auf dem Düsseldorfer Parteitag schied nämlich Kiep als Schatzmeister ebenso aus dem Amt wie Uwe Lüthje als Generalbevollmächtigter, den ich freundlich verabschiedete. Daher war es nahe liegend, ihn zu fragen, ob der Übergang zufriedenstellend abgelaufen und geregelt sei.

Jetzt behauptet Uwe Lüthje in seiner schriftlichen Stellungnahme, er habe mich darüber informiert, dass Weyrauch und er von Kiep eine gesonderte Abschlusszahlung erhalten hätten. Im Klartext heißt das, dass die drei das Schweizer Konto in einer Größenordnung von 1,5 Millionen Schweizer Franken, also rund 1,8 Millionen DM, unter sich aufgeteilt haben. Uwe Lüthjes Behauptung, er habe mich darüber informiert, entspricht nicht der Wahrheit. Wahr ist vielmehr, dass er mich zwischen März und Oktober 1992, also in einem Zeitraum von sieben Monaten, in denen er mich immer wieder bei Besprechungen traf – das heißt: zwischen der Geldverteilung und unserem Treffen auf dem Düsseldorfer CDU-Parteitag im Oktober –, nicht ein einziges Mal auf diese Geldverteilung in die Taschen der

Herren Kiep, Weyrauch und Lüthje angesprochen hat. Warum kam er nie auf dieses Thema zu sprechen?
Natürlich hätte ich ihm niemals bei seinem Ausscheiden aus dem Amt eine Abfindung in der Größenordnung von 600 000 DM zugebilligt (wie es tatsächlich der Fall ist), wenn ich gewusst hätte, dass er sich zuvor gemeinsam mit Walther Leisler Kiep und Horst Weyrauch aus einem Schweizer Konto, das mir nicht bekannt war, bereits selbst bedient hatte. Darüber hüllt er sich bei seinen Äußerungen vor dem Untersuchungsausschuss in Schweigen. Im Übrigen verliert er auch kein Wort über die fast 400 000-DM-Zuwendung, die er 1993 aus der Spende von Karlheinz Schreiber durch Kiep bekommen hat.
Stattdessen erwähnt er in seiner schriftlichen Anwort, dass ich ihn nach unserem Gespräch auf dem Düsseldorfer Parteitag auf diesen Vorgang nie mehr angesprochen hätte. Das ist für mich ein weiterer Beweis dafür, dass er in dieser Sache nicht die Wahrheit sagt. Unser Verhältnis war auch nach dem Parteitag völlig in Ordnung, weil ich nämlich nicht den geringsten Grund hatte, die guten Beziehungen zu ihm in Frage zu stellen oder gar zu beenden.
Gerade wegen unserer guten langjährigen Verbindung haben wir zu Beginn der Spendenaffäre mehrmals miteinander telefoniert. Ich benötigte Informationen von ihm, um gewisse Vorgänge zu rekonstruieren. Diese Gespräche verliefen in der üblichen ruhigen Weise. Da ich viele Details vergessen hatte und selbst über keine entsprechenden Unterlagen verfügte, bat ich ihn immer mal wieder um seine Aufzeichnungen, die er mir auch zukommen ließ und die für mich sehr nützlich waren. Seine letzten schriftlichen Auskünfte an mich datieren vom 31. Januar 2000. Einige Tage nach Erhalt dieser Unterlagen fand ich genau dieselben Informationen in der *Süddeutschen Zeitung* abgedruckt wieder. Aus welchen Gründen auch immer änderte der frühere CDU-Generalbevollmächtigte seine bisherige Haltung mir gegenüber und übergab diese vertraulichen Unterlagen an die Anführer der Kampagne gegen mich.

Ich bedaure das Zerwürfnis mit Uwe Lüthje sehr und kann nur betonen, dass wir über viele Jahre in schwierigen Zeiten gut zusammengearbeitet haben. Dieser Mann hat unserer Partei treu gedient. Die heutige Situation ist umso bedauerlicher, als Uwe Lüthje an einer schweren Krankheit leidet.

Samstag, 22. Juli, bis Freitag, 18. August 2000

Hannelore und ich machen wieder einmal Sommerurlaub in Sankt Gilgen. Zum 30. Mal haben wir unser kleines Ferienhaus am Wolfgangsee gemietet und verbringen erholsame Tage, weit ab vom hektischen Betrieb in Berlin. Wie immer erwarten wir eine ganze Reihe von Besuchern, die Land und Leute ebenso mögen wie wir. Unter anderem erleben wir mit dem österreichischen Bundeskanzler Wolfgang Schüssel und meinem Freund, dem wieder zum polnischen Außenminister ernannten Wladyslaw Bartoszewski, der sich ebenfalls in St. Gilgen erholt, einen wunderbaren Tag auf der Alm.

In diesen Tagen ruft mich Dr. Reinfried Pohl, der Chef der Deutschen Vermögensberatungs AG in Frankfurt, an, um mir den Vorsitz im Beirat seines Unternehmens anzubieten. Ich habe mich sehr darüber gefreut und gerne zugesagt. Dr. Pohl ist einer der erfolgreichsten deutschen Unternehmer in den letzten dreißig Jahren. Gegen alle Widerstände und Widrigkeiten hat er sein Unternehmen gemeinsam mit seiner Frau aus kleinsten Anfängen zu einem großen Erfolg geführt. Ich habe ihn als einen verlässlichen Freund kennen gelernt.

Es ist nicht ganz so einfach, von der Politik Urlaub zu machen. In diesen Tagen verstärkt sich die Diskussion um meine Teilnahme an der Feier des zehnten Jahrestags der deutschen Einheit in Dresden. Ich habe das Gefühl, in eine ungute Situation zu geraten, wenn ich jetzt nicht selbst handele. Daher entschließe

ich mich, gegenüber dem sächsischen Ministerpräsidenten und amtierenden Bundesratspräsidenten Kurt Biedenkopf in einem Brief und in einer öffentlichen Erklärung meine Teilnahme in Dresden abzusagen. Diese Feier soll ein Tag der Freude und Dankbarkeit sein. Ich will jeden Anschein von politischem Streit vermeiden und mit meiner Absage dazu beitragen, den Geburtstag der wiedervereinigten Republik in angemessener Würde und fern von tagespolitischen Diskussionen feierlich begehen zu können. Es ist mir wichtig, dass nicht einzelne Persönlichkeiten im Mittelpunkt stehen, sondern die historische Entwicklung von der Teilung bis zum Wunder der Vereinigung – und zwar ohne jede Legendenbildung.
Mit meiner Entscheidung ist zwar die Diskussion um die durchaus kritikwürdige Programmplanung der sächsischen Landesregierung nicht beendet, aber doch zumindest entschärft. Meine Haltung findet breite Zustimmung und viel Verständnis. In einer wahren Briefflut äußern die Menschen ihr Bedauern und ihre Traurigkeit; manche machen auch ihrem Zorn und ihrer Empörung über Kurt Biedenkopf und die Veranstalter Luft. Die Masse der Protestschreiben kommt aus den neuen Bundesländern, vor allem aus Sachsen.

Mittwoch, 16. August 2000

Angela Merkel hat mir einen Brief geschrieben. Darin bedauert sie die Unfähigkeit der Organisatoren, eine Lösung für meinen Auftritt bei der Einheitsfeier in Dresden zu finden. Sie zeigt volles Verständnis für meine Absage und fragt an, ob ich bereit sei, am Vorabend des Nationalfeiertages beim sächsischen Landesverband in Dresden zu sprechen. Sie bittet mich um telefonische Rücksprache am nächsten Tag.

Donnerstag, 17. August 2000

In einem ausführlichen Telefonat besprechen wir Angela Merkels Vorschlag. Ich erläutere ihr noch einmal meine Position und erkläre, warum ich am 3. Oktober nicht nach Dresden gehen werde. Gleichzeitig begründe ich, warum ich auf keinen Fall am Tag vorher zu einer Feierstunde der Partei dorthin kommen werde. Immerhin handelt es sich um den gleichen Landesverband, dessen prominentestes Mitglied, Ministerpräsident Kurt Biedenkopf, mich nicht als Redner bei der offiziellen Festveranstaltung zum zehnten Jahrestag haben wollte.

Wir kommen bei unserem Telefonat schnell zu der Überzeugung, dass es wichtig und richtig sei, aus Anlass des zehnten Jahrestages des CDU-Vereinigungsparteitages am 1. und 2. Oktober 1990 in angemessener Weise an dieses historische Ereignis zu erinnern.

Angela Merkel und ich sind uns ebenfalls darüber einig, dass sie als die jetzige und ich als der damalige Parteivorsitzende auf dieser Feierstunde sprechen sollten.

Freitag, 18. August 2000

In Berliner Journalistenkreisen wird einmal mehr eine neue diskriminierende Nachricht kolportiert: Es wird behauptet, Ende 1989 sei in einem Fernschreiben von einer dänischen Bank mit Sitz in Luxemburg mitgeteilt worden, die CDU verfüge dort über ein Guthaben in Höhe von 30 Millionen DM. Durch Rückfragen wird mir in Erinnerung gebracht, dass zum damaligen Zeitpunkt ein solches Fernschreiben tatsächlich eingegangen war und dass der damalige Generalsekretär Volker Rühe und ich Hans Terlinden aufgefordert hatten, in dieser Sache Recherchen anzustellen. Zu diesem Zweck hatten Volker Rühe und ich meinem engen Mitarbeiter Hans Terlinden eine Vollmacht ausgestellt, die jetzt als Kopie in einschlägigen Journalis-

tenzirkeln herumgereicht wird. Hans Terlinden soll sogar in Dänemark gewesen sein, behaupten sie.
Die Wahrheit ist, dass er persönlich bei der Bank angerufen hatte. Dabei stellte sich heraus, dass dieses Fernschreiben eine Fälschung war. In Wahrheit hatte bei der dänischen Bank nie ein entsprechendes Konto bestanden. Jetzt erfahre ich, dass dieser Vorgang seinerzeit der Staatsanwaltschaft übergeben worden war. Doch wie meistens in solchen Fällen hatte sich das Ganze als eine Ente erwiesen.

Zu meinem Erstaunen äußert sich Lothar de Maizière zu diesem Thema im *Stern*. Er weiß natürlich auch nichts. Aber falls der *Stern* ihn richtig zitiert, was ich vorsorglich bezweifeln möchte, soll er gesagt haben: »Wenn da irgendwo Geld gewesen wäre, was man so klammheimlich hätte an Land ziehen können, weiß ich nicht, ob dann die Moral noch so fest gewesen wäre.« Angesichts einer solchen Unterstellung fehlen mir schlicht und einfach die Worte. Sollte er sich tatsächlich so geäußert haben? Es ist doch nur ein weiterer Beweis, dass jede mir schadende Falschmeldung kolportiert wird: Woher und von wem sollen 30 Millionen DM im Dezember 1989 auf eine dänische Bank in Luxemburg gekommen sein?

Samstag, 19. August 2000

Dem deutschen Blätterwald entnehme ich eine weitere Äußerung des ideologischen Einpeitschers der SPD, Franz Müntefering. Der Generalsekretär kritisiert mich mit scharfen Worten und meint, ich sei nicht der richtige Redner für die diesjährigen Gedenk- und Feiertage. Zwar wolle er meine historische Leistung nicht in Frage stellen, die Mauer sei aber vom Osten her umgeschmissen worden. Ich hätte einfach Glück gehabt, dass ich in dieser Zeit Kanzler war. Auch jeder andere Kanzler hätte es geschafft, die Chance zur Einigung zu nutzen.

Das ist Geschichtsschreibung nach Art von Herrn Müntefering. Seine Äußerung zeigt nicht nur, in welchen politischen Kategorien Müntefering denkt, sie belegt, dass er glaubt, mit billigen Sprüchen vom historischen Versagen seiner Partei ablenken zu können.

Dienstag, 22. August 2000

Wohl damit wir nicht aus der Übung kommen, beginnt die Woche mit einer weiteren Verleumdung. Die *Leipziger Volkszeitung*, besonders engagiert auf diesem Sektor, meldet, dass in einem anonymen Schreiben an den Bundestagsuntersuchungsausschuss behauptet wird, der baden-württembergische Ministerpräsident Erwin Teufel und ich hätten 1996 jeweils 1,5 Millionen DM in bar erhalten. Die Gelder sollen von der Firma Bosch stammen.
Der baden-württembergische Ministerpräsident sowie die Firma Bosch weisen die Behauptungen in öffentlichen Erklärungen zurück. Auch ich bezeichne die Unterstellungen als falsch und frei erfunden.
Der öffentliche Umgang mit dem anonymen Hinweis zeigt einmal mehr, dass es sich um einen gezielten Versuch handelt, mit den Mitteln der Lüge und Verleumdung mein Ansehen zu beschädigen.

Mittwoch, 23. August 2000

Die Verleumdungskampagne geht weiter. Heute wird behauptet, der CDU-Bundestagsabgeordnete Willy Wimmer und der Sicherheitsbeauftragte der taiwanesischen Regierung, General Wang, hätten mir 250 000 DM übergeben. Diese Geschichte ist frei erfunden, sie ist wiederum gelogen, wird aber überall verbreitet. Mein Kollege Wimmer erregt sich zu Recht über solche Lügen.

Allein weil er freundschaftliche Beziehungen zu mir pflegt, wird er verleumdet.

Donnerstag, 24. August 2000

In den Abendstunden werde ich darauf aufmerksam gemacht, dass die *Süddeutsche Zeitung* in ihrer morgigen Ausgabe im Rahmen des Unternehmens »Kriminalisierung von Helmut Kohl« ein weiteres Kapitel auf den Weg bringt: Ende 1982 soll ich persönlich den Anstoß zur Einrichtung schwarzer Kassen gegeben haben. Das Blatt berichtet, dass mir ein Beauftragter der Partei zum Jahresende 6 Millionen DM vom Konto der Bundestagsfraktion übergeben habe.

Natürlich können weder ich noch andere einen Vorgang von vor fast achtzehn Jahren konkret erinnern. Aber der Ablauf dieser Transaktion damals lässt sich recht leicht rekonstruieren, wenn man die Hintergründe kennt: Im Vorfeld der Regierungsübernahme in den Monaten August und September 1982 gab es heftige Auseinandersetzungen zwischen Franz Josef Strauß und mir über die Strategie der Union. Strauß wollte unter keinen Umständen mit der FDP eine Koalition eingehen. Angesichts des Niedergangs der SPD/FDP-Koalition und angesichts der Tatsache, dass die SPD als Partei und Fraktion nicht länger bereit war, Helmut Schmidts Kanzlerschaft zu unterstützen, lehnte es Franz Josef strikt ab, der FDP in einer Koalition mit den Unionsparteien eine Art Auffangnetz zu bieten. Er wollte abwarten, bis die Koalition total am Ende sei, um dann zu Neuwahlen zu gelangen, bei denen – so seine Hoffnung – die Liberalen die Fünf-Prozent-Hürde nicht schaffen würden. Strauß spekulierte darauf, dass sich im Bundestag nur noch zwei Parteien gegenüberstehen würden, nämlich CDU/CSU und SPD. Nach seiner Berechnung wären dann die Unionsparteien in der Regierungsverantwortung und die SPD in der Opposition.

Der bayerische Ministerpräsident verfolgte die politische Entwicklung in Bonn mit größtem Interesse und dachte natürlich auch über sein eventuelles Comeback in die Bundespolitik nach. Nach der gegen Helmut Schmidt verlorenen Bundestagswahl 1980 war der damalige Kanzlerkandidat der Union auf seinem Münchner Ministerpräsidentenstuhl verständlicherweise nicht in bester Stimmung. Jetzt, im Herbst 1982, bot sich die ernsthafte Chance, dass der Führer der CDU/CSU-Opposition Bundeskanzler werden könnte, falls die SPD-FDP-Koalition zusammenbrechen sollte. Straußens bekanntes Wort: »Wer unter mir Bundeskanzler in Bonn ist …« spielte bei seinen strategischen Überlegungen sicherlich auch eine Rolle. Denn bei einer alleinigen Regierungsverantwortung der Unionsparteien hätte er bei allen politischen Entscheidungen über die CSU natürlich das Zünglein an der Waage spielen können. Und das hätte das Regierungsgeschäft unglaublich erschwert.
Ich verfolgte eine ganz andere Strategie. Ich war fest davon überzeugt und bin es bis heute noch, dass die FDP in der deutschen Parteienlandschaft einen festen Platz hat, ob einem das gefällt oder nicht. Wenn diese Feststellung zutrifft, darf der CDU-Parteivorsitzende in unserem föderalen System nicht nur die Bundespolitik im Auge haben, sondern muss sehr darauf achten, was in den Ländern passiert. Wenn nämlich die FDP bei der Bundestagswahl den Einzug in den Bundestag verpassen sollte, wären die Länderkoalitionen aus CDU und FDP ins Wanken geraten und möglicherweise viel schneller als gewollt auseinandergebrochen – eine Analyse, die Strauß übrigens nie bestritten hat. Aus diesen Überlegungen ergab sich für mich, nicht den Straußschen Thesen zu folgen, sondern voll auf den Partner FDP zu setzen, was übrigens von manchem CSU-Parlamentarier unausgesprochen voll unterstützt wurde.
Bei den Koalitionsgesprächen, die schließlich zu meiner Wahl am 1. Oktober 1982 führten, wurde vereinbart, so rasch wie möglich zu Bundestagsneuwahlen zu gelangen. Dabei war ich persönlich die treibende Kraft. Viele Kolleginnen und Kollegen

in den Unionsparteien verstanden mich damals nicht. Sie vertraten die Ansicht, wir sollten die mühsam errungene Regierungsverantwortung nicht gleich wieder durch eine Neuwahl aufs Spiel setzen. Diese Argumentation beeindruckte mich nicht. Vielmehr erkannte ich eine ganz besondere Herausforderung: Helmut Schmidt wurde gestürzt, weil ihm seine eigene Partei bei seiner richtigen Entscheidung für den Nato-Doppelbeschluss als Antwort auf die sowjetische Hochrüstung nicht folgen wollte. Nach unserer Regierungsübernahme argumentierte die versammelte Linke in Deutschland sofort, wir seien nicht durch Wahlen, sondern durch einen Koalitionswechsel an die Regierung gekommen und könnten daher in dieser Konstellation ohne ein ausdrückliches Votum der Wähler gar nicht über die Stationierung von Mittelstreckenwaffen entscheiden. Bei der Bundestagswahl 1980 war es aber nicht um die Grundsatzentscheidung über eine Stationierung der Mittelstreckenwaffen gegangen, sondern es stand die Frage an, wer Bundeskanzler werden sollte: Schmidt oder Strauß. Jetzt, in den Achtzigern, trat die Friedensbewegung auf den Plan und mobilisierte weite Teile der Bevölkerung gegen die Stationierung. Wir erlebten in dieser Zeit riesige Demonstrationen mit mehr als 300 000 Teilnehmern. Die Gegner des Doppelbeschlusses geißelten meine Politik und vor allem die der Nato und der Amerikaner und warnten für den Fall der Raketenstationierung vor einem dritten Weltkrieg. Auch in den eigenen Reihen gab es nicht wenige Stimmen, die gegen die von uns vertretene Politik Sturm liefen, nämlich zusammen mit den Amerikanern eine Verteidigungspolitik umzusetzen, die nach unseren Vorstellungen – wie ich es nannte – am Ende Frieden schaffen würde mit weniger Waffen. Andere in den Unionsparteien zogen sich zurück, waren ängstlich angesichts des enormen öffentlichen Drucks und schwiegen angesichts der überaus komplizierten Gesamtentwicklung. Schließlich gelang es uns, Neuwahlen zu erreichen. Es gehört zu den großen Leistungen von Karl Carstens, dass er als Bundespräsident hierfür einen Weg fand und die volle politische Verantwortung dafür

übernahm. Und Waldemar Schreckenberger, der von Mainz nach Bonn gekommen war, um Chef des Bundeskanzleramts zu werden, hatte dabei eine wichtige Funktion als Berater.
Die Neuwahlen wurden auf den 6. März 1983 terminiert und brachten den Unionsparteien mit 48,8 Prozent der Wählerstimmen einen überragenden Sieg ein. Die FDP erhielt immerhin 7 Prozent. Die Sozialdemokraten fielen auf 32,2 Prozent zurück, während die Grünen mit 5,6 Prozent der Stimmen erstmals in den Bundestag einzogen.

Der Bericht der *Süddeutschen Zeitung* von heute über die Geldübergabe aus der Kasse der CDU/CSU-Bundestagsfraktion an die Partei muss vor dem Hintergrund dieser Zusammenhänge gesehen werden. Nach der Bundestagswahl 1980 waren unsere Mittel völlig ausgeschöpft. Nur zwei Jahre später ging es schon wieder in einen Wahlkampf, für den wir alle nur vertretbarerweise einzusetzenden Finanzmittel zusammenkratzten. Dazu gehörten aus damaliger Sicht wie selbstverständlich auch die Gelder der Bundestagsfraktion. Das Urteil des Bundesverfassungsgerichts, das eine Mittelverteilung dieser Art streng untersagt, gab es zu diesem Zeitpunkt noch nicht. Das entsprechende Gesetz trat erst 1994 in Kraft. Bis dahin war es ständige Praxis auch anderer Parteien, Fraktionsmittel in allen Bundestagswahlen einzusetzen. Dies war auch jedermann einsichtig, weil die Partei viele Informationsdienste und Broschüren für Fraktionsmitglieder finanzierte.
Es ist völlig abwegig zu behaupten, in jenen Tagen hätten wir sozusagen ein Netz schwarzer Konten errichtet. Wir hatten ganz andere Sorgen. Wir standen damals einer gewaltigen finanziellen Übermacht gegenüber, die aus der DDR kam. Aus dem Nachlass der SED-Diktatur wissen wir heute, dass die SED-Führung Finanzmittel in einer Größenordnung von etwa 60 bis 70 Millionen DM über die verschiedensten Kanäle zur Unterstützung der Linken in die Bundesrepublik schleuste. Sie wollte damit den Kampf gegen die Nachrüstung, gegen die CDU

und auch gegen mich finanzieren. Dass ausgerechnet jene, die damals auf jedem nur denkbaren Weg die Politik der Unterwerfung unter den Willen der kommunistisch-sowjetischen Führung in Moskau und in Ost-Berlin unterstützten, heute als Ankläger und Saubermänner auftreten, mutet schon reichlich sonderbar an.

Es wäre ein Wunder gewesen, wenn sich der SPD-Obmann im Untersuchungsausschuss Frank Hofmann nicht sofort im Zusammenhang mit diesen Fraktionsgeldern zu Wort gemeldet und von einer neuen Dimension in der Spendenaffäre gesprochen hätte. Und weil Wolfgang Schäuble damals Fraktionsgeschäftsführer war, wird er gleich mit verdächtigt, von den angeblichen Schwarzkonten gewusst zu haben. Angesichts der Tatsache, dass sich SPD-Mitglieder im Untersuchungsausschuss auch diesmal wieder unverzüglich an der neuerlichen Diskriminierungsaktion beteiligen, empfiehlt es sich, die veröffentlichten Papiere des damaligen SPD-Schatzmeisters Friedrich Halstenberg nachzulesen. Er berichtete – nicht zuletzt unter Hinweis auf das Erbe seines Vorgängers Alfred Nau –, dass in der Zeit zwischen 1980 bis 1982 viele Millionen Spenden eingenommen wurden. 1981 vermerkte er, dass Spender nur unter der Voraussetzung, dass ihre Anonymität gewahrt bleibt, Gelder an die »Vereinigung zur Förderung der sozialen Gesellschaft«, eine Spendenorganisation der SPD, gegeben hätten. Die Sozialdemokraten waren mit einem guten Spendenpolster aus der Bundestagswahl 1980 hervorgegangen und konnten mit gefüllter Parteikasse in den Bundestagswahlkampf 1983 ziehen. Nach einem persönlichen Vermerk Halstenbergs vom 31. Dezember 1980 beliefen sich die Spendeneinnahmen auf mehr als 6 Millionen DM. Wie Halstenberg weiter berichtete, wurden diese Spenden von ungenannten Spendern gesammelt und mit einem bestimmten Verwendungszweck versehen. Ein beachtlicher Teil der Spenden wurde unter der Bedingung übergeben, dass die Herkunft der Mittel nicht erkennbar wäre. Er,

Halstenberg, habe entsprechende Verschwiegenheit zusichern müssen.

Montag/Dienstag, 28./29. August 2000

Gestern und heute Befragung von Wolfgang Schäuble und Brigitte Baumeister vor dem parlamentarischen Untersuchungsausschuss in Berlin. Die beiden werden einander gegenübergestellt. Es geht wieder einmal um die 100 000-DM-Spende von Waffenhändler Karlheinz Schreiber. Doch sowohl Wolfgang Schäuble als auch die ehemalige Schatzmeisterin der CDU bleiben bei ihren Aussagen. Ich finde den ganzen Vorgang zutiefst deprimierend. So wie ich empfinden viele andere in der Partei. Ich kann nicht verstehen, warum es Schäuble und Baumeister nicht möglich war, in einer vernünftigen und überzeugenden Weise zueinander zu finden.

Donnerstag, 31. August 2000

Heute entdecke ich bei der Zeitungslektüre die vertrauten Bilder aus den alten Kanzlerjahren, dem Palais Schaumburg: Wolfgang Schäuble und Günther Krause paraphieren den Einigungsvertrag in Bonn und Ost-Berlin. Sie tauschen die Vertragsurkunden aus. Ein großer Augenblick in der deutschen Nachkriegsgeschichte, in der Geschichte der Wiedervereinigung. Der Einigungsvertrag war eine wichtige Voraussetzung für die gemeinsame Zukunft.

Es ist absolut richtig, dass es diese beiden Persönlichkeiten waren, die vor den Augen der Öffentlichkeit den feierlichen Austausch der Urkunden vollzogen. Sie trugen die Hauptlast der schwierigen Arbeit an diesem Vertrag, einem Vertrag von historischer Bedeutung. Wolfgang Schäuble hatte seine ganze Dynamik, sein ungebrochenes Engagement und seine umfassenden politischen Kenntnisse in diese Arbeit eingebracht. Die Formulierung des Vertrags war für ihn nicht irgendeine Erfüllung eines politischen Auftrags, sondern nach seinem persönlichen historischen Verständnis ein einmaliges Vertragswerk von weit reichenden Dimensionen. Und Günther Krause, ein Mann mit einem völlig anderen Lebensweg, ein Neuankömmling in der Politik, verfügte über reichhaltige Kenntnisse des DDR-Sozialismus. Er kannte die Lebensumstände seiner Landsleute und wusste ihre Interessen im endgültigen Vertragswerk zu berücksichtigen. Krause verteidigte in der ihm eigenen leidenschaftlichen Art und Weise diese Interessen und focht dafür. Zusammen mit seinen Mitarbeiterinnen und Mitarbeitern vollbrachte er ebenfalls eine riesige Leistung.

Zehn Jahre danach ist die Frage sicherlich berechtigt, ob alle damaligen Absichten und vor allem die hohen Erwartungen erfüllt wurden. Ich bin selbstkritisch genug, um einzugestehen, dass wir bei der Erarbeitung dieses Vertrags auch Fehler gemacht haben und dass manches nicht gelang, dass es Enttäuschungen gibt. Doch man soll mir einmal sagen, welche realistische Alternative es dazu gegeben hätte. Wo waren all jene, die es heute besser wissen, vor zehn Jahren? Was hatten sie an intelligenten Problemlösungen und Zukunftsmodellen zu bieten, um das schwierige Werk der Zusammenführung zweier so unterschiedlicher Staaten einigermaßen sozialverträglich und politisch verantwortungsvoll zu gestelten? Es gab damals auch bei so genannten klugen Köpfen einen kindlichen Glauben an die Reformierbarkeit des DDR-Sozialismus, der 1990 schon längst nicht mehr zu retten war.

Insgesamt gelang das schwierige Vertragswerk. Es bestand nicht nur eine spätere Überprüfung durch das Bundesverfassungsgericht, sondern jeder, der heute die neuen Bundesländer bereist, muss neidlos anerkennen, dass ungeachtet aller Schwierigkeiten und Probleme, die es natürlich immer noch gibt, Deutschland

ein einig Vaterland geworden ist. Dazu gehören auch die blühenden Landschaften, die dort entstanden sind – wenn auch leider noch nicht überall. Aber auch beim Aufbau der Bundesrepublik nach 1945 gab es eine zeitlich und räumlich unterschiedliche Entwicklung. Insgesamt gesehen – das bestätigen mir fast täglich ausländische Besucher in den neuen Bundesländern – war unser Weg der einzig richtige.
Der 31. August 1990 bleibt in meiner Erinnerung ein wichtiges historisches Datum, das die Geschichtswissenschaftler vermutlich erst in vielen Jahren angemessen zu würdigen wissen werden. Man müsste den Frauen und Männern, die damals den Vertrag zum erfolgreichen Abschluss brachten, ein Denkmal setzen. Vielleicht geschieht das in fünfzig oder hundert Jahren wirklich einmal.

In diesen Tagen bereist Gerhard Schröder die neuen Bundesländer. Wenn die Fernsehbilder nicht trügen, erfährt er viel Zustimmung, wie es sich für einen Bundeskanzler gehört. Allerdings sind auch viele Vorbehalte und skeptische Einstellungen zu spüren. Es ist ja noch nicht allzu lange her, dass sich Schröder als Ministerpräsident von Niedersachsen nicht nur gegen die Verträge zur deutschen Einheit stemmte und im Bundesrat dagegen stimmte, sondern sich sogar in abfälliger Weise zur deutschen Einheit äußerte.
Ich werde nie vergessen, wie er sich bei der Auseinandersetzung um einen weiteren deutschen Standort für das Airbus-Unternehmen gegen Rostock aussprach. Es ging um eine wichtige Institution auch im Forschungsbereich mit großer innovativer Wirkung. Ich war für Rostock, weil diese Region in Mecklenburg-Vorpommern dringend eine solche Industrieansiedlung benötigte. Gerhard Schröder aber trat stattdessen ein für Standorte in Niedersachsen und Hamburg.

Auch heute setzt die *Süddeutsche Zeitung* ihre Kriminalisierungskampagne gegen mich fort. Diesmal geht es um die Rolle

des Liechtensteiner Rechtsanwalts und Treuhänders Herbert Batliner. Er soll – wie ich erst vor wenigen Monaten erfuhr – zusammen mit Horst Weyrauch an einer Stiftung der hessischen CDU beteiligt gewesen sein.
Herbert Batliner kenne ich seit vielen Jahren. Während meines Österreich-Urlaubs trafen wir uns gelegentlich bei den Salzburger Festspielen. Außerdem war er ein Freund von Wilfried Haslauer, dem inzwischen verstorbenen Landeshauptmann von Salzburg, dem ich über viele Jahre freundschaftlich verbunden war und mit dem ich während der Ferienzeit zahlreiche Wanderungen unternahm.
Herbert Batliner ist einer der großen Mäzene des Salzburger Kulturlebens. Er engagierte sich in der Salzburger Region sehr und erwarb sich damit großes Ansehen. Niemals habe ich mit ihm über Parteispenden oder Ähnliches gesprochen. Seine Aktivitäten in Richtung hessische CDU waren mir völlig unbekannt. Davon erfuhr ich erst im Lauf der Spendenaffäre. Insofern versucht die *Süddeutsche Zeitung* mich wieder in einen diskriminierenden Zusammenhang zu bringen, den ich bloß als eine weitere »Gemeinheit der Woche« abhaken kann.

Montag, 4. September 2000

Die Gauck-Behörde teilt mir mit, dass die mich betreffenden Unterlagen – vor allem die Telefonmitschnitte der Stasi – jetzt zusammengestellt worden sind und zur Einsicht bereit liegen. Gegen den von Joachim Gauck und den Fachleuten seiner Behörde vertretenen Standpunkt, dass die von einem verbrecherischen Regime hergestellten Abhörprotokolle nach Einsicht durch den Betroffenen für journalistische und wissenschaftliche Arbeiten freigegeben werden können, haben sich schon der Datenschutzbeauftragte des Bundes und Ernst Benda, der frühere Präsident des Bundesverfassungsgerichts, gewandt. Ich bin fest entschlossen, gegebenenfalls gerichtliche Schritte einzuleiten –

wenn nötig bis zum Bundesverfassungsgericht –, damit in dieser Frage Klarheit geschaffen wird.
Natürlich war mir immer bekannt, dass wir abgehört wurden, nicht nur vom Ministerium für Staatssicherheit, sondern auch von Lauschern westlicher Nachrichtendienste. Das gehört zu den schlimmen Nebenwirkungen der technischen Entwicklung. Aber daran kann man sich auch schnell gewöhnen. Erstaunlich dagegen finde ich es, wie die Diskussion um die Stasi-Abhörprotokolle geführt wird. Seit Jahren streiten wir über den so genannten Lauschangriff, darüber also, unter welchen Voraussetzungen Sicherheitsbehörden das Recht haben sollen, nach Einschaltung gerichtlicher Instanzen im Mafia-Bereich abhören zu können. Dagegen wird massiv Propaganda gemacht, und zwar von bestimmten Kreisen, die vorgeben, von Rechtsstaatlichkeit mehr zu verstehen als jene Befürworter der Telefonkontrolle, die dieses Mittel im Einzelfall zum Schutz von Menschenleben einsetzen wollen. Wenn es aber um Mittel und Methoden der untergegangenen Stasi-Mafia geht, soll beinahe jedermann Einsicht in das Abhörmaterial eines Geheimdienstes bekommen, der einen wesentlichen Sinn seiner Arbeit darin sah, Menschen zu diskreditieren oder gar zu erpressen …

Dienstag, 5. September 2000

Akteneinsicht bei der Gauck-Behörde in der Otto-Braun-Straße, mitten in Berlin. Meine Bitte an die Bundesbehörde, diesen Termin diskret zu behandeln, um nicht von zahlreichen Fernsehkameras begleitet zu werden, wird dankenswerterweise erfüllt. Ich treffe ganz unbehelligt dort ein und lese in einer ersten groben Durchsicht einige Auszüge aus den Stasi-Dossiers. Wegen der Fülle des gesammelten Materials wird noch eine ganze Reihe von weiteren Besuchen erforderlich sein. Besonders angenehm ist die freundliche Aufnahme und die sachkundige Beratung durch Mitarbeiterinnen und Mitarbeiter der Gauck-Be-

hörde. Ich verabrede eine Fortsetzung des Aktenstudiums in zwei Tagen.
Mein erster Eindruck ist, dass die mir vorgelegten Unterlagen nicht vollständig sind. Wer hier nach welchen Gesichtspunkten archiviert, sortiert, vernichtet oder verscherbelt hat, ist nicht erkennbar. Das vorliegende Material ist mit Sicherheit nicht der komplette Ertrag jahrelanger Ausforschung durch das Ministerium für Staatssicherheit. Manches ist wirklich kurios. So sind beispielsweise die meisten meiner Regierungserklärungen sehr sorgfältig abgeheftet.
Über die beiden Privatreisen, die ich als Ministerpräsident und Parteivorsitzender der CDU in die DDR unternahm, existiert ein großes Konvolut, dem zu entnehmen ist, wie Stasi-Spitzel und die jeweils verantwortlichen hochrangigen Offiziere jede dieser Aktionen generalstabsmäßig vorbereiteten. Skizzen entnehme ich, wie viele Stasi-verpflichtete Ehepaare in der Semper-Oper um uns herum Platz genommen hatten und so taten, als repräsentierten sie das Volk der DDR. In meinen Akten finde ich penible Aufzeichnungen darüber, wie viele Menschen mich jeweils freudig begrüßten, applaudierten und was sie riefen. Auch unser Besuch der Heiligen Messe in der Schlosskirche wurde sorgfältig registriert. Den Akten zufolge nahmen einige Dutzend Stasimitarbeiter – die meisten wohl zum ersten Mal in ihrem Leben – an einem katholischen Gottesdienst teil. Ich erinnere mich noch genau, dass uns während des Kommuniongangs unbemerkt Zettel mit Wünschen von Ausreisewilligen zugesteckt wurden – ein echtes Risiko angesichts der Stasipräsenz. Aber nicht nur schriftliche Berichte sind in den Akten, auch zahlreiche gestochen scharfe Fotos, die vor allem Hannelore und unsere beiden Söhne zeigen.
Daneben gibt es viele Abhörskizzen von den üblichen Quatschereien aus den Reihen von Parteigrößen der CDU über mich. Nichts davon erzählt mir etwas Neues. Eine wichtige Quelle des DDR-Geheimdienstes waren offenbar ellenlange Ausschnitte von Artikeln aus *Stern* und *Spiegel*, die sich mit mir und meiner

Politik beschäftigen. Überrascht hat mich allerdings, dass viele Aktenstücke abgezeichnet waren mit »Ho« und »Mi«, also von Erich Honecker und Erich Mielke, die beide wohl regen Anteil an meinem Opernbesuch und anderen Reiseaktivitäten nahmen.

Die Lektüre meiner Stasiakten berührt mich recht eigenartig. Von meinem Platz im 10. oder 11. Stock im Haus des ehemaligen Statistischen Amts der DDR blicke ich über die Innenstadt Berlins hinaus bis zum Brandenburger Tor. Ich denke an den Herbst 1989, als an der österreichisch-ungarischen Grenze der Grenzzaun durchschnitten wurde. Ich denke an die großen friedlichen Demonstrationen in Leipzig und anderen Städten der DDR. Heute sitze ich hier, studiere meine Stasiakten und muss mich dagegen zur Wehr setzen, dass die auf verbrecherische Weise erworbenen Telefonabhörprotokolle gegen mich verwandt werden. Wenn jemand vor elf oder zwölf Jahren gesagt hätte, dass ich jemals in eine solche Lage käme – ich hätte es nicht für möglich gehalten.

Samstag, 9. September 2000

Die *Berliner Zeitung* berichtet heute, dass ich im September 1994 in Briefen an 39 Spitzenmanager deutscher Unternehmen um Wahlkampfspenden für die CDU geworben hätte. In der Liste prominenter Firmennamen sehe die Bonner Staatsanwaltschaft einen der »Ermittlungsansätze«, um die Namen der von mir nicht genannten Spender herauszufinden.

Für die künstlich erzeugte Hysterie dieser Tage ist dieser Vorgang deshalb kennzeichnend, weil zu allen Zeiten die Parteivorsitzenden vor allen wichtigen Wahlkämpfen Spenden für ihre Partei sammelten. Ich hatte nicht das Glück wie beispielsweise Helmut Schmidt 1980, für den Karl Klasen, der ehemalige Bundesbankpräsident und Aufsichtsrat in vielen großen deutschen Unternehmen, beachtliche Summen sammelte, was ich immer

sehr respektabel fand. Damals machte man auch gar keinen Hehl aus den Aktivitäten dieses Wirtschaftsberaters.
Mit diesem Bericht will die *Berliner Zeitung* die Spender von damals kriminalisieren und bloßstellen, obwohl sie völlig legal handelten. Das Ergebnis solcher Berichterstattung wird sein, dass etliche Spender, die in dieser Form an die Öffentlichkeit gezerrt werden, mit großer Wahrscheinlichkeit nicht mehr bereit sind, für Parteien, vor allem aber für die CDU zu spenden. Und das genau ist ja die Absicht der Medien, die – wie die *Berliner Zeitung* – aus den Ermittlungsakten der Bonner Staatsanwaltschaft schöpfen und als Sensation verkaufen, was sie darin finden.

Sonntag, 10. September 2000

Die *Welt am Sonntag* veröffentlicht einen ausführlichen Bericht über meinen Besuch in der Gauck-Behörde. Es wird Bezug genommen auf eine Reihe von Dokumenten, die offensichtlich in Berliner Journalistenkreisen querbeet und frei Haus angeboten werden und die ich bei der ersten Durchsicht meiner Akten nicht entdecken konnte. Das Sonntagsblatt berichtet über die enorme Bedeutung, die der Geheimdienst dem Thema Kohl und der Nachrüstung widmete. Viele Dokumente würden widerspiegeln, dass Ost-Berlin nichts unversucht ließ, um mich von der Nachrüstung abzubringen – bis hin zum Einsatz inoffizieller Stasimitarbeiter aus der evangelischen Kirche der DDR. Selbst der damals als IM »Sekretär« geführte Konsistorialpräsident Manfred Stolpe, der heutige Ministerpräsident von Brandenburg, wird in einer Stasi-Notiz über ein Gespräch mit mir vom Juni 1983 dahingehend zitiert, dass die Kirche im Falle einer Stationierung der Raketen »nicht nur die vergrößerte Kriegsgefahr, sondern auch das Ende der Entspannungspolitik sehe«. Interessant ist auch, wie Stolpe mich den Stasi-Akten zufolge in einer Charakterstudie einschätzte.
Die *Welt am Sonntag* berichtet auch, wie akribisch kritische

CDU-Stimmen über mich gesammelt wurden. So etwa Bemerkungen Richard von Weizsäckers, die alles andere als schmeichelhaft ausfielen und für die Nachwelt in einem Stasi-Papier aus dem Jahr 1980 festgehalten worden sind. Bemerkenswert auch seine Äußerungen, die er nach der Wahl zum Bundespräsidenten 1984, noch vor seiner Amtseinführung, beim Treffen mit evangelischen Kirchenführern in Eisenach machte. Ich weiß nicht, was er dort wirklich sagte, weil ich nicht anwesend war. Aber sollte stimmen, was in den Stasidokumenten festgehalten ist, so zeigt die herablassende Unfreundlichkeit gegen mich und Eberhard Diepgen, dass Richard von Weizsäcker noch eine andere Seite hat als das freundliche Gesicht, das er der Öffentlichkeit präsentiert.

Montag, 11. September 2000

Nach monatelanger Abstinenz habe ich heute erstmals wieder eine Sitzung der Bundestagsfraktion besucht. Diesen Termin hatte ich mit dem Fraktionsvorsitzenden Friedrich Merz abgesprochen. Ich lege großen Wert darauf, dass meine Teilnahme so normal wie möglich verläuft. Es ist nicht einfach, den großen Fraktionssaal zu betreten, weil zahlreiche Fotografen und Kameraleute meine Ankunft begleiten. Friedrich Merz begrüßt mich unter freundlichem Beifall und gibt bekannt, dass ich – meinem Wunsch entsprechend – unter meinen rheinland-pfälzischen Kollegen Platz nehmen werde.

In seiner neuesten Ausgabe unterstellt mir der *Spiegel*, ich hätte die Sichtung des Materials in der Gauck-Behörde abgebrochen, um die Herausgabe der Unterlagen an Journalisten und Wissenschaftler zu verzögern. Das entspricht nicht der Wahrheit, und ich weise die Meldung zurück. Ich erkläre, dass ein bereits festgelegter zweiter Termin von mir deshalb abgesagt und zunächst verschoben wurde, weil dieser Termin Journalisten bereits bekannt geworden ist. Von einem Abbruch der Einsichtnahme kann folglich ebenso wenig die Rede sein wie davon, die Einsichtnahme verzögern zu wollen. Die Gauck-Behörde hat die Verzögerung vielmehr selbst zu verantworten, wenn sie die vereinbarte Diskretion nicht zu wahren vermag.

Dienstag, 12. September 2000

FDP-Veranstaltung im Berliner Schiller-Theater zum zehnjährigen Jubiläum des Zwei-plus-Vier-Vertrags. Dazu bin ich von den Liberalen eingeladen. Es ist eine glanzvolle Feier. Die FDP-Führung nutzt in beeindruckender Weise die Chance, ihren Anteil an der Regierungsarbeit zur deutschen Einheit und – zu Recht – vor allem auch das große Engagement und Verdienst von Hans-Dietrich Genscher bei der deutschen Vereinigung zu würdigen. Michail Gorbatschow ist anwesend und berichtet in der ihm eigenen humorvollen, charmanten und eindrucksvollen Weise über jene Zeit, als es um die schwierigen Probleme zur Herstellung der deutschen Einheit ging. Die Gäste würdigen seine Rede mit stehenden Ovationen. Hans-Dietrich Genscher hält eine sehr pointierte und exzellente Ansprache. Beide Festredner begrüßen mich sehr freundlich und würdigen meinen Anteil am damaligen gemeinsamen Erfolg. Der frühere Außenminister macht überzeugend deutlich, dass der vor zehn Jahren eingeschlagene politische Weg nur deswegen möglich war, weil wir einander vertrauten. Nur so konnten wir in einer undurchsichtigen weltpolitischen Situation den gemeinsamen Weg in die Zukunft suchen. Beide Redner rufen uns noch einmal alle Stationen ins Gedächtnis zurück: die Gespräche mit der westlichen Allianz im Rahmen der Europäischen Gemeinschaft, die Gespräche mit der Sowjetunion und den USA, die Gespräche zwischen den Hauptakteuren, zu denen neben den Staats- und Regierungschefs natürlich auch die damaligen vier Außenminister zählten.

Ich habe an diesem Abend Gelegenheit zu einem langen und intensiven Gespräch mit meinem Freund Michail Gorbatschow, der von seiner Tochter Irina begleitet wird. Es ist gut zu wissen, wie liebevoll sich die Tochter um ihren Vater kümmert.

Nach gut sieben Monaten werden nun endlich die Sanktionen der übrigen vierzehn EU-Länder gegen Österreich aufgehoben. Das teilt am Abend das Amt des französischen Staatspräsidenten Chirac in Paris mit. Frankreich hat derzeit die Ratspräsidentschaft in der EU inne.
Nach meiner Erinnerung gibt es in der allerjüngsten Geschichte der internationalen Politik keine vergleichbar große Dummheit wie diese Bestrafung Österreichs. In dieser Sache wurde jeder nur erdenkliche Fehler gemacht. Ich bin ganz gewiss kein Anhänger der FPÖ und schon gar keiner von Jörg Haider. Aber die Art und Weise, wie Haider zu einer internationalen Figur der Politik hochstilisiert wurde, war völlig abwegig. Das alles hat ihm zu Hause nur genutzt und seine Popularität in Österreich gefördert. Ich habe nie erkennen können, welche Bestimmungen des EU-Vertrags diese Sanktionen legitimieren sollten. Beim Abschluss des EU-Vertrags hat niemand jemals etwas Derartiges vor Augen gehabt. Sich auf diese Art und Weise in die Belange eines Landes einzumischen ist eine Fehlentwicklung und bedeutet eine große Gefahr für die Zukunft der EU.
Die Vorwürfe und Maßnahmen gegen Österreich sind auch deshalb unbegreiflich, weil darin eindeutig eine parteipolitische Handschrift zu erkennen ist. Ein großer Teil der sozialistischen Führer in der EU wollte ihrem Genossen Klima, dem geschlagenen Kanzler und Vorsitzenden der SPÖ, zu Hilfe kommen. Offensichtlich hat Klima eine derartige Hilfsaktion gewünscht. Dass nichtsozialistische Staats- und Regierungschefs, beispielsweise der Präsident Frankreichs und der Ministerpräsident Spaniens, bei diesem Boykott mitgemacht haben, ist mir völlig unbegreiflich. Ich kann es selbst dann nicht verstehen, wenn man dafür innenpolitische Gründe vorschützt. Bei den kleineren

Ländern in der EU muss der fatale Eindruck entstehen, dass sich die größeren Partner Rechte anmaßen, die ihnen gar nicht zustehen. Das wird erhebliche Auswirkungen auf die Diskussion um die Erweiterung der EU haben.

Als ein wichtiges Prinzip haben François Mitterrand und ich es immer mit großer Leidenschaft vertreten, dass für die praktische Politik der EU die Qualität und nicht die Quantität entscheidend ist. Für meine Politik war immer von größter Bedeutung, dass die von mir geführte Bundesregierung in der Repräsentanz des größten Landes der EU – nach der Wiedervereinigung ein Land mit mehr als 80 Millionen Menschen – als Sachwalter der Interessen gerade auch der kleineren Länder auftrat.

Für die Beziehungen zwischen der Bundesrepublik und Österreich war die jüngste Entwicklung mehr als unangenehm. Viele deutschfreundliche Österreicher stellten sich die Frage, warum sich die Bundesregierung feige hinter der französischen Präsidentschaft verkriecht, warum sie dem Nachbarn in dieser schwierigen Situation nicht zur Seite steht.

Mittwoch, 13. September 2000

Haushaltsdebatte im Deutschen Bundestag. Wie üblich führte gestern der Finanzminister in den Etat ein. Hans Eichel tat sich damit angesichts der erheblichen Verbesserungen auf der Einnahmenseite natürlich sehr viel leichter als die Finanzminister früherer Jahre. Die Steuereinnahmen sind erheblich gestiegen. Vor allem aber ist der Finanzminister deshalb ein »Hans im Glück«, weil er durch den Verkauf der UMTS-Mobilfunklizenzen knapp 100 Milliarden DM in die Staatskasse bekam. Ich spreche darüber mit Wolfgang Bötsch, dem früheren Bundesminister für Post und Telekommunikation, und wir erinnern uns an die großen Auseinandersetzungen, als es um die Privatisierung der Post ging. Dass diese Umwandlung eines staatlichen Unternehmens in eine

privatwirtschaftliche Einrichtung gelang, ist eine der ganz großen Leistungen in meiner Amtszeit. Wolfgang Bötsch war es, der die Privatisierung letztendlich in schwierigsten Verhandlungen mit viel List und Geschick durchsetzte.
Gerhard Schröder gehörte damals zu jenen Sozialdemokraten, die eine Privatisierung ablehnten und die die Gegner des Regierungsbeschlusses, vor allem die Postgewerkschaft, aus populistischen Gründen massiv unterstützten. Heute, nach nur zwei Amtsjahren, hat er leichtes Spiel, denn diese Milliarden eröffnen ihm Möglichkeiten für politisches Handeln und Gestalten, wie sie kein anderer Bundeskanzler zuvor je hatte. Ich bin sehr gespannt, ob die Bundesregierung diese unverhofften Einnahmen tatsächlich zur Tilgung der Schuldenlast verwendet. Die Begehrlichkeiten auf allen Seiten sind sehr groß.
Heute, am zweiten Tag der Haushaltsdebatte, wird über den Etat des Bundeskanzlers dikutiert. Traditionsgemäß werden bei diesem Tagesordnungspunkt alle Fragen der Politik erörtert. Die Ausgangslage für Gerhard Schröder könnte nach Abschluss der Steuerreform günstiger nicht sein. Er wird allerdings in seiner Selbstgefälligkeit außerordentlich gestört: Dem Unionsfraktionsvorsitzenden Friedrich Merz gelingt ein erster »Großangriff«, denn als der SPD-Fraktionsvorsitzende Peter Struck es für nötig befindet, mich frontal anzugreifen, indem er die üblichen Beleidigungen und Unterstellungen zum Thema Spendenaffäre äußert, nimmt die Debatte plötzlich eine ganz andere Richtung. Struck versteigt sich zu der Forderung, ich solle meinen Sitz im Bundestag aufgeben. Offenbar bemerkt er nicht, dass er damit ein Eigentor geschossen hat. Es ist ziemlich peinlich, dass ausgerechnet Gregor Gysi ihn in diesem Punkt zur Ordnung rufen muss. Andere Redner tun es ihm gleich, und im Rededuell mit Schröder weist Friedrich Merz darauf hin, dass die Sozialdemokraten in Sachen deutsche Einheit völlig versagt haben. Sein Vorwurf, vor zehn Jahren habe kein maßgeblicher Politiker der SPD die Einheit gewollt, ruft einen Sturm der Entrüstung hervor.

Die Regierungskoalition ist verunsichert, nicht zuletzt wegen des totalen Fehlschlags mit der Ökosteuer, die zu drastischen Preiserhöhungen bei Benzin und Gas geführt hat. Die daraufhin entstandene Unruhe in der Bundesrepublik bringt das glatt gebügelte Erscheinungsbild der Bundesregierung ordentlich durcheinander. In dieser Situation hat Peter Struck mit seinem Angriff auf mich einen Nebenschauplatz gesucht, der von den eigentlichen offenen Fragen ablenken sollte. Das Ganze zeigt einmal mehr die ganze Armseligkeit dieses Fraktionschefs. Im Vergleich zu den SPD-Fraktionsvorsitzenden von Kurt Schumacher über Fritz Erler, Herbert Wehner, Hans-Jochen Vogel und Rudolf Scharping fällt mir für den heutigen Fraktionsvorsitzenden keine zutreffendere Bezeichnung ein.

Freitag, 15. September 2000

Normalerweise bin ich kein Leser der *Frankfurter Rundschau*. Heute aber schickt mir ein freundlicher Zeitgenosse einen Artikel des Blattes zu, in dem es um Hans Leyendecker von der *Süddeutschen Zeitung* geht. Der hat dieser Tage zusammen mit zwei Gesinnungsgenossen ein Buch herausgebracht, in dem er seine Zeitungsartikel der letzten Monate zusammenfasst. Die ebenfalls in diesem Buch abgedruckte achtzigseitige Darstellung meines Lebenslaufs wurde nach Meinung der *Frankfurter Rundschau* fast vollständig aus einem Buch von Klaus Dreher abgeschrieben. Dreher bezichtigte seinen Kollegen Leyendecker nun des Plagiats.

Sonntag, 17. September,
bis Dienstag, 19. September 2000

Auf Einladung des ungarischen Ministerpräsidenten Viktor Orban reisen mein enger Mitarbeiter Michael Roik und ich für zwei Tage nach Budapest. Die Regierung hatte mich schon vor längerer Zeit eingeladen, weil ich mit einer neu geschaffenen Millenniums-Medaille ausgezeichnet werden soll. Ich bin der erste Inhaber dieser Auszeichnung, die an die Gründung des ungarischen Staats vor tausend Jahren erinnert und solchen ausländischen Politikern verliehen werden soll, die Ungarns Freiheit und Rückkehr zur Demokratie am meisten gefördert haben.

Klare Absicht dieser Einladung ist auch, mich gerade angesichts der Vorwürfe, die in Deutschland gegen mich persönlich erhoben werden, in dieser Weise auszuzeichnen. Das bringen die Gesprächspartner in Budapest mir gegenüber deutlich zum Ausdruck.

Zum ersten Mal begegne ich dem neu gewählten Präsidenten der Republik, Ferenc Madl. Diese herausragende Persönlichkeit ist ein angesehener Jurist, der einige Zeit seines Lebens in Deutschland verbracht hat. Nicht zuletzt dank seines Studiums an der Heidelberger Universität beherrscht er die deutsche Sprache perfekt. Es ergeben sich viele Berührungspunkte, weil auch ich meine Studienjahre in Heidelberg verbracht habe.

Dann gibt es ein Wiedersehen mit dem ehemaligen Ministerpräsidenten Gyula Horn, der als ungarischer Außenminister in der Wendezeit, genauer: bei der Öffnung der österreichisch-ungarischen Grenze – uns Deutschen auf dem Weg zur Einheit unvergessene Dienste geleistet hat.

Die Gespräche mit Ungarns neuer politischer Elite sind hochinteressant. Auffallend ist die ungewöhnlich junge Mannschaft: Ich begegne dreißigjährigen Ministern, einem vierunddreißigjährigen Ministerpräsidenten, einem zweiunddreißigjährigen Parlamentspräsidenten. Wer über fünfunddreißig ist, zählt schon zum alten Eisen. Es ist eine einzigartige Konstellation. Die jungen, aufstrebenden Politiker scheinen es richtig zu genießen, mit mir, dem »Alten«, zusammenzusitzen. Ich spüre die enorme Sympathie.

In einem Budapester Lokal diskutieren wir ausgiebig über die Zukunft Ungarns und über den Beitritt des Landes zur Europäischen Union. Es wird an die Auseinandersetzungen über den Beitritt Ungarns, Polens und Tschechiens zur Nato erinnert. Das war ein sehr schwieriger Vorgang, weil der russische Präsident Boris Jelzin von seinem Nein nicht abzubringen war. Jelzin stand damals unter starkem innenpolitischen Druck. Dass er am Ende zähneknirschend zwar nicht ja sagte, aber die Entscheidung hinnahm, ist sicherlich ein ganz wesentlicher Erfolg von Bill Clinton und mir. Unser enges Zusammenwirken zahlte sich aus.

Die offizielle Verleihung der Millenniums-Medaille ist eine zu Herzen gehende Veranstaltung. Der Festakt findet im Parlament statt in Anwesenheit der gesamten politischen Führung des Landes. Der ungarische Ministerpräsident würdigt mich in einer sehr persönlich gehaltenen Rede, in der er den Preisträger in eine Reihe mit Bismarck und Adenauer stellt: Ich sei der »Zweite Staatsgründer«, und das könne mir niemand nehmen. Deutschland habe es mir zu verdanken, dass es das 21. Jahrhundert mit einer neuen Seite im Buch der Geschichte beginnen könne. Orban meinte weiter, ich hätte entschieden, als andere unentschieden waren, ich hätte da Recht, wo andere sich irrten, ich hätte gehandelt, als andere zögerten.
In meiner Rede bedanke ich mich vor allem noch einmal für Ungarns unvergessene Hilfe bei der Grenzöffnung im Spätsommer 1989. In diesem Zusammenhang erinnere ich an die damaligen scharfen Auseinandersetzungen in der deutschen Innenpolitik, die wir mit den Sozialdemokraten hatten, die voll und ganz Erich Honeckers Position einnahmen, der um jeden Preis gegen eine gemeinsame deutsche Staatsbürgerschaft war. Sein Ziel war die juristische Trennung Deutschlands. Er wollte DDR und Bundesrepublik für alle Zeit voneinander geschieden wissen.
In meiner Dankesrede spreche ich vom selbstverständlichen Platz Ungarns in der Europäischen Union. Die rasche Erweite-

rung der EU halte ich nicht nur für eine historische und moralische Verpflichtung, sondern sie liegt auch im Interesse der Deutschen und der Europäischen Union. Mehrfach nenne ich das Jahr 2004 als Zieldatum für die Aufnahme der nächsten Beitrittsländer.

Mittwoch, 20. September 2000

Das Berliner Landgericht hat Hans Terlinden ein umfassendes Schweigerecht vor dem parlamentarischen Untersuchungsausschuss zugebilligt. Gleichzeitig lehnte die 3. Große Strafkammer die Anordnung von Beugehaft gegen Terlinden ab. Das Gericht verweist darauf, dass der verfassungsrechtlich verbürgte Grundsatz, dass sich niemand selbst belasten müsse, uneingeschränkt auch für Zeugenaussagen vor parlamentarischen Untersuchungsausschüssen gelte. Und da gegen Hans Terlinden die Bonner Staatsanwaltschaft wegen des Verdachts der Beihilfe zur Untreue ermittelt, kann er sich auf sein Schweigerecht berufen. Die Entscheidung des Landgerichts ist unanfechtbar.
Das ist ein bemerkenswerter Beschluss des Gerichts. Ich freue mich natürlich für Hans Terlinden. Gleichzeitig ist das Urteil aber auch eine schallende Ohrfeige für die rot-grüne Mehrheit im Ausschuss. Darunter befinden sich einige Rechtsanwälte und ausgebildete Juristen, die hätten wissen müssen, dass das Gerichtsurteil so ausfallen würde. Aber diesen Parlamentariern ging es nicht ums Recht, ihnen ging es ausschließlich darum, Hans Terlinden und mit meinem früheren Mitarbeiter auch mich zu demütigen. Das entspricht dem Denken dieser Leute. Insofern ist der heutige Tag, der uns die Nachricht des Berliner Landgerichts bringt, ein guter Tag.

In der *Berliner Zeitung* erscheint ein Bericht über eine jetzt bekannt gewordene Reisekostenabrechnung des früheren CDU-Finanzberaters Horst Weyrauch aus dem Jahr 1993. Von den

Abrechnungsbelegen wird auf ein weiteres Gelddepot der CDU im Ausland geschlossen. Volker Neumann, der Vorsitzende des Untersuchungsausschusses, nimmt natürlich sofort die Gelegenheit wahr, um den Verdacht zu nähren, dass die von mir eingeräumten Barspenden der Neunzigerjahre in Wirklichkeit aus einem geheimen Schwarzgelddepot im Ausland stammen könnten.
Neumann weiß so gut wie ich, dass das nicht stimmt. Wir sprachen schließlich immer wieder darüber, auch im Ausschuss. Diese Reisen von Horst Weyrauch hatten mit mir überhaupt nichts zu tun. Warum Weyrauch dort war und was er eigentlich in der Zeit zwischen 1994 und 1999, in dem angeführten Zeitraum also, in der Schweiz machte, weiß ich auch nicht. Inzwischen ist mir klar, dass das Bild, das ich von ihm hatte, falsch war. Da ich ihn in zwanzig Jahren nur vier- bis fünfmal gesehen habe, war dieses Bild nicht so sehr in meinen persönlichen Erfahrungen begründet, sondern ergab sich aus den Berichten von Mitarbeitern. Seine wirkliche Rolle in dem ganzen Spendenskandal wird für mich mit jedem Tag undurchsichtiger.

Freitag, 22. September 2000

Heute kommt die Nachricht, dass die rot-grüne Mehrheit im Untersuchungsausschuss einen Unterausschuss bilden will. Es liege eine so große Menge an Akten im Zusammenhang mit dem Verkauf der Leuna-Raffinerie an Elf-Aquitaine vor, dass ein Unterausschuss sie sorgfältig prüfen müsse. Der 150 000 Seiten umfassende Aktenberg scheint eine Vorprüfung unumgänglich zu machen.
Es ist schon kurios. Noch vor wenigen Monaten hieß es aus dem Lager des Sonderermittlers Burkhard Hirsch, dass die allermeisten Akten verschwunden seien. Die damaligen Schlagzeilen in der Presse kamen einer Vorverurteilung gleich: Kohl ließ die Leuna-Akten verschwinden, hieß es. Und jetzt verlangen diesel-

ben Leute, die damals diese Meldungen initiiert hatten, einen Unterausschuss, weil der Aktenberg so groß sei, dass er anderweitig überprüft werden müsse. Für mich ist das ein weiteres Indiz dafür, dass man die Äußerungen von Burkhard Hirsch äußerst sorgfältig prüfen muss. Ich hoffe sehr gespannt, dass die Anzeige der Bundesregierung in dieser Sache tatsächlich von den Staatsanwälten und Gerichten aufgegriffen wird. Ich bin sicher, dass sich die ganze Mär von den verschwundenen Akten am Ende als ein Teil der augenblicklichen Diffamierungskampagne herausstellt. Ich bin nur gespannt, wie sich Herr Hirsch vor Gericht verhalten wird, wenn die Einzelheiten seiner Sonderermittlungen behandelt werden.

Schon seit Wochen wird über die Hausdurchsuchung bei meinem Bundestagskollegen Ronald Pofalla berichtet, die in einer spektakulären Aktion drei Tage vor der nordrhein-westfälischen Landtagswahl durchgeführt worden war. Pofalla war als Justizministerkandidat in der Regierungsmannschaft von Jürgen Rüttgers vorgesehen. Dem Wahlvolk wurde ein schlimmes Schauspiel vorgeführt, und das wenige Stunden vor Eröffnung der Wahllokale. Damit sollte der Kandidat und die gesamte CDU diffamiert werden. Zwar hat sich Ronald Pofalla mit aller Kraft gegen den Vorwurf der Steuerhinterziehung zur Wehr gesetzt, doch kurz vor der Wahl war der Verdacht nur schwer aus der Welt zu schaffen und diente der NRW-SPD für eine willkommene Diffamierungskampagne.

Mittlerweile hat sich herausgestellt, mit welcher Fahrlässigkeit die Justizbehörden vorgegangen waren: Jetzt enthebt der Justizminister den zuständigen Generalstaatsanwalt in Düsseldorf seines Amtes. Die Nachprüfung der Justiz ergab nämlich, dass die Vorwürfe gegen Ronald Pofalla völlig unberechtigt waren. Ein echter Justizskandal. Die Frage, die sich viele stellen: Warum diese Aktion bei Ronald Pofalla? Der Mann war Kandidat in der CDU-Regierungsmannschaft. Er ist aber auch gleichzeitig Sozius in der Essener Kanzlei Holthoff-Pförtner, die meine Verteidigung übernommen hat. Kurz nachdem bekannt wurde, dass Stephan Holthoff-Pförtner mein Rechtsbeistand ist – das war Weihnachten 1999 –, wurden die Steuerfahnder bei der Bonner Staatsanwaltschaft im Zusammenhang mit meinem Verfahren vorstellig – offensichtlich um Auskünfte über meinen Rechtsanwalt einzuholen. Diese Erkundigungen führten zu keinem Ergebnis und wurden schließlich eingestellt.

Samstag, 23. September 2000

Bei einem Festakt zum fünfzigjährigen Bestehen des Zentralrats der Juden in Deutschland hat Bundeskanzler Schröder klargemacht, dass die Bundesregierung gewillt ist, rechtsextremistische Vereine und Parteien auch mit den Mitteln des Verbots zu bekämpfen. Der Rechtsstaat und sein Gewaltmonopol müssten durch frühzeitiges Eingreifen der Ordnungskräfte, wirksame Abschreckung und effektiven Fahndungsdruck unnachgiebig verteidigt werden.

Ich war und bin in der Frage von Parteiverboten immer sehr skeptisch. Natürlich bin ich dafür, mit äußerster Härte gegen Rechtsradikalismus vorzugehen. Auffallend ist bloß, dass gegenwärtig wieder mal nur von Rechtsradikalen und nicht von Linksradikalen gesprochen wird. Das war schon immer eine besonders perfide Form der Diskussion innerhalb der deutschen Linken, die auf einem Auge immer blind war. Jede Art von Radikalismus in der Politik hat katastrophale Folgen. Der Untergang der Weimarer Republik ist nicht zuletzt von linksextremen Kommunisten und rechtsextremen Nationalsozialisten herbeigeführt worden. Das ist eine Lektion der deutschen Geschichte. Wenn man über Extremismus redet, muss man daher immer den Extremismus in beiden Richtungen sehen und entsprechend bekämpfen. Ich bin sehr damit einverstanden, jetzt alles Mögliche zu tun im Kampf gegen die Rechtsradikalen. Aber natürlich kann überhaupt keine Rede davon sein, dass die

Bundesrepublik in einem Sumpf rechtsradikaler politischer Entwicklung versinkt.
Wir haben in den vergangenen fünfzig Jahren drei Wellen auf der rechtsradikalen Position erlebt: die sozialistische Reichspartei, die NPD und die Republikaner. Es gab Zeiten, in denen rechtsradikale Parteien in Fraktionsstärke in den Landtagen der alten Bundesrepublik agierten. Allerdings war es immer möglich, sie mit politischen Mitteln zu bekämpfen und so ihren Aufschwung zu stoppen. Dass wir jetzt vor allem in den neuen Ländern eine schwierige Situation haben, steht für mich außer Frage. Diese Entwicklung muss sehr ernst genommen werden und ist mit aller Härte zu bekämpfen. Wir müssen uns aber davor hüten, jetzt so zu tun, als sei das ein Spezifikum der neuen Bundesländer. Ähnliche Entwicklungen waren in den letzten Jahren auch in der alten Bundesrepublik immer wieder zu beobachten.
Ich habe das am eigenen Leibe erfahren: Unter den jetzt lebenden deutschen Politikern gibt es niemanden, der nur annähernd so im Mittelpunkt bösartigster und gemeingefährlicher Angriffe von Rechtsradikalen stand wie ich. Ich kenne niemanden, vor dessen Haus im Lauf der Jahrzehnte so viele rechtsradikale Demonstrationen stattfanden und der so viele Beleidigungen ertragen musste. Ein Anlass dafür war die Politik der Aussöhnung mit unseren Nachbarn, die ich vertrat, oder die Anerkennung der Oder-Neiße-Grenze als Westgrenze Polens im Zusammenhang mit der deutschen Einheit. Es gibt viele weitere Beispiele: die Einführung des Euro, die Aufgabe der D-Mark – alles hat dazu geführt, dass ich vor allem während meiner Kanzlerschaft immer wieder im Mittelpunkt erbitterter rechtsradikaler Attacken stand.
Die demokratischen Parteien sollten sich zusammenschließen und darüber nachdenken, wie unsere Demokratie mit rechtsstaatlichen Mitteln am besten zu verteidigen ist. Dazu gehört unter Umständen auch die Bereitschaft zu einem Parteienverbot. Aber ich plädiere weiterhin dafür, dies ohne Aufgeregtheit

zu tun und uns vom Ausland nicht diffamieren zu lassen. Ich will nicht abwiegeln oder einer falschen Beruhigung das Wort reden. Angesichts der barbarischen Taten, die die Nazis in deutschem Namen begangen haben, müssen wir bei diesem Themenkomplex besonders sensibel für die Reaktionen im Ausland sein.

Mittwoch, 27. September 2000

Die *Welt* veröffentlicht heute in großer Aufmachung einen Bericht über die Finanzierungspraxis der SPD in den Achtzigerjahren. Mich überrascht dieser Bericht nicht, weil ich schon immer Derartiges vermutet habe. Es geht um den Vorwurf, dass die Sozialdemokraten Erlöse aus dem Verkauf einer Druckerei vorsätzlich verschwiegen haben. 1986 hatte das hoch verschuldete SPD-Parteiunternehmen »Druckhaus Deutz« einen Kredit von 63 Millionen DM aufgenommen, um ein anderes SPD-Unternehmen, »Auerdruck«, zu kaufen. Der Handel zwischen den beiden Firmen sollte der SPD-Holding einen steuermindernden Verlustvortrag verschaffen. Das Geld ist im Rechenschaftsbericht der SPD 1986 nicht aufgetaucht. SPD-Schatzmeisterin Inge Wettig-Danielmeier bestreitet, dass aus dem Verkauf Geld an die SPD geflossen sei.

Das Ganze wurde im Dezember 1986 eingefädelt und über die Bühne gebracht – genau sieben Wochen vor der Bundestagswahl. Johannes Rau war damals mein Herausforderer als Kanzlerkandidat. Wenn die SPD jetzt behauptet, mit diesem Geld habe der Parteivorstand nichts zu tun gehabt, das sei Sache von Hans Matthöfer gewesen, kann man nur den Kopf schütteln. Matthöfer war schließlich nicht irgendjemand. Er war früher Bundesfinanzminister und zu jener Zeit Schatzmeister und eines der wichtigsten und angesehensten Mitglieder der SPD-Führung.

Für mich steht außer Zweifel, dass die SPD damals für den

Wahlkampf zusätzlich Geld zur Verfügung hatte und dieses mit großer Wahrscheinlichkeit auch einsetzte. Gerade die Tatsache, dass diese Riesensumme in ihrem Rechenschaftsbericht 1986 nicht auftaucht, spricht doch dafür.
Trotz dieser Affäre blieben Reaktionen von Bundestagspräsident Wolfgang Thierse aus. Das zeigt einmal mehr, dass der Bundestagspräsident seine Funktion in einer parteiischen Weise wahrnimmt, wie noch kein Bundestagspräsident zuvor. Interessant auch, dass dieser unglaubliche Vorgang in weiten Teilen der deutschen Medienlandschaft völlig verschwiegen wird. Das passt ins Gesamtbild dieser Tage.
Zusätzlich muss man wissen, dass die SPD 1971 die Deutsche Druck- und Verlagsgesellschaft (DDVG) gründete, deren Wert mit knapp 60 Millionen DM im SPD-Rechenschaftsbericht angegeben wird. Der SPD-Hausjurist Helmut Neumann schätzt den wirklichen Wert der Vermögensbeteiligung auf etwa 1 Milliarde DM.
Das Transparenzgebot des Grundgesetzes (Art. 21) verpflichtet die Parteien, öffentlich über die parteieigenen Wirtschaftsunternehmen Auskunft zu geben. Tun sie das nicht, wie die SPD in diesem Fall, wird für den Bürger nicht erkennbar, welche Interessen die SPD auf Grund ihrer wirtschaftlichen Betätigung vertritt. Die SPD verletzt damit seit Jahren das Transparenzgebot des Grundgesetzes.
Das von der SPD vorgetragene Argument, Paragraph 27 Absatz 2 des Parteiengesetzes erlaube die Aufrechnung von Gewinnen und Verlusten, ist an Scheinheiligkeit nicht zu überbieten. Man stelle sich vor, ich hätte in meiner Zeit als Parteivorsitzender solche Argumente vorgetragen, um Gewinne und Beteiligungen zu vertuschen. Das öffentliche Geschrei über einen Rechtsbruch von mir hätte monatelang angedauert, ein Untersuchungsausschuss wäre eingesetzt worden, und vielleicht wäre sogar ein staatsanwaltschaftliches Ermittlungsverfahren in Nordrhein-Westfalen eingeleitet worden.

Mittwoch/Donnerstag,
27./28. September 2000

Gestern und heute findet eine Tagung der Konrad-Adenauer-Stiftung in Berlin statt. Die Veranstaltung findet – und das ist eine großartige Idee – im so genannten Tränenpalast statt, einem Platz, an dem während vieler Jahrzehnte die Grenzkontrollen von West- nach Ost- und von Ost- nach West-Berlin erfolgten. Hier sahen sich Millionen Menschen, Verwandte und Freunde nach vielen Jahren zum ersten Mal wieder. Hier verabschiedeten sie sich voneinander, ohne zu wissen, ob sie sich je wiedersehen würden. »Tränenpalast« heißt dieser Ort deshalb, weil hier mehr Tränen flossen als an irgendeinem anderen Punkt in Berlin.

Die Tagung ist hervorragend konzipiert. Das Ziel ist klar: die Erinnerung an ein Kernstück unserer Politik, nämlich: deutsche Wiedervereinigung und europäische Einigung – zwei Seiten der gleichen Medaille.
Aus dem Ausland sind als Redner geladen der luxemburgische Ministerpräsident Jean-Claude Juncker, der langjährige Präsident der europäischen Kommission Jacques Delors und der polnische Außenminister Wladyslaw Bartoszewski. Angela Merkel berichtet auf persönliche und eindrucksvolle Weise aus der Perspektive einer ehemaligen DDR-Bürgerin. Der Direktor des Münchner Instituts für Zeitgeschichte, Professor Horst Möller, zeichnet aus der Sicht eines Historikers eindrucksvoll den Weg zur deutschen Einheit nach. Die drei ausländischen Gastredner stellen in tiefgründigen und mitreißenden Reden den Bezug zwischen deutscher Einheit und europäischer Einigung her und weisen vor allem auf die moralische Pflicht der Deutschen hin, die europäische Einigung weiter voranzutreiben und sich nicht vom Weg der EU-Erweiterung abbringen zu lassen.
Die Gastredner sind mir gegenüber außerordentlich freundlich und würdigen ausführlich meinen Beitrag zur deutschen

Einheit. Eindrucksvoll ist auch die Podiumsdiskussion mit Bürgerrechtlern wie Bärbel Bohley, Arnold Vaatz und Adam Krzeminski. Dabei wird mir wieder einmal bewusst, von welcher Bedeutung die Bürgerrechtsbewegung war. Sie entfaltete neben der amtlichen Politik auf Regierungsebene und den weltpolitischen Veränderungen, wie sie sich in den Abrüstungsgesprächen zwischen Gorbatschow und Bush und im gesamten Abrüstungsprozess zwischen Ost und West manifestierten, ihre eigene Dynamik. Die Menschen gingen schließlich massenweise auf die Straße und demonstrierten friedlich für Freiheit und für die Einhaltung der Menschenrechte. Ohne diese Bewegung wäre der Einigungsprozess nicht in diesem Tempo gelungen.

In meiner Rede stelle ich vor allem die Notwendigkeit heraus, den Bau des europäischen Hauses weiter zu entwickeln. Dazu ist es zwingend nowendig, die EU um die Staaten Mittel-, Ost- und Südosteuropas zu erweitern. Massiv wende ich mich gegen den Kleinmut, der sich in der mangelnden Bereitschaft zeigt, unsere europäische Mission zu verwirklichen. Wenn es überhaupt ein Land in Europa gibt, das Grund hat, dankbar zu sein, dann Deutschland. Schließlich wurde die deutsche Einheit nur mit der Zustimmung unserer Nachbarn möglich.
Bewusst nehme ich die Gelegenheit wahr, noch einmal die Position der Unionsparteien zur deutschen Einheit darzustellen, denn seit ein bis zwei Jahren beobachte ich, dass – gesteuert von SPD und Grünen sowie von ihren intellektuellen Helfershelfern – der Versuch unternommen wird, die Geschichte der deutschen Einheit zu verfälschen. Großen Wert lege ich darum auf die Beschreibung der Fakten. Man kann es gar nicht oft genug wiederholen: Selbstverständlich ist die deutsche Einheit kein Eigentum oder der Besitz einer Partei oder einer Person. Viele Persönlichkeiten haben am Zustandekommen der Wiedervereinigung mitgewirkt. Im Ausland waren dies Bush und Gorbatschow, die Reformkommunisten in Ungarn, die Ge-

werkschaftsbewegung Solidarnoşc in Polen, die Bürgerrechtsbewegung Charta 77 in Prag. Mit Bedacht erwähne ich auch den Papst, der aus Polen kommt und durch sein Eintreten für die Freiheit in Mittel- und Osteuropa sowohl den Zusammenbruch des sowjetischen Imperiums forcierte als auch eine große moralische Stütze für den Prozess der Einheit war.

Ich nenne natürlich auch die Erfolge meiner Vorgänger: Die KSZE-Beschlüsse der Helsinkikonferenz 1974, die die Menschenrechte in den Mittelpunkt stellten, waren für die Bürgerrechtsbewegungen in der DDR und in Mittel-, Ost- und Südosteuropa ganz bedeutsam. Darauf konnten sie sich berufen, diese Beschlüsse konnten sie einklagen. Die Ostpolitik Willy Brandts, von den Unionsparteien einst heftig bekämpft, war ein wichtiger Markstein auf dem Weg zur deutschen Einheit. Dass wir uns damals sehr schwer getan haben, dieser Politik zu folgen, gehört zum Bild deutscher Nachkriegspolitik. Die Brandtsche Ostpolitik war eine der Voraussetzungen für die spätere Chance, die deutsche Einheit wiederherzustellen. Das habe ich später erkannt, und darüber habe ich mit Willy Brandt vor seinem Tod oft gesprochen. Zur historischen Wahrheit gehört auch, dass Helmut Schmidt angesichts der sowjetischen Überrüstung einen wichtigen Beitrag geleistet hat, die Nato zu stabilisieren. Er ließ sich nie durch Drohungen mit der Kriegsgefahr und andere Einschüchterungsversuche von seinem klaren Weg abbringen. Seine Partei, die SPD, hat ihn dann im Stich gelassen. Die Union und vor allem ich als Bundeskanzler haben dann 1982/83 gegen alle Widerstände der Sozialdemokraten diese Politik durchgesetzt. In Amerika wurde sie von Ronald Reagan begründet und von George Bush fortgesetzt. Nur in der Erkenntnis, dass die Sowjetunion durch den Rüstungswettlauf ökonomisch ins Abseits getrieben wurde, war Michail Gorbatschows Politik der Öffnung, der Perestroika, überhaupt möglich. Natürlich ist auch wahr, dass – im Kontext dieser Gesamtentwicklung in der Welt – die Deutschen in der DDR im besten Sinn des Wortes »aufgestanden« sind. Die Massendemonstrationen mit dem Ruf

»Wir sind das Volk« und »Wir sind ein Volk« zeigten eine ungeahnte Wirkung und führten schließlich zum Sturz der Diktatur.

Ich bin nicht dafür, dauernd nachzukarten. Aber die Unverfrorenheit, mit der führende Sozialdemokraten, die Grünen und ihre Helfershelfer jetzt versuchen, die Geschichte zu verfälschen, ist unerträglich. Darum weise ich in meiner Rede nachdrücklich auf die politischen Positionen hin, die die heutige politische Elite der rot-grünen Regierungskoalition damals eingenommen hat. Dass vor allem diejenigen, die nicht mehr daran erinnert werden wollen, wie sehr sie sich mit ihrer damaligen Meinung jenseits der politischen Realitäten und der historischen Entwicklung befanden, mir diese Rede übel nehmen werden, nehme ich gern in Kauf.
Und weil es mir so wichtig ist, zitiere ich wörtlich aus meiner Rede:

> »Ich denke an weite Teile der politischen Linken, die das Verfassungsziel, ›die Einheit und Freiheit Deutschlands zu vollenden‹, bereits verraten hatten.
> Es gehört einfach zur historischen Wahrheit dazu, wenn ich feststelle, dass die SPD in ihrem Grundsatzpapier mit der SED noch im August 1987 geschrieben hat: ›Beide Seiten müssen sich auf einen langen Zeitraum einrichten, währenddessen sie nebeneinander bestehen und miteinander auskommen müssen. Keine Seite darf der anderen die Existenzberechtigung absprechen. Unsere Hoffnung kann sich nicht darauf richten, dass ein System das andere abschafft.‹
> Damit hat die SPD das Verfassungsziel der deutschen Einheit in dem Jahr aufgegeben, in dem Johannes Rau Kanzlerkandidat seiner Partei war. Auch das gehört zu diesem Zitat.
> Und es war Gerhard Schröder, der noch am 12. Juni 1989, fünf Monate bevor die Mauer fiel, feststellte:

›Nach vierzig Jahren Bundesrepublik sollte man eine neue Generation in Deutschland nicht über die Chancen einer Wiedervereinigung belügen. Es gibt sie nicht.‹

Viele führende deutsche Sozialdemokraten hatten das Ziel der deutschen Einheit aufgegeben. Auch heute spürt man noch, wie schwer sie sich mit dem Blick zurück auf das Jahr 1989 und 1990 tun.

Und es waren nicht nur Sozialdemokraten, die das Verfassungsziel der deutschen Einheit nicht mehr verfolgten. Insbesondere die Grünen hatten sich von der Präambel des Grundgesetzes verabschiedet.

Joschka Fischer forderte am 27. Juli 1989, also nur wenige Wochen bevor die Ungarn ihre Grenze für die Deutschen aus der DDR öffneten: ›Die Forderung nach der Wiedervereinigung halte ich für eine gefährliche Illusion. Wir sollten das Wiedervereinigungsgebot aus der Präambel des Grundgesetzes streichen.‹

Und im Herbst 1989 sagte der heutige Außenminister: ›Vergessen wir die Wiedervereinigung, halten wir die nächsten zwanzig Jahre die Schnauze darüber.‹

Hätten sich die politische Linke und ihre intellektuellen Helfershelfer 1989 durchgesetzt, wäre es nicht zur Öffnung der Grenzen und zur Ausreise der Botschaftsflüchtlinge gekommen.

Und weil SPD und Grüne – von vielen führenden Gewerkschaftsfunktionären will ich einmal schweigen – das wissen, wird jetzt vieles veranstaltet, Reden gehalten und Bücher geschrieben, um die Geschichte umzuformulieren und zu verfälschen. Das dürfen wir nicht zulassen.

Ich will noch ein anderes Beispiel anfügen, weil die Zeit so schnelllebig ist und weil vieles bewusst verwischt wird: Ich erinnere hier an die Zentrale Erfassungsstelle in Salzgitter, die einmal von allen Bundesländern in der Überzeugung, dass der Tag der deutschen Einheit kommen werde, eingerichtet wurde. Dort wurden beweiskräftige

Unterlagen über Menschenrechtsverletzungen und Straftaten des Unrechtsregimes der SED gesammelt.
Wir wissen von Insassen der DDR-Gefängnisse, dass allein der Hinweis auf das Register in Salzgitter bei manchen Gefangenenwärtern zu einer gewissen Vorsicht geführt hat. Das wusste auch Erich Honecker, der immer wieder mit Nachdruck forderte, dass die Zentrale Erfassungsstelle in Salzgitter aufgelöst wird.
Umso schändlicher ist es, dass die Ministerpräsidenten der SPD – an der Spitze das Land Nordrhein-Westfalen – in den Jahren 1988 und 1989 beschlossen haben, ihre finanzielle Unterstützung dieser Einrichtung der Bundesrepublik zur Dokumentation des Unrechts zu streichen.
Damals wie heute war und bin ich empört, dass führende Sozialdemokraten die menschliche Solidarität mit den Gefangenen eines Unrechtsregimes vermissen ließen. Sie waren es, die die Verfassung brachen, und sie sind heute nicht dazu berufen, sich mit Ratschlägen zur Verfassungstreue und zur deutschen Einheit hervorzutun.
Im Unterschied zu vielen Sozialdemokraten und den meisten Grünen hat sich die Union seit ihrer Gründung als die Partei der deutschen Einheit verstanden. Und sie ist es bis heute geblieben.
Wir haben dieses Ziel unserer Verfassung nie aufgegeben. Als SPD und SED gemeinsam ihr Grundwertepapier im August 1987 verabschiedeten, habe ich anlässlich des Besuches des Staatsratsvorsitzenden Erich Honecker im September 1987 in Bonn bei meiner Rede festgestellt: ›Die Präambel unseres Grundgesetzes steht nicht zur Disposition, weil sie unserer Überzeugung entspricht. Sie will das vereinte Europa, und sie fordert das gesamte deutsche Volk auf, in freier Selbstbestimmung die Einheit und Freiheit Deutschlands zu vollenden. Das ist unser Ziel. Wir stehen zu diesem Verfassungsauftrag, und wir haben keinen Zweifel, dass dies dem Wunsch und dem Willen,

ja der Sehnsucht der Menschen in Deutschland entspricht.‹
Wir alle wussten nicht, *wann* die deutsche Einheit kommen würde. Aber ich war immer davon überzeugt, *dass* sie kommen wird.
Und weil wir dieses Ziel immer vor Augen hatten, haben wir auch unsere Politik darauf ausgerichtet. Die deutsche Einheit war kein zufälliges Ereignis.«

Es ist wahr: Viele, nicht zuletzt diejenigen, die in Leipzig und anderswo mit dem Ruf: »Wir sind das Volk!« auf die Straße gingen, haben den Prozess der deutschen Einheit möglich gemacht. Wahr ist aber auch: Ohne das beharrliche Festhalten der CDU/CSU am Wiedervereinigungsgebot des Grundgesetzes, ohne unseren massiven Widerstand gegen die vom Zeitgeist geprägte Politik der deutschen Linken und ohne das maßgeblich von Christlichen Demokraten bei Verbündeten und Partnern im Ausland erworbene Vertrauen wäre die deutsche Einheit nicht denkbar gewesen.

Freitag, 29. September 2000

Im Bundestag kommt es zu einem heftigen Streit über die Rolle der großen Parteien bei der deutschen Einheit. In seiner Regierungserklärung zieht Gerhard Schröder eine positive Zwischenbilanz der Einheit: Beim Aufbau Ost sei die Hälfte des Weges bewältigt. Nun müsse man dafür sorgen, dass auch die zweite Hälfte eine deutsche und europäische Erfolgsgeschichte werde. Schröder ruft die Union dazu auf, den Streit darüber, wer die größeren Verdienste an der Einheit habe, zu beenden. Der Jahrestag der Vereinigung eigne sich nicht dazu, das großartige Ereignis der unblutigen Revolution in Ostdeutschland parteipolitisch auszubeuten. Schröder wörtlich: »Die Mauer ist nicht in Bonn, Washington oder Moskau gefallen. Sie ist buchstäblich

auf der Straße eingedrückt worden – und zwar von Ost nach West.«
Auffallend ist, dass ihm dieses Thema nicht besonders liegt und ihm jede Wärme und jegliches Engagement in der Sache fehlen, auch wenn er noch so oft betont, dass er den Aufbau Ost zur Chefsache gemacht habe. Mit dem Herzen ist Gerhard Schröder nicht dabei.

Angela Merkel antwortet ihm. Ihre wirklich große und klug formulierte Rede drängt die Regierungsfraktionen in die Defensive. Die CDU-Vorsitzende wirkt sehr überzeugend, nicht zuletzt deshalb, weil sie vor zehn Jahren noch Bürgerin der DDR war und das SED-Regime am eigenen Leib erfahren hat. Sie greift Schröder scharf an und wirft ihm unter anderem vor, seinerzeit auf gleicher Augenhöhe mit der SED kooperiert zu haben. Es seien zwar die Menschen gewesen, die die Mauer zum Einsturz gebracht haben, doch der damalige Bundeskanzler habe die Weichen für die Vereinigung gestellt. Schröder aber habe als niedersächsischer Ministerpräsident gegen die Wirtschafts- und Währungsunion gestimmt. Die deutsche Einheit gehöre keiner Partei – sie gehöre den Menschen, so Angela Merkel. Man müsse aber darüber reden dürfen, wer die Weichen richtig gestellt habe. Es sei nicht gleichgültig, wer in einer bestimmten Situation die Regierungsverantwortung habe. Ich sei es gewesen, der vor zehn Jahren die Chance zur Einheit beherzt ergriffen habe.
In einer ebenfalls bemerkenswerten Rede ruft der CSU-Vorsitzende Edmund Stoiber Schröder dazu auf, meine Verdienste um die Wiedervereinigung nicht kleinzureden. Die Einheit sei kein historischer Selbstläufer gewesen. Vielmehr handele es sich dabei um ein Meisterstück an politischer Weitsicht und diplomatischer Feinarbeit.

Es ist ein großer Tag der Unionsparteien im Bundestag. Wenn Angela Merkel und Edmund Stoiber die nächsten Jahre in dieser fein abgestimmten Strategie weiter agieren, wird sich Herr Schröder noch wundern.

Sonntag, 1. Oktober 2000

Die CDU feiert den zehnten Jahrestag der deutschen Einheit und zugleich die Wiedervereinigung von CDU West und CDU Ost auf dem Bundesparteitag vor zehn Jahren in Hamburg. Bei dieser Großveranstaltung im Berliner »Haus der Wirtschaft« setze ich in meiner Rede zum Festakt »Zehn Jahre eine CDU für ein Deutschland« meine Angriffe auf die SPD fort. Ich erkläre noch einmal, dass führende Sozialdemokraten in zentralen Schicksalsfragen unserer Nation versagt haben. Gleichzeitig streiche ich die Rolle von Willy Brandt und Helmut Schmidt als Wegbereiter der deutschen Einheit heraus. Diesen Weg habe ich als Bundeskanzler gemeinsam mit anderen vollendet und damit einen wichtigen Akzent in der deutschen Nachkriegsgeschichte gesetzt. So wie Ludwig Erhard die soziale Marktwirtschaft begründete und Konrad Adenauer die Westintegration, so habe ich die europäische und die deutsche Einigung als dritte Säule, auf der Deutschland heute steht, tatkräftig und erfolgreich mitgestaltet. Der Beifall des Publikums ist lang anhaltend und herzlich.

In einer sehr persönlich gehaltenen Rede, in der sie auch die Zusammenarbeit mit mir nicht unterschlägt, lobt Angela Merkel einerseits mich und kritisiert andererseits erneut Gerhard Schröder. Über die deutsche Einheit dürfe man sehr wohl streiten, meint sie. Sie habe Sorge vor einem Klima, in dem jede von einer vorgegebenen Position abweichende Haltung als deplatziert, unappetitlich und kleinkariert abgetan werde. Angela Merkel betont, dass sie die Debatte um die deutsche Einheit wolle. Denn kaum ein Thema eigne sich so sehr für eine Debatte zwischen den Parteien und in der Gesellschaft wie die deutsche Einheit. In ihrer herausragenden Rede, für die es viel Zustimmung gibt, blickt sie auch in die Zukunft der CDU und beschreibt die Perspektive für das 21. Jahrhundert.

Unsere beiden Reden finden eine starke Resonanz. Auf viele Gäste dieses Parteiforums wirkt unser gemeinsamer Auftritt wie ein Stück Befreiung. Beim anschließenden Empfang sprechen mich viele Menschen an und drücken ihre Freude darüber aus, dass unsere Partei an diesem Tag wieder Geschlossenheit zeigt. Mit welcher Freude meine Verbundenheit mit der Partei, der ich seit 1947 angehöre und die meine politische Heimat ist und bleibt, aufgenommen wird, das ist beinahe physisch spürbar.

Rechtzeitig zum zehnten Jahrestag der deutschen Einheit veröffentlicht der *Spiegel* Auszüge aus einem angeblich siebzig Seiten langen Bericht von Uwe Lüthje. Dabei unterschlägt das Magazin die wichtige Stellungnahme von Lüthjes Anwalt, der bereits dem Untersuchungsausschuss seinen Vorbehalt schriftlich mitgeteilt hatte, wonach seinem schwer kranken Mandanten »nicht mehr alle Fakten im Zusammenhang mit den damaligen Vorgängen erinnerlich« sind und es möglich sei, dass dem früheren CDU-Finanzexperten »hinsichtlich bestimmter Zeiträume beziehungsweise konkret angegebener Daten Fehleinschätzungen unterlaufen«.
Das hindert den *Spiegel* nicht daran, diesen Lüthje-Bericht als große Neuigkeit aufzubauschen. Er kolportiert einmal mehr und will damit jetzt Wolfgang Schäuble belasten, dass wir 1982/83 unmittelbar vor der Bundestagswahl alles zur Verfügung stehende Geld zusammengekratzt haben, um diesen Wahlkampf zu bestehen. Dabei haben wir auch Geld, das die Fraktion besaß, an die Partei weitergegeben und in den Wahlkampf gesteckt. Das war völlig korrekt. Ich weiß nicht einmal genau, ob Wolfgang Schäuble dabei war oder nicht. Das ist auch völlig gleichgültig. Wir wollten das so, und es war absolut legal. Alle anderen Bundestagsfraktionen sind ebenso verfahren. Im Unterschied zur Union haben die Sozialdemokraten den Vorteil,

dass Schatzmeister Alfred Nau und Fraktionschef Herbert Wehner nicht mehr gefragt werden können. Das Ganze ist ein weiteres, besonders übles Stück der Diffamierung.

Dienstag, 3. Oktober 2000

Zu diesem Tag, dem zehnten Jahrestag der deutschen Einheit, habe ich zwar eine ganze Reihe von Interviews in Presse, Rundfunk und Fernsehen gegeben. Eine besondere Freude für mich war eine Diskussion in der SAT1-Abendsendung mit dem ehemaligen spanischen Ministerpräsidenten Felipe Gonzales und Dieter Kronzucker als Moderator. Es war eine – wie mit Felipe Gonzales nicht anders zu erwarten – ungewöhnlich lebhafte und zugleich informative Diskussionssendung. Felipe und ich saßen anschließend noch lange in der Nacht zusammen und sprachen über unsere Vorstellungen zur Zukunft Europas.
Ich habe meine Aktivitäten heute bewusst eingeschränkt, um gar nicht erst den Eindruck entstehen zu lassen, ich plante sozusagen über die Erinnerung an die deutsche Einheit eine Art Comeback in die Tagespolitik. Das entspricht wirklich nicht dem, was ich will. Ich engagiere mich in diesen Tagen vor allem deshalb, weil ich der deutlich zu beobachtenden Geschichtsfälschung etwas entgegensetzen will. Die ganze unerfreuliche Diskussion um den zehnten Jahrestag der deutschen Einheit wäre zu vermeiden gewesen, wenn die Verantwortlichen für die Veranstaltung in Dresden die Besetzung der Rednerliste aus dem Streit herausgehalten hätten. Nun aber hat mich die von führenden Sozialdemokraten angezettelte Diskussion um meinen Beitrag zur deutschen Einheit besonders motiviert, an die Öffentlichkeit zu gehen. Jenseits allen parteipolitischen Gerangels aber bin ich der Meinung: Darüber, was wirklich geschichtlich bedeutend ist, soll die nächste Generation entscheiden. Das habe ich oft genug gesagt.

Den heutigen Nationalfeiertag begehe ich im Kreise meiner Familie in Ludwigshafen. Das Telefon steht nicht still. Es erreichen mich zahllose Anrufe aus dem In- und Ausland. Unter den unzähligen Briefen sind viele, die einen Absender aus Sachsen tragen. Zahlreiche Schreiberinnen und Schreiber fordern mich auf, wenigstens zum Jahrestag meines Auftritts vor der Frauenkirche vom Dezember 1989 in Dresden zu sprechen.
Nachmittags ruft mich Jacques Chirac an, der am Vormittag die Festrede in Dresden gehalten hat. Darin hatte er seine klare Position zur Osterweiterung formuliert und die Deutschen aufgefordert, dabei mitzumachen. Dass der französische Staatspräsident meine Leistungen beim Zustandekommen der deutschen Einheit herausstellte, hat mich sehr gefreut. Gut gefallen hat mir auch, dass Johannes Rau im gleichen Sinn gesprochen hat und in seiner Rede den Versuch unternahm, meine Arbeit zu würdigen. Das habe ich als besonders wohltuend empfunden und dankbar wahrgenommen.
Jetzt erneuert mein Freund Jacques Chirac seine Einladung, ihn in Paris zu besuchen. Ich hoffe, dass mir die Reise noch in diesem Jahr gelingt. Charmant und französisch-elegant drückt er mir seine guten Wünsche zum heutigen Tag aus. Wie immer dolmetscht Hannelore ausgezeichnet. Auch sie ist selbstverständlich in den Elysée eingeladen. Mit einem Wort: Jacques Chirac will deutlich machen, wie sehr er es bedauert, dass er mich in Dresden nicht treffen konnte. Er sagt sehr deutlich, kein Mensch außerhalb Deutschlands habe verstanden, dass ich nicht dort war. Aber auch in Dresden habe er mitbekommen, dass viele Menschen in Deutschland – bis hinein in die Führung der SPD – mein Fernbleiben nicht nachvollziehen konnten.

Am Abend sitzen wir mit Freunden zusammen, und unsere Erinnerung geht zurück in die Siebziger-, Achtziger und Neunzigerjahre: Das Jahr 1970, in dem ich als Ministerpräsident in Mainz mit meinen Kollegen und Freunden Rheinland-Pfalz nach vorne brachte. Das Jahr 1980, in dem sich trotz der verlorenen Bundestagswahl die Zeichen mehrten, dass die Union in absehbarer Zeit die Regierungsverantwortung in Bonn übernehmen und ich Bundeskanzler werden würde. Das Jahr 1990, mit dem wohl das glücklichste Jahrzehnt des Jahrhunderts begann – ein Jahrzehnt, das uns Deutschen die Wiedervereinigung schenkte, in dem die Einigung Europas Fortschritte machte und der entscheidende Durchbruch in Europa gelang. Das Jahr 2000, in dem eine positive Bilanz des zehnjährigen Einigungsprozesses für jedermann spürbar und die politische Entwicklung der Europäischen Union unumkehrbar wurde. Und dann unser Ausblick in das Jahr 2010, in dem das wiedervereinigte Deutschland ein wichtiger Motor und fairer Partner der erweiterten Europäischen Union sein wird. Das Jahr 2010, in dem wir hoffentlich auf ein Leben in Frieden und Freiheit in Europa blicken können.

Auch heute Abend ist uns klar, dass wir trotz allem gute Gründe haben, mit Zuversicht und Optimismus in die Zukunft zu schauen.

Nachwort

Ein Leben lang habe ich mich bemüht, verlässlich zu sein. Die Menschen sollten auf mein gegebenes Wort vertrauen können. Darum stand am Beginn meiner Beziehung zu Handelnden in der Innen- und Außenpolitik der Aufbau eines Vertrauensverhältnisses. Je stärker das Vertrauen, desto belastbarer waren die Beziehungen. Dies war, so glaube ich, eine der Voraussetzungen für den Erfolg meiner politischen Laufbahn.

Ohne dieses Vertrauen wäre der Nato-Doppelbeschluss, wäre die Wiedervereinigung und wären viele Entscheidungen im Hinblick auf die europäische Integration nicht möglich gewesen. Aufgrund der großen Vertrauensbasis zu vielen Staatsmännern und Regierungschefs in Europa, in den Vereinigten Staaten und in der Sowjetunion konnten die weit reichenden Chancen für unser Land genutzt werden. Bei der Gewinnung wie bei dem Erhalt von Vertrauen spielt das gegebene Wort eine entscheidende Rolle. Wer sein Wort bricht, verliert das Vertrauen.

Mein Ehrenwort an die Spender, ihre Namen nicht zu nennen, hat Aufregung und Bestürzung erregt. Manche beschuldigten mich, ich würde mein Ehrenwort über die Verfassung stellen, manche empörten sich, dass ich gegen das Parteiengesetz verstoßen habe. Viele andere wiederum bestärkten mich, mein gegebenes Ehrenwort nicht zu brechen. Das Ausmaß der politischen Auseinandersetzungen über meinen Verstoß gegen das Parteiengesetz ist für mich, meine Familie, für meine Partei und viele Mitbürger sehr schmerzlich.

Dankbar bin ich allen Menschen, die mir Verständnis entgegenbringen, denn mein gegebenes Ehrenwort ist für mich von existenzieller Bedeutung. Aber ich bin eine Erklärung schuldig:

Mein Fehler war, dass ich diese Spenden nicht ordnungsgemäß in die Rechenschaftsberichte der Bundespartei eingegeben habe. Diesen Fehler habe ich offenbart, und für diesen Fehler habe ich einzustehen.
Die Spender haben mir in schwierigen Zeiten persönlich vertraut, und dieses Vertrauen wollte ich nicht enttäuschen. Ich gab ihnen mein Wort. Der Bruch meines Ehrenwortes in einer Sache, die keinen strafbaren Tatbestand darstellt, wäre gleichbedeutend mit der Preisgabe meiner Würde.
Artikel 1 des Grundgesetzes lautet: »Die Würde des Menschen ist unantastbar. Sie zu achten und zu schützen ist Verpflichtung aller staatlichen Gewalt.«
Für jeden Menschen ist ein gesundes Selbstwertgefühl und Ehrbewusstsein lebensnotwendig. Die Ehre wird aus der Achtung vor sich selbst geboren. Ehrenhaftigkeit im Denken und Handeln ist die Grundlage des Vertrauens der Menschen untereinander. Ohne wechselseitiges Vertrauen ist ein gesellschaftliches Leben nicht möglich. Auch heute noch werden wirtschaftliche und politische Abmachungen durch mündliche Vereinbarungen, durch Ehrenwort, vereinbart, bevor es zu einem schriftlichen Vertragsabschluss kommt. Wer sein Wort bricht, verliert seine Glaubhaftigkeit.
Mein Ehrgefühl sagt mir, dass ich dieses Verhalten mir, meinem Gewissen und meinen Mitbürgern schuldig bin. Mir lag und liegt nichts ferner, als mich in meinem Denken und Handeln über das Grundgesetz zu stellen. Dies würde meinem Selbstverständnis als Glied unserer Gesellschaft, aus deren Kraft wir alle leben, widersprechen und meine Ehre entscheidend beschädigen.
Man möge mir nicht nachtragen, dass ich aus diesem Selbstverständnis heraus an meinem Ehrenwort festhalte. Gleichzeitig war ich bemüht, Geld zu sammeln, um meiner Verantwortung der Partei gegenüber nachzukommen. Ich wollte damit materiellen Schaden von meiner Partei abwenden. Dadurch will ich auch den Respekt vor dem Parteiengesetz bekunden.

Mögen manche, aus welchen Gründen auch immer, mich in dieser Grundeinstellung dem Ehrenwort gegenüber nicht verstehen wollen oder können – meiner Ehre und Würde wegen musste ich so handeln, und ich wollte auch vor der Weltöffentlichkeit mein Gesicht wahren.